정선 지역어

정선 지역어

우리말 보존을 위한
지역어 조사 연구

김유범 오재혁 안찬원
이규범 김미미 정지현
오민석 신희성 고경재

도서출판 월인

정선 지역어를 매만지며

모든 인간들이 축적해 놓은 풍요로운 지혜의 원천이 바로 언어이다.
기술은 다른 기술로 대체될 수 있지만, 언어들은 그렇지 않다.
각 언어마다 세계를 보는 자신만의 창이 있다.
모든 언어는 살아 있는 박물관이며,
언어가 스스로 일구어 낸 모든 문화의 기념비와도 같다.
…… 고래와 얼룩올빼미를 비롯한 자연 자원들을
보호하고 보존하기 위한 캠페인은 활발히 벌어지지만
언어들은 간과된다.
Vanishing Voices 중에서

어느 날, 동강의 짙은 녹색 빛 강물 위로 울창한 수엽樹葉들이 짜 놓은 푸른 녹음이 스쳐 지나가는 꿈에서 깼다. 이 꿈은 20여 년 전 과거의 시간 속으로 우리를 이끌었고 또 다른 모습으로 만난 그 시간은 사라져 가는 언어의 모습에 눈뜨게 했다. 멋진 재회를 위해 우린 오랜 시간 땀 흘려 준비했고 2013년 겨울의 끝자락에 재회의 성과를 학술대회의 형식으로 세상에 선보였다. 그 후 발표 원고를 다듬고 고치며 우린 3년 가까운 시간을 보냈다. 이 아름다운 계절, 그동안 지나온 시간과 흘려온 땀을 모아 이제 작은 결정結晶으로 내놓는다.

우리말 보존을 위한 지역어 조사 연구. 책의 부제가 보여 주는 것처럼 이 책은 정선 지역어에 대한 단순한 보고서의 성격만을 지니지 않는다. 지역어를 조사하고 연구하는 하나의 모범적 사례를 보임으로써 지역어의 가치 및 연구의 필요성은 물론, 지역어 조사 및 연구의 방법과 과정을 기록해 두고자 했다. 지구상 곳곳에서 사라지고 있는 언어의 문제는 더 이상 남의 일이 아니다. 국어의 지역어들 역시 이러한 소멸의 소용돌이 속에 내던져졌다. 지역어에 대한 조사와 연구가 활발하게 진행되고 있지 않은 현실에서, 뒤늦은 깨달음으로 다시 지역어에 눈뜨게 될 그날을 위해 우린 간절한 마음을 모아 이 책에 우리의 열정과 경험을 차곡히 담았다.

이 책은 또한 언어 변화에 대한 연구가 문헌 자료들 속의 박제된 언어를 통해서만 이루어진다는 통념에 새로운 시사점을 주고자 했다. 비록 상대적으로 짧은 시간 동안이지만 시간의 흐름을 배경으로 실제 살아 있는 언어의 변화 양상을 살피는 일은 언어 변화에 대한 새로운 인식을 갖도록 해준다. 더불어 문헌 자료들에 반영되지 못하고 역사의 시간 속에 가려진 언어의 모습을 살아 있는 지역어들을 통해 발견할 수 있다는 사실 또한 우리가 지역어 연구에 관심을 가져야 하는 절대적인 이유이다.

녹음한 지역어 자료들을 듣고 또 들으며 단어들의 형태를 결정하고 그것을 토대로 지역어가 지닌 언어학적 특징을 기술하는 일은 책 속에만 존재했던 언어가 현실로 다가오는 경이로운 순간이었다. 이러한 경이로움 속에서 애정 어린 손길로 정선 지역어를 매만졌던 시간은 우리 모두의 삶에 빛나는 추억의 한 장면이 되었다.

이 책의 저자로는 참여하지 못했지만 2013년 정선 지역어 조사와 학술대회에 함께 했었던 대학원생 오상화 군과 학부생 이지윤(09학번), 박수연, 신유진, 이정은, 허모아(이상 11학번), 권수완, 안이진, 이미송, 임현재, 한지수(이상 12학번)에게 고마운 마음을 전한다. 아마도 이 책이 출간되면 가장 기뻐해 줄 사람들이 아닐까 생각한다. 더불어 이 책이 세상의 빛을 볼 수 있도록 도와주신 도서출판 월인의 모든 가족들께도 감사의 인사를 드린다.

인류에게 언어는 단지 편리한 의사소통 도구가 아니라 우리의 의식과 경험, 그리고 문화를 담아내는 모양과 색채가 다양한 질그릇이다. 언제까지나 이 질그릇들이 깨어지지 않고 세상의 곳곳에서 그것을 사용하는 사람들의 생각과 마음을 따뜻한 체온과 함께 온전히 담아낼 수 있기를 꿈꿔 본다.

함께한 추억 속 시간들을 떠올리며
5월의 푸르른 날에
김유범

차례

제1장

정선 지역어와 그 조사 개관

김유범

1. 정선 지역어를 추억하며

지나온 시간을 되돌아보는 일은 그립고 반갑다. 누군가에게 정선 지역어가 추억이 된다는 것이 흔한 일은 아니다. 또한 정선의 말과 사람들이 가슴속에 잊을 수 없는 그리움으로 남았다는 것은 그만큼 그에 대한 애정도 적지 않음을 이야기하는 것이기도 하다. 시간에 따라 사람이 사용하는 말도 변화한다는 사실을 깨닫는 것은 쉽지 않은 일이다. 그 변화가 언어 내적인 요인에 의한 것일 수도 있지만, 우리가 사용하는 말은 우리 삶의 변화와 시대적 상황에 많은 영향을 받는 것이 사실이다.

세계화와 정보화의 물결을 타고 그동안 우리의 삶은 많은 변화를 겪어 왔다. 특히 IT 기술의 눈부신 발전은 우리 삶이 지닌 아날로그적 미학마저 잃어버리게 하고 있다. 이러한 변화는 속도의 차이는 있지만 정선 지역에서도 예외일 수는 없다. 특히 정선 지역 고유의 언어 요소들이 빠르게 사라지고 있는 상황에서 디지털 세상의 편리함에 모든 것을 양보하기에는 너무도 안타깝다는 생각이 든다. 정선 지역어의 어제와 오늘을 살펴보는 일은 이 지역어의 내일을 예측하고 준비하는 데 꼭 필요한 선행 작업이 될 것이다.

이 글은 지난 20여 년간 고려대학교 국어교육과에서 세 차례에 걸쳐 진행한, 강원도 정선 지역의 언어 조사와 이를 통해 나타난 언어 양상을 개관하는 데 그 목적이 있다. 그동안 지역어에 관심을 가지고 진행된 여러 기관과 연구자들의 지역어 조사가 많았지만, 시간의 차이를 두고 특정 지역어를 집중적으로 조명한 일은 찾아보기 어렵다. 이런 측면에서 고려대학교 국어교육과에서 진행한 정선 지역어의 조사는 지역어의 조사와 연구에 있어서 특별한 의미를 갖는다고 할 수 있다.

2. 정선 지역과 그 지역어

강원도 정선은 한강 상류에 위치한 유서 깊은 고장이다. 남한강 물길을 거슬러 올라와 동해안과 그 이북 지역으로 통하는 거점이라는 지정학적 위치 때문에 삼국시대에는 고구려와 신라가 치열한 각축을 벌이기도 했던 지역이다. 남한강 물줄기를 따라 떼꾼들이 삶의 애환을 구슬픈 아라리에 실어 나르던 아우라지의 추억은 이곳이 물의 고장임을 말해준다. 『三國史記』에서[1] 처음 찾아볼 수 있는, 이 고장의 본래 이름인 '仍買縣'(잉매현)에서도 "물"을 뜻하는 고구려어 단어 '買'(*믹)가 들어 있음을 볼 수 있다.[2]

---

1 정선현(旌善縣)은 본래 고구려 잉매현(仍買縣)이었는데, 경덕왕 때 개명하여 지금도 그에 따른다.[旌善縣本高句麗仍買縣 景德王改名 今因之(卷35, 雜志第四 地理二, 10b:5-6)]

2 '仍買縣'에 대해 정선읍(2012ㄴ:12 각주1)에서 다음과 같은 설명을 볼 수 있다. "'잉매'는 향찰(鄕札)로 '買'는 '물'을 두고 한 이름이며, 잉(仍)은 '인할 잉' '거듭날 잉'이라는 훈과는 달리 '너', '느'의 차자(借字)니, '잉매'는 곧 '느름매'로 풀어서 말하자면 "수량이 넉넉하여 강줄기가 넓어진 고장"이라는 뜻이다."
이것은 차자 '仍'(잉)을 '乃'(내)와 혼동하여 베풀어진 설명이라고 생각된다. 차자 '仍'은 대표적으로 '지즈로, 지조로, 지즈루' 등으로 읽히는 이두 '仍于'에서 만나볼 수 있다. 이는 "말미암다"의 의미를 지닌 동사 '지즐다'로부터 파생된 부사로서 이때 연암(燕巖)의 소설 '양반전(兩班傳)'의 첫 부분에도[3] 등장하는 이 고장은 예부터 우리나라에서도 매우 접근하기 힘든 지역 중 하나로서 그만큼 때 묻지 않은 맑고 깨끗한 자연이 그대로 보존되고 있는 보석 같은 곳이다. 그러나 정선은 영남과 영동으로 통하는 지정학적 위치로 인해 임진왜란 때는 물론 20세기 초 일제강점기에도 항일 의병 투쟁의 거점이 되기도 했는데, 이는 이 지역 사람들의 강인한 기질과 구국 정신을 보여 주는 대목이기도 하다.

일제강점기에 가장 궁핍한 화전 지역으로 알려져 있던 정선은 근대화의 물결 속에서 도로와 철도를 중심으로 한 교통의 발달로 인해 고립성을 조금씩 벗어나게 되었다. 1960년대 정부 주도하에 출발한 잠사업(蠶絲業)과 국내 최대 규모의 무연탄 매장량을 기반으로 시작된 석탄 산업은 정선 지역의 경제 활성화와 인구 증가에 크게 기여했다. 그러나 1980년대에 들어서 석유 산업의 등장으로 석탄 산업은 사양길로 접어들었고 더불어 전국적으로 나타난 이농 현상이 맞물리면서 정선 지역의 인구는 계속해서 감소 추세를 보이게 되었다.

1990년대 후반에 들어서 방송 매체에 힘입어 정선 5일장이 추억이 깃든 장터 여행지로 새롭게 주목받게 되었고, 이와 함께 정선의 수려한 자연을 활용한 관광 산업이 발전하게 되었다. 더불어 폐광 지역의 경제 회생을 위해 1998년 설립된 강원랜드의 등장은 많은 외부 사람들의 유입과 해당 지역의 유동 인구의 증가를 가져 왔다. 이렇듯 정선은 전통적인 농촌 사회로부터 산업화 시대를 거쳐 대한민

'仍'은 이른바 훈독자(訓讀字)로 사용되었음을 볼 수 있다. '仍'의 이러한 특성을 감안하면 '仍買縣'은 "물로 말미암은 고장", 즉 "풍부한 물을 품은 고장, 물이 특색인 고장" 정도의 의미를 지닌 이름이라고 이해해 볼 수 있겠다. '仍買'에 대해서는 보다 정확한 해독과 설명이 필요하다.

3 양반이란 사족을 높여 부르는 말이다. 정선(旌善) 고을에 한 양반이 있었는데 어질고 글 읽기를 좋아하였으므로, 군수가 새로 도임하게 되면 반드시 몸소 그의 집에 가서 인사를 차렸다.(兩班者 士族之尊稱也 旌善之郡 有一兩班 賢而好讀書 每郡守新至 必親造其廬而禮之)

국 문화와 관광의 중요한 상징으로 거듭나고 있다.[4]

현재 정선군은 4개의 읍(정선읍, 신동읍, 사북읍, 고한읍)과 5개의 면(남면, 화암면, 임계면, 여량면, 북평면)으로 이루어져 있으며, 이들 읍과 면에 속한 리(里)들을 보이면 다음과 같다.[5]

정선읍: 가수리, 광하리, 귤암리, 덕송리, 덕우리, 봉양리, 북실리, 신월리, 애산리, 여탄리, 용탄리, 회동리
신동읍: 가사리, 고성리, 덕천리, 방제리, 예미리, 운치리, 조동리, 천포리
사북읍: 사북리, 직전리
고한읍: 고한리
남　면: 광덕리, 낙동리, 무릉리, 문곡리, 유평리
화암면: 건천리, 몰운리, 백전리, 북동리, 석곡리, 호촌리, 화암리
임계면: 가목리, 고양리, 문래리, 낙천리, 덕암리, 도전리, 반천리, 봉산리, 송계리, 용산리, 임계리, 직원리
여량면: 고양리, 구절리, 남곡리, 봉정리, 여량리, 유천리
북평면: 나전리, 남평리, 문곡리, 북평리, 숙암리, 장열리

『제54회 2015 정선군 통계연보』에 따르면 정선군의 총면적은 1,219.72㎢이며 이 중 85.5%가 임야이고, 인구는 39,752명으로 1㎢당 32.6명의 인구밀도를 보이고 있다.

4 정선 지역의 역사와 시대적 변화에 대한 보다 자세한 내용은 정선읍(2012ㄱ・ㄴ)에 실린 정선읍의 역사를 참조할 수 있다.
5 '화암면'과 '여량면'은 2009년에 각각 '동면'과 '북면'으로부터 개칭되었다.

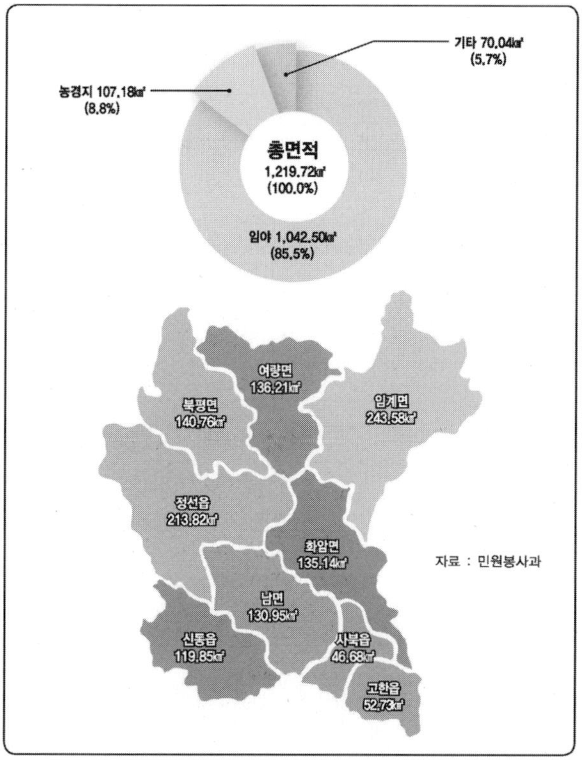

〈그림 1-1〉 정선군 읍면별 면적(정선군 2015:13)

다음으로 정선 •지역어에 대해 살펴보도록 하자. 정선 지역어의 위상은 한국의 •방언 중 강원도 방언의 전체적인 모습을 조감해 보는 과정을 통해서 드러날 수 있으리라 생각한다. 전통적으로 강원도 지역은 대관령(大關嶺)을 기준으로 영동(嶺東)과 영서(嶺西) 지역으로 나뉘는데, 이러한 자연지리적인 구분이 강원도 지역의 방언권 구획과 일치하지 않는다는 점이 주목된다. 강원도 방언에 대한 종합적인 연구는 그리 많지 않은 상황인데, 그 중 이익섭(1981)에서는 강원도의 방언권을 다음과 같이 구획해 제시하였다.

• 지역어와 방언
이 두 용어의 정확한 개념을 규정하는 일은 쉽지 않다. 기존에 '방언'이란 용어가 일반적으로 쓰이다가 어느 시점부터 '지역어'라는 용어가 세력을 얻게 되었다. '방언'이 지역 방언과 사회 방언을 포괄하는 용어라는 점에서 보다 상위어라고도 볼 수 있을 것이다. 그러나 '지역어'가 특정한 공간적 배경을 전제로 그곳에서 쓰이는 말을 지칭한다고 본다면 여기에도 지역적인 요소와 사회계층적인 요소가 모두 포함되므로 결코 '방언'의 하위어라고 말하기는 어렵다. '지역어'는 '방언'이 표준어와 대비되어 은연중에 가지게 되는 부정적 인식을 피하기 위해 사용된 용어라고 보는 것이 보다 현실적일 수 있다. 이 책에서는 이러한 어려움을 충분히 인식하며 이 두 용어를 명확하게 구분하여 사용하지는 않을 것이다. 두 용어 모두 어느 특정 지역의 언어, 또는 그 지역의 고유한 언어적 요소를 뜻하는 정도로 사용될 것이다.

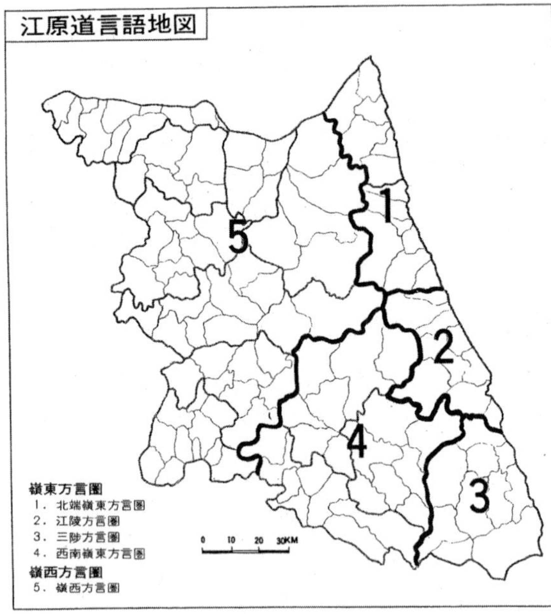

〈그림 1-2〉 강원도의 방언 구획(이익섭 1981:209)

5개 권역 중 1~4의 권역이 이른바 '영동방언권'에 해당하는데, 각 권역에 대한 보다 자세한 내용은 다음과 같다.

〈표 1-1〉 영동방언권의 하위 구획

번호	방언권 명칭	지역[6]	특징
1	북단영동방언권	고성군, 속초시, 양양군	함경도 방언의 요소가 가장 많음
2	강릉방언권	강릉시 전체, 양양군 현남면 및 동해시 묵호 지역	함경도・경상도・영서 방언에 대해 중립적이고 독자성이 큼
3	삼척방언권	삼척시 전체, 동해시 북평 지역, 태백시 전 지역	경상도 방언의 요소가 가장 많음
4	서남영동방언권	평창군, 정선군, 영월군	영서 방언의 요소가 가장 많음

이와 같은 강원도의 방언권 구획에서 주목되는 것은 정선 지역어가 속한 4의 서남영동방언권이다. 지리적으로는 영서 지역에 해당하

6 '지역'에 대한 정보는 박성종(2008:22-23)을 참조했다.

지만 언어적으로는 영동 방언의 특징이 나타난다는 사실이 무척 흥미롭게 생각된다. 여기에는 역사적, 사회문화적 이유가 있음을 알 수 있는데,[7] 이러한 이유로 정선 지역어가 영동 방언과 영서 방언의 성격을 모두 지닌 일종의 •전이지역(轉移地域)의 특성을 보이게 되었다. 이와 같은 점이 우리를 정선 지역어에 관심을 쏟게 만드는 매우 강한 언어학적 매력이라고 할 수 있다.

• 전이지역
두 방언권의 언어 특징들이 뒤섞여 나타나는 접촉 지역으로 전이지대(transition zone)라고도 한다.

3. 정선 지역어 조사의 어제와 오늘

3.1. 1990 · 91년 조사

1990년과 1991년 2년에 걸쳐 이루어진 정선 지역어의 조사는 당시 고려대학교 국어교육과에서 5회에 걸쳐 진행해 오던 전국의 아리랑에 대한 조사를 마무리 짓는 의미에서 시작되었다. 국어교육과의 제6회(1990.7.23.~7.27.)와 제7회(1991.7.28.~8.1.) 학술조사에 해당하는 당시 조사는 전경욱 교수님의 지도하에 민요반과 방언반으로 나누어 진행되었다. 2년간의 조사에서 민요반은 1,277수의 정선 아라리를, 방언반은 9개 지점을 대상으로 150여 항목에 대한 각 지점의 방언형들을 수집할 수 있었다.

무더운 여름날, 30여 명이 여러 날 함께 숙식을 해결하며 정선 지역의 민요와 방언을 수집하고 정리했던 경험은 오래도록 기억에 남았다. 개인 차량이 없었던 당시에는 숙소와 조사지 사이의 이동이 가장 큰 문제였는데, 이를 위해 정선버스터미널 2층에 있던 '서울장여관'을 숙소로 사용했다. 각 조가 1층 버스터미널에서 버스 시간에

7 이들 지역이 영동 방언과 거의 같은 말을 사용하게 된 까닭은 주로 역사적, 사회문화적인 데에서 연유한 듯하다. 특히, 정선군 임계면은 예전에 행정 구역상으로도 강릉부(江陵府)에 속하였을 뿐만 아니라, 오랜 기간에 걸쳐 생활권이 강릉과 밀접하게 연관되어 있었던 것이다(박성종 2008:20).

맞춰 정선의 곳곳으로 출발했다가 저녁 식사 시간 전에 돌아오는 방식을 취했다. 하루에 버스가 몇 번 다니지 않는 곳에 조사를 나가게 된 경우에는 새벽에 나갔다가 저녁이 되어 돌아와야 했는데, 이처럼 당시에는 조사 일정이 버스 시간에 의해 결정되었다.

아침과 저녁에는 숙소에서 함께 식사를 준비해 먹었고, 점심에는 조별로 코펠과 버너를 가지고 나가 간단히 라면을 끓여 먹거나 제보자가 제공해 주신 토속 음식을 먹기도 했다. 아침, 저녁으로 끼니를 준비하는 것이 번거롭고 피곤한 일이었지만, 한솥밥을 지어 먹으며 며칠씩 희로애락을 함께했던 시간은 무엇과도 바꾸기 어려운 청춘의 소중한 자산이 되었다.

1990년과 1991년 두 해에 걸쳐 진행된 정선 지역어의 조사는 탄광 지역인 고한읍을 제외한 8개 읍·면의 9개 리(里)에서 다음과 같이 이루어졌다.

〈표 1-2〉 90·91년 정선 지역어 조사 현황

날짜		조	조원	지역	제보자
90년	7.24. 오전	A	김유범, 김소영, 김윤주, 홍윤경	화암리	홍하옥
		B	안진모, 박선화, 한소연, 장성윤	화암리	최완병
	7.24. 오후	A	김유범, 김소영, 김윤주, 홍윤경	유천리	이영달
		B	안진모, 박선화, 한소연, 장성윤	유천리	유산옥
	7.25.	A	김유범, 박선화, 김소영, 홍윤경	가수리	유영은
		B	안진모, 김윤주, 한소연, 장성윤	낙천리	정의석
91년	7.29.	A	조경임, 전은주, 김유범, 권영웅, 김미령	직전리	나만옥 고옥연
		B	안진모, 송나리, 심종숙, 한소연	숙암리	송재문
		C	시정곤, 고광주	낙천리	박재만 최춘선
	7.30.	A	안진모, 조경임, 고광주	용탄리	최봉수 전금옥
		B	시정곤, 전은주, 한소연, 권영웅	유평리	이용성
		C	김유범, 심종숙, 김미령	예미리	안대수

방언 조사를 위한 사전 준비는 여름 방학 이전에 몇 번의 준비 모

임을 시작으로 방학과 함께 본격적으로 진행되었다. 방언학의 기본적인 내용을 함께 공부하고 음성 전사에 관한 기초 훈련도 병행했다. 1991년의 경우에는 1990년에 녹음했던 정선 지역어의 음성 자료를 편집·녹음하여 음성 전사 훈련에 활용하기도 했다.

사전 준비의 가장 중요한 핵심은 조사에 사용할 질문지를 만드는 일이었다. 당시 한국정신문화연구원(현 한국학중앙연구원)에서 발행한 방언 조사 질문지가 질문지 작성에 기초가 되었다. 정선 지역어를 대상으로 한 맞춤형 질문지를 만드는 과정은 자연스럽게 정선 지역어에 대한 선행 연구들을 정리하고 공부하며 이를 활용할 수 있도록 해 주었다. 당시 정선 지역어 조사를 위해 만들어진 질문지는 격식질문지였다. 1990년에는 8절지 스케치북 크기(현 B4 용지 크기)로 한 면에 모든 조사 지점의 방언형을 기록할 수 있도록 했다가 휴대와 보관에 불편함을 느껴 1991년에는 이를 소책자 크기로 변경했다.

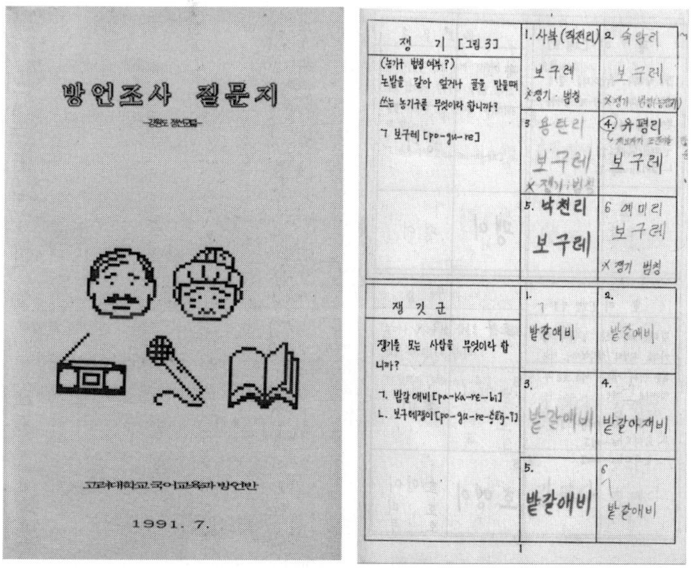

〈그림 1-3〉 91년 사용한 정선 지역어 조사 질문지

농기구나 사물을 제보자들에게 그림으로 보여 주며 질문하기 위해 별도의 그림 자료를 준비하기도 했었는데, 이는 한국정신문화연구원의 •『한국방언조사질문지』에 들어 있는 그림책의 일부를 활용했다. 송건태 씨가 그린 171개의 그림은 우리의 전통적인 삶의 모습을 담고 있다는 점에서도 사료적 가치를 지닌다고 생각한다.

한편, 조사 과정에서 제보자의 육성을 녹음하는 일 또한 지역어 조사에서 매우 중요한 일이다. 당시는 아직 디지털 기계가 대중화되기 이전이었기 때문에 가장 보편적인 녹음 방법은 휴대용 카세트 녹음기를 사용하는 것이었다. 젊은이들이라면 누구나 가지고 싶어 했던 일본 AIWA나 SONY사의 휴대용 카세트 녹음기에 핀마이크를 사용해 조사 과정을 녹음했다. 카세트테이프는 대부분 선경매그네틱(주)의 스매트 카세트테이프 중 SD급(일반용과 음악전용의 중간급)의 90분용을 사용했는데, 보관이 비교적 잘 된 덕분이기도 하지만 20년이 지난 지금도 음질에 큰 변화가 없다는 점이 다행으로 생각된다.

본격적인 휴가철이 시작되기 직전에 떠나게 된 2년 동안의 학술조사는 조사자들뿐만 아니라 제보자들에게도 일상에서 만날 수 없는 색다른 경험과 시간을 갖도록 해 주었다. 더운 날씨에 정선의 이곳저곳을 돌아다니며 준비된 질문지의 내용들을 하나하나 채워 가는 것이 그리 만만한 작업은 아니었지만, 이러한 과정에서 나와 다른 세계에 살고 있는 사람들의 삶을 이해하는 것이 얼마나 흥미로운 일인가를 깨달을 수 있었다.

학술조사를 마친 뒤 서울로 돌아와 각 조별로 조사된 자료들을 정리하고 합의하여 최종적으로 어휘 자료를 만들었다. 어휘 자료는 각 조사 대상 어휘의 표준어형을 대상으로 조사 지점들의 방언형을 한글로 전사하고 아래에 그에 대한 •IPA 표기를 제시했다.

• 『한국방언조사질문지』
전국 규모의 방언 조사를 효율적으로 진행시키기 위해 1980년 한국정신문화연구원(현 한국학중앙연구원)에서 펴낸 방언 조사 질문지. 모두 5편의 질문지와 1권의 그림책으로 이루어져 있다. 제1편에서 제4편까지는 어휘 항목(총 720개) 조사를 위한 질문지가, 제5편에는 문법 항목(총 85개)과 음운 항목(총 22개) 조사를 위한 질문지가 수록되어 있다. 한편, 2006년에는 이와 유사한 형식으로 국립국어원 지역어조사추진위원회에서 5권으로 이루어진 『지역어 조사 질문지』를 출간했는데, 당시 출간이 계획되었던 『지역어 조사 질문지 그림』은 아직까지 출간되지 못한 상황이다.

• IPA
국제음성기호(International Phonetic Alphabet). 인간의 말소리를 정확하게 표기할 수 있는 기호로 말소리와 기호 사이에 일대일 대응을 보인다. 1888년 발표되고 1949년 영국 런던대학에서 소책자가 발간된 이후 개정과 수정을 거듭해 오고 있다. "집으로 가자."와 같은 우리말 문장이 IPA를 사용하면 [tɕibɨrogadza]처럼 음성 기호들의 연쇄로 표기될 수 있다. 참고로 IPA 홈페이지에서 구체적인 기호들을 만나볼 수 있다.
(www.langsci.ucl.ac.uk/ipa/index.html)

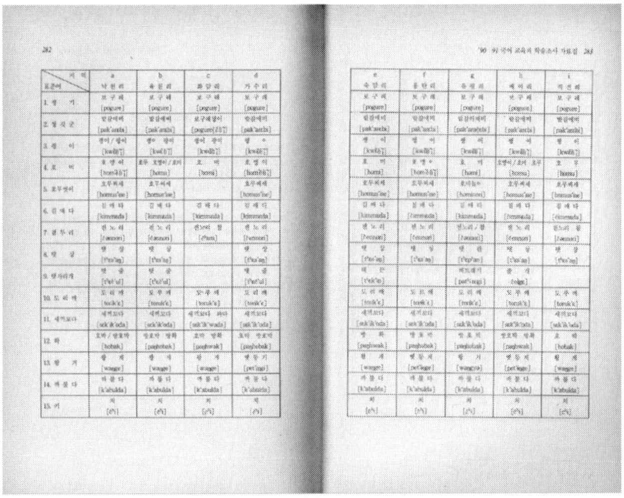

〈그림 1-4〉 90 · 91년 조사된 정선 지역어의 어휘 자료 정리표

이러한 어휘 자료를 기반으로 정선 지역어의 음운론적, 형태 · 통사론적, 의미론적 특징들이 기술되었다. 또한 몇몇 특징적인 어휘들을 대상으로 정선 지역 내부에서 어떠한 언어 분화가 일어나고 있는지도 살펴보았다.

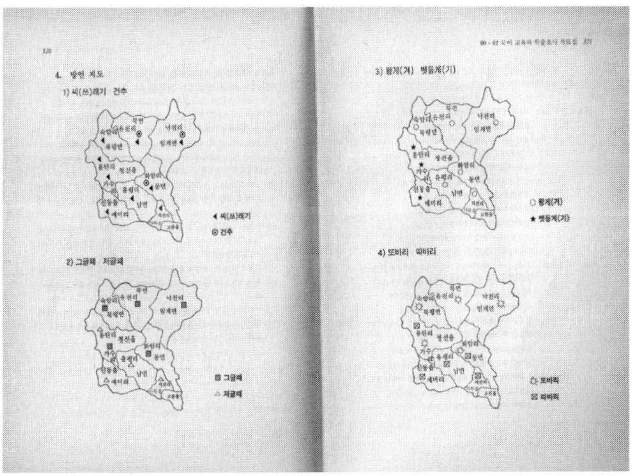

〈그림 1-5〉 90 · 91년 조사된 정선 지역어의 언어 분화와 관련 방언 지도

두 해 여름을 정선 지역어의 조사와 정리에 힘을 쏟았다. 그리고 1991년 겨울에 발행된 『한국어문교육』 제5집에 그렇게 정리된 자료를 활자화하여 실었다. 컴퓨터 프로그램이 아닌, 활자 하나하나를 심어 책을 내던 시절이라 책이 나오기까지 을지로에 있던 인쇄소를 여러 차례 오가며 교정을 보던 겨울날들이 떠오른다. 이제 누렇게 빛바랜 모습의 『한국어문교육』 제5집을 바라보며 그 시절에 대한 뿌듯한 감회를 가질 수 있는 것은 2년의 시간을 열정과 보람으로 보낸 덕분이 아닐까 생각한다.

3.2. 2013년 조사

국어교육과 학생이라면 여름 방학에 학술조사를 가는 것이 당연한 일이었으나 언제부턴가 학생들의 대학 생활에서 학술조사가 서서히 잊히게 되었다. 20여 년 전 녹음한 테이프들과 질문지를 소중하게 보관해 오던 필자는 언젠가 정선 지역어를 다시 조사하여 그동안 어떠한 변화가 생겼는지를 확인해 보고 싶다는 생각을 늘 해오고 있었다. 이러한 생각을 실천에 옮긴 것이 바로 2013년이다. 필자는 학위논문을 쓴 후 한창 국어의 음성학과 음운론 연구에 몰두해 있던 오재혁 박사와 의기투합해 함께 새로운 학술조사를 기획하기로 했다.

먼저 고려대학교 대학원 국어교육학과 및 국어국문학과에서 공부하고 있는 대학원생들과 이러한 생각을 함께 나누고 뜻을 모아 학술조사 준비를 시작하였다. 또한 이번 학술조사에 열심히 참여할 미래의 꿈나무들, 국어교육과의 학부생들을 모으고 2012년 11월 1일에 첫 모임을 갖게 되었다.[8] 구어 연구에 대한 이야기로부터 음성학 및

8 그동안 있었던 모임이 언제, 어디서, 무엇을 논의했는지는 당시 대학원생이었던 김미미 국립한글박물관 학예연구사가 매번 모임이 끝날 때마다 기록한 모임 일지를 통해 자세히 알 수 있다. 또한 모임의 진행과 관련된 모든 정보들을 공지하고 공유할 수 있도록 마련된 다음(Daum)의 '2013 고려대 방언 답사(정선)' 카페 역시

음성의 녹음과 분석에 대한 기초적인 내용들을 함께 공부하는 것을 시작으로 학술조사에 대한 준비를 하나하나 해 나갔다. 더불어 필자는 겨울 방학을 이용해 1990년과 1991년에 녹음했던 테이프들을 디지털 녹음기와 음성 분석 프로그램을 이용해 모두 디지털화하였다.

학부생들은 방언학의 기본적인 이해로부터 영동과 영서의 언어 분화에 대한 공부, 그리고 1990년과 1991년에 수집된 정선 지역어의 어휘 자료를 다양한 형태로 활용 및 가공할 수 있도록 데이터화하는 작업을 수행했다. 또한 대학원생들은 정선 지역어를 대상으로 한 선행 연구들에 관해 지속적인 스터디를 진행함으로써 정선 지역어에 대한 언어학적 이해를 높이는 동시에 다양한 연구 주제를 모색해 보는 기회를 가졌다.

2013년 1월 25일과 26일 양일간 다녀온 정선 지역 사전 답사는 실제 답사를 구체적으로 준비할 수 있는 계기를 마련해 주었다. 또한 2013년 2월 27일에 열린 '2013년 국어교육과 방언답사 설명회'는 그동안 진행해 왔던 국어교육과 방언답사의 역사를 되짚어 보고, 2013년에 다시 떠나게 되는 정선 지역어 조사의 의의 및 앞으로의 구체적인 계획을 마련해 보는 일종의 출정식과 같은 시간이었다.

학부생과 대학원생들의 이원적인 체제의 준비가 함께 만나게 된 것은 본격적으로 질문지를 작성하기 시작하면서부터였다. 정선 지역어 조사를 위한 새로운 질문지의 작성은 그동안의 스터디를 통해 얻게 된 서로의 역량을 한데 모을 수 있는 기회가 되었다. 역대 방언조사 질문지들과 1991년도에 사용했던 정선 지역어 조사 질문지를 토대로 보다 발전되고 새로운 질문지를 작성해 보고자 서로의 노력과 다양한 아이디어를 모았다.

훌륭한 기록자의 역할을 해 주었다.

• WAV 파일
WAV(E)는 마이크로소프트와 IBM 오디오 파일의 표준 형식으로 'Waveform audio format'의 줄임말이다. 프로그램 구동음이나 일반 수준의 녹음용으로 사용된다. CD 수준의 음질을 지닌 비압축 방식의 파일로 무손실 음원을 담을 수 있다.

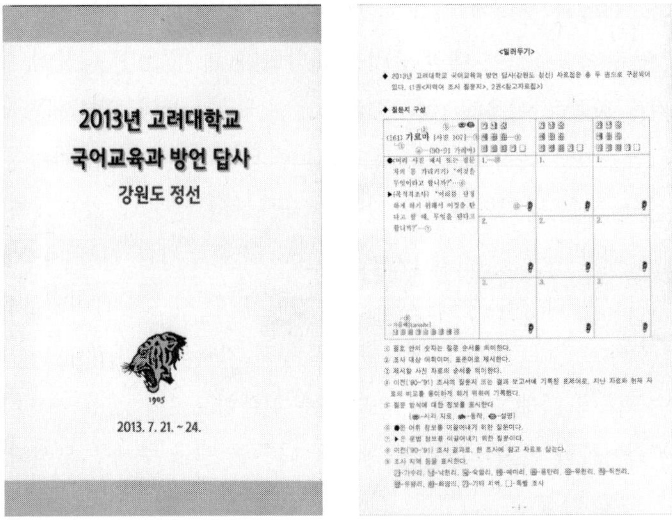

〈그림 1-6〉 2013년 사용한 정선 지역어 조사 질문지

또한 그림이 필요한 경우는 예전의 그림책 형식의 자료가 아닌 태블릿 PC에 필요한 사진들을 PDF 파일로 담아 사용하였다. 이것은 제보자들에게 보다 정확하고 생생한 시각 자료를 제공함으로써 조사를 보다 효율적이고 빠르게 진행할 수 있도록 해 주었다.

한편, 이번 조사 과정에서는 아날로그 녹음기가 아닌 디지털 녹음기를 사용하였다. 고성능 마이크가 장착되어 있고 소리를 바로 •WAV 파일로 저장해 주는 디지털 녹음기는 녹음된 자료를 편리하고 자유롭게 사용할 수 있도록 해 주는 획기적인 장치였다. 나사렛 대학교 언어치료학과의 이봉원 교수가 대여해 준 Roland사의 디지털 녹음기 5대를 활용해 2013년의 정선 지역어를 성공적으로 녹음할 수 있었다.

이러한 준비 과정을 통해 2013년 7월 21일, 드디어 20명의 인원이 5개 조를 구성하여 정선 지역어 조사를 시작했는데, 조사는 다음과 같이 진행되었다.

〈표 1-3〉 2013년 정선 지역어 조사 현황

날짜		조	조원	지역	제보자
2013년	7.21. 오후	1	안찬원, 정지현, 이지윤, 한지수	봉양리 (○○초등학교)	○상혁
		2	오상화, 신유진, 안이진, 고경재	낙천리	정태수
		3	김미미, 오재혁, 이정은, 임현재	화암리	피순희 김양금 장순덕
		4	이규범, 김유범, 허모아, 이미송	예미리	안재원 안순길 신대순
		5	신희성, 오민석, 박수연, 권수완	용탄리	전금옥 전옥선
	7.22. 오전	1	안찬원, 정지현, 이지윤, 한지수	직전리	나승달 이성룡 엄순하 임옥춘
		2	오상화, 신유진, 안이진, 고경재	유천리	이재덕
		3	김미미, 오재혁, 이정은, 임현재	유평리	이용성 박분옥
		4	이규범, 김유범, 허모아, 이미송	가수리	전정란*
		5	신희성, 오민석, 박수연, 권수완	숙암리	엄선여 박억기 손숙녀
	7.22. 오후	1	안찬원, 정지현, 이지윤, 한지수	직전리 (○○초등학교)	○인하 ○동근
		2	오상화, 신유진, 안이진, 고경재	낙천리	곽연명 이원자
		3	김미미, 오재혁, 이정은, 임현재	사북리	오대복 진기탁
		4	이규범, 김유범, 허모아, 이미송	낙동리	신재연 최금녀 신익선
		5	신희성, 오민석, 박수연, 권수완	북평리 (○○초등학교)	○정은, ○아현, ○정현, ○은상, ○예림

	7.23. 오전	1	안찬원, 정지현, 이지윤, 한지수	가수리	정광탁 (1~50번)**
		2	오상화, 신유진, 안이진, 고경재	가수리	유한종 (51~100번)
		3	김미미, 오재혁, 이정은, 임현재	가수리	유명월 (101~151번)
		4	이규범, 김유범, 허모아, 이미송	가수리	권순이 (150~200번)
		5	신희성, 오민석, 박수연, 권수완	가수리	유옥자 (201~224번, 64-2번, 224-2번)

* 당일 우천으로 전정란 할머니 댁을 방문만 하고 조사는 진행하지 못했다.
** 번호는 어휘 조사 항목의 배열 번호를 나타낸다.

2013년의 조사는 1990년, 1991년과 비교해 매우 체계적이고 조직적으로 준비되고 수행되었다. 또한 조사 지점도 1990년과 1991년에 조사된 지점들을 모두 포함하는 것은 물론, 정선 지역의 새로운 세대들이 사용하고 있는 말에도 관심을 기울인 것이 그 특징이라고 하겠다. 이렇게 조사된 2013년 현재의 정선 지역어 자료는 오늘의 정선 지역어가 지닌 공시적인 모습을 그려보고, 이를 20여 년 전 어제의 정선 지역어를 보여주는 자료들과 비교하여 그 변화의 양상을 살핌으로써 정선 지역어의 내일을 예측하고 준비할 수 있도록 해 주는 중요한 역할을 수행할 수 있게 되었다.

4. 정선 지역어의 어제와 오늘

4.1. 1990 · 91년의 정선 지역어

국어교육과의 학술조사에 의해 1990년과 1991년 2년간 수집된 정선 지역어 자료를 분석하고 연구한 것이 김유범(1991)이다.[9] 여기에

9 이것은 1991년 2학기 국어국문학과의 홍종선 교수님이 담당하셨던 '국어방언론' 수업

서는 당시 조사된 자료들을 바탕으로 정선 지역의 언어 체계를 고찰하고 이와 더불어 정선군 내부에서 일어나고 있었던 언어 분화 양상을 살펴보았다. 그 주요 내용을 정리해 보는 것이 1990·91년의 정선 지역어가 어떠했는지를 살피는 일이 되리라 생각한다.

먼저 1990·91년 당시 정선 지역어의 음운론적 특징과 관련해서는 다음과 같은 내용을 볼 수 있다. •음운 체계와 관련해 정선 지역어는 영동 방언의 자음 및 모음 체계와 동일한 체계를 지니고 있다. '걸찌(걷지)', '들찌르(듣지를)'과 같은 활용형을 통해 자음 체계에 •'ㆆ'의 포함 가능성을 생각해 볼 수 있다. 또한 '호박(>확)'이나 '또바리(>또아리)' 그리고 '거시(>거위)'나 '가새(>가위)' 등의 예를 통해 •'ㅸ'이나 •'ㅿ'과 관련된 변화의 역사를 찾아볼 수 있다. 특이한 두 개의 •이중모음 'ᆜ'[jø]와 'ᆜ'[jɨ]의 존재와 '호메̃이̃, 고얘̃이̃, 어머̃이̃' 등에서 볼 수 있듯이 비음(ㅇ, ㄴ)이 약화되면서 전후 모음이 비음화되는 현상이 특징적이다. 또한 '여 : (←여기)', '알 : (←아래)'에서처럼 분절음이 생략되거나 축약되었을 때 그것을 보상하려는 작용으로 음절이 길어지는 보상적 장음화 현상도 나타난다.

형태·통사적 특징과 관련해서는 다음과 같은 내용을 볼 수 있다. 먼저 다양한 형태의 격조사 및 보조사가 사용되는데, 특히 주격 조사 '이가', 보조사 '으는'과 같이 중복 형태의 조사가 나타난다. 또한 '장아̃(장에)', '동상아̃(동생의) 댁'에서처럼 체언의 모음에 동화된 형태의 조사 사용도 두드러진 특징이다. 한편 어미에서는 '-문(-면)', '-미(-며)', '-으이(-으니)' 등에서 볼 수 있듯이 다양한 형태의 어미들이 나타나다. 동사 역시 '걸찌(걷지)', '심궈서(심어서)', '씻거(씻어)', '흘르고(흐르고)', '달구느라고(달래느라고)', '길궈서(길러서)', '불버하는(부러워하는)' 등과 같이 다양하면서도 독특한 활용 양상을 보여 준다. 더불어 '마커(모두)', '하마(벌써)', '망궤(전혀)', '시나매(천천히)',

---

시간에 제출된 기말 리포트이다. 이 리포트는 후에 필자의 학부 졸업 논문의 바탕이 되기도 하였다.

• 음운 체계
음운은 뜻에 차이를 가져오는 말소리의 최소 단위를 가리킨다. '감:남', '숨:술', '볼:불'과 같은 단어들의 대립쌍에서 각각 'ㄱ:ㄴ', 'ㅁ:ㄹ', 'ㅗ:ㅜ'의 차이가 단어들의 뜻을 분화시킨다. 이때 대립되는 소리들은 각각 /ㄱ/, /ㄴ/, /ㅁ/, /ㄹ/, /ㅗ/, /ㅜ/라는 음운이 된다. 음운 체계는 이러한 음운들의 대립 양상을 총체적으로 파악한 것으로 자음 체계, 모음 체계, 운소(비분절음) 체계가 이에 해당한다. 19개의 자음으로 구성된 자음 체계와 10개의 단모음으로 구성된 모음 체계, 그리고 소리 길이의 장단(長短)으로 구성된 운소 체계가 현대국어 표준어의 음운 체계를 이루고 있다.

• ㆆ
후두 폐쇄음 [ʔ]의 음가를 지녔으며 『훈민정음』에서는 후음(喉音)의 전청(全淸)으로 분류된 글자였다. 특히 된소리를 만들어 내는 요소로 인식되어 15세기에는 관형사형 어미 'ㅭ'의 표기에 사용되었다. 이를 참고해 '걸찌'와 '들찌르'에서 나타나는 된소리의 원인에 대해 그 어간 형태를 각각 '걿-'과 '듫-'로 가정해 이를 설명하려 한 것이다.

• ㅸ
양순 마찰음 [β]의 음가를 지녔으며 『훈민정음』에서는 순경음(脣輕音)으로 언급된 글자였다. 'ㅂ>ㅸ>w/오/우'라는 일반적인 변화 양상을 살필 수 있으며, 오늘날 'ㅂ'불규칙 용언들의 어간이 'ㅸ'을 가지고 있었던 것으로 이해함으로써 활용 양상에 대한 설명력을 높일 수 있다.

• ㅿ
치경 마찰음 [ㅿ]의 음가를 지녔으며 『훈민정음』에서는 반치음(半齒音)으로 언급된 글자였다. 'ㅅ>ㅿ>zero'라는 일반적인 변화 양상을 살필 수 있으며, 오늘날 'ㅅ'불규칙 용언들의 어간이 'ㅿ'을 가지고 있었던 것으로 이해함으로써 활용 양상에 대한 설명력을 높일 수 있다.

• 이중모음 'ᆜ'[jø]와 'ᆜ'[jɨ]
단모음 'ㅚ'[ø]와 'ㅡ'[ɨ] 앞에 반모음 [j]가 결합된 상향 이중모음. 특히 이중모음 [jɨ]에 대한 한글 표기를 'ᆜ'로 할 수 있었던 것은 해례본 『훈민정음』 합자해(合字解)에서 아동이나 시골 사람들의 말에 나타나는, 'ㅣ'에서 비롯된 'ㆍ'와 'ㅡ'를 각각 'ᆝ'와 'ᆜ'로 표기할 수 있다고 한 설명에 힘입은 것이다.

'시방(지금)', '한가지로(같이)'와 같은 특이한 형태의 부사들도 여럿 나타난다. 주격 형태인 '남기(나무가)', '지붕기(지붕이)', '입술기(입술이)', '가을기(가을이)' 등에서 볼 수 있듯이 일부 체언의 곡용에서 'ㄱ'이 나타나는 것도 매우 독특한 현상이다. 경어법 체계의 경우 상대 경어법에서 '하오체'와 '합쇼체'가 비격식체인 '해요체'와 서로 혼용되고 있다는 사실을 발견할 수 있다.

의미론적 특징과 관련해서는 정선 지역어의 의미 범주가 표준어의 의미 범주와는 다른 경우들을 찾아볼 수 있다. 정선 지역에서 '쟁기', '처마', '밤[栗]', '외[瓜]' 등은 표준어보다 넓은 의미 범주를 지니고 있다. '오징어'와 '이까',[10] '사마구'와 '황개미'는 각각 표준어의 '오징어'와 '사마귀'보다 세분화된 의미를 각각의 어휘들이 담당하고 있다. 반면 '골벵이', '아재'의 경우는 표준어에서 서로 다른 어휘들로 나타나던 것이 하나의 어휘로 통합되어 사용되는 특성을 보여 준다.

1990년과 1991년의 정선 지역 언어 체계에 대한 이와 같은 고찰과 더불어 사용 어휘를 통해 정선 지역어의 내부적인 분화 양상도 살펴볼 수 있었다. '씨래기~쓰래기'와 '건추', '저글패'와 '그글패', '우물~움물'과 '웅굴~움굴'의 조사 지점별 대립 양상을 살펴 정선군 내부에서의 언어 분화 모습을 이야기했다. 먼저 정선읍과 신동읍이 하나의 동질적인 지역(제1지역)으로, 북평면, 남면, 사북읍이 또 하나의 동질적인 지역(제2지역)으로, 그리고 북면(현 여량면), 임계면, 동면(현 화암면)이 또 다른 지역(제3지역)으로 묶일 수 있음이 언급되었다. 제1지역은 영서 방언의 특징이 나타나는 데 비해 제3지역은 영동 방언의 모습이 전형적으로 나타난다고 보았다. 제2지역은 제1지역과 제3지역의 특성이 번갈아 나타나는, 다시 말해 제1지역과 제3지역의 전이지역이라고 설명했다.

10 '이까'는 일본어 'いか'로부터 온 것으로 보인다. '오징어'가 젖은 것을 가리키는 것에 비해 '이까'는 마른 것을 가리킨다는 점에서 두 어휘가 구별되어 쓰인다.

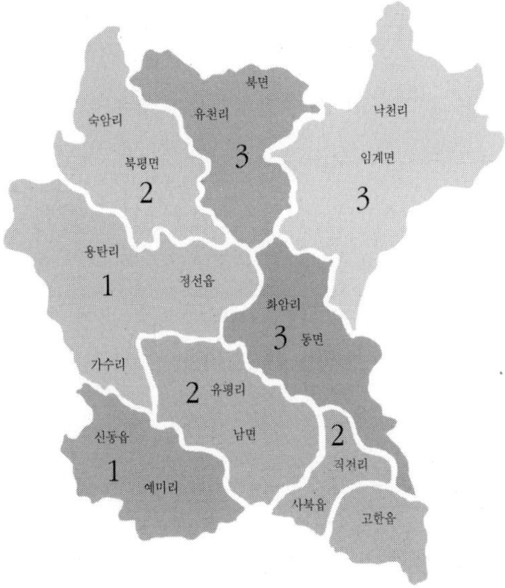

1…제1지역 (정선읍, 신동읍)
2…제2지역 (북평면, 남면, 사북읍)
3…제3지역 (북면, 임계면, 동면)

〈그림 1-7〉 90 · 91년 정선 지역어의 분화 양상

김유범(1991)의 맺음말에서는 다음과 같이 정선 지역어에 대해 그 특징을 요약하고 앞으로의 변화 방향을 예측해 놓았다. 20여 년이 지난 지금 이러한 예측이 얼마나 들어맞고 있는지 2013년 정선 지역어의 모습이 궁금한 이유이기도 하다.

> "이런 여러 특성들을 살펴볼 때, 정선 지역 방언은 기본적으로 영동 방언의 체제를 갖추고 있고 거기에 영서 방언과 경상도 방언의 요소가 가미된 복합적인 모습을 보이는 방언이라고 말할 수 있겠다. 또한 정선군 내의 모든 지역이 동질적이지 않고 극심하진 않으나 약간의 분화를 보이고 있는 것으로 나타난다. 필자의 견해로는 앞으로 이 지역이 어휘나 발음 등에 있어 점차 영서 방언에 상당히 동화되리라 생각된다. 그것은 교통 · 통신 · 매스컴의 발달이 不知不識間에 자연스러운 동화를 이끌 것이기 때문이다."

4.2. 2013년의 정선 지역어

2013년에 새롭게 조사된 정선 지역어의 자료를 분석해 보면 이 지역의 언어가 공시적으로 어떠한 모습을 지니고 있는지, 20여 년 전과 비교해 보았을 때 어떠한 변화가 있었는지를 살펴볼 수 있다. 이를 말소리, 어휘, 문장의 관점에서 나누어 살펴보면 다음과 같다.

먼저 말소리의 특징 및 변화와 관련해 2013년의 정선 지역어 조사 결과를 20년 전 또는 10년 전의 관련 선행 연구의 결과와 비교했을 때, 정선 지역어의 음운론적 변화는 크게 나타나지 않는다. 어휘적 측면에서는 이전 조사에서 얻을 수 있었던 방언형이 아닌 표준어형을 대답하는 경우가 다수였다고 하더라도, 이전 방언형을 제보한 경우까지 모두 검토해 보면 정선 지역어의 음운 목록 및 음운 현상에는 큰 변화가 관찰되지 않는다. 다만 이번 조사에서는 단모음 'ㅟ, ㅚ'가 단모음이 아닌 이중모음으로 실현되는 경우가 상당수 발견된다거나, '외식'과 같은 단어에서 관찰되는 특수한 이중모음 'ㅙ'가 일반적인 이중모음 'ㅛ'로도 나타나는 등 일부 측면에서 음운론적 변화의 조짐이 보이고 있다는 점이 흥미롭다.

다음으로 어휘의 특징 및 변화로는 크게 세 가지 정도를 언급해 볼 수 있겠다. 첫째, 과거 20여 년 전과 비교해 보면 농경생활 어휘가 거의 대부분 그 모습 그대로 쓰이고 있다는 점이다. 사진을 제시했을 때 일부 농기구의 경우에는 제보자의 기억 속에서 그 이름이 맴돌기도 했지만, 제보자들은 대부분 농기구 하나하나를 상세히 구분하고 있었다. 이것은 농경생활 자체가 아직 정선 지역의 주된 일상이라는 것을 이야기해 주는 대목이기도 하다. 둘째, 특정 어휘의 경우 일반적으로 알고 있는 의미와는 다르게 사용되고 있다는 점이다. 예를 들어 "몫몫으로 나눈 밥에서 한 몫이 되는 분량의 밥"이라는 뜻의 '요식'은 정선 지역에서 "타지에 나가 함께 밥을 먹지 못하는 식구를 위해 떠 놓은 밥"이라는 의미를 지니고 있다. 또한 '외숙모'는

"5촌 이상의 먼 친척"을 부르는 말로 사용되고 있음을 볼 수 있었다. 셋째, 과거 각 지역별로 나타나던 다양한 어형들이 더 이상 특정 지역에서만 한정되어 나타나지 않는다는 점이다. 과거 특정 지역에서 나타나던 어형이 정선 내의 여러 지역에서 혼용되고 있는 모습은 어형의 소멸과 관련해 음미해 보아야 할 현상이라고 생각한다. 현재 쓰이지 않게 된 어형에 대해 제보자들은 자신의 기억 속에 남아 있던 어형들을 떠올리게 되는데, 이때 떠올려지는 어형들은 지역에 상관없이 다양한 사람들의 말 속에서 나타났던 경험 속의 어형일 가능성이 높다. 이에 대해서는 앞으로 구체적이고 체계적인 고찰이 필요하다. 넷째, 표준어에서 볼 수 없었던 체언의 특수한 교체와 다양한 접미사들을 관찰할 수 있었다. 먼저 체언의 경우 • 중세국어의 '낡~나모'에 소급되는 '낭그~나무'나 '입술~입술ㄱ' 등과 같이 • 비자동적 교체를 보이는 체언들이 일부 존재한다. 특히 '낭그~나무'의 교체는 중세국어와는 달리 수의적인 성격을 지니고 있다. 그리고 표준어에서는 관찰되지 않는 접미사 '-ㄱ(처막), -앵이/ㆁ이(호맹이/귀챙이), -우(깔따구), -애기(뿌래기), -ㄹ(그늘)' 등도 발견된다.

끝으로 문장의 특징 및 변화와 관련해 먼저 조사와 어미의 경우 표준어에서 볼 수 있는 형태들 외에도 표준어에서는 볼 수 없는 다양한 형태들이 출현했다. 이러한 특징은 1991년뿐 아니라 2013년 정선 지역어 조사에서도 크게 다르지 않았다. 다만 표준어에서도 볼 수 있는 형태를 표준어형이라고 하고, 표준어에서 볼 수 없는 형태를 상대적인 방언형이라고 볼 때, 이 둘 간의 출현 경향에 있어서 차이를 보이는 경우가 있었다. 대체적으로 확인되는 조사와 어미의 추이는, 1991년 조사를 비롯한 이전 논의에서는 방언형이 표준어형보다 더 우세하거나 대등했었는데 2013년에는 표준어형이 우세한 것으로 나타났다. 이러한 추이를 보이는 조사나 어미로는 주격 조사 {이}, 목적격 조사 {을}, 관형격 조사 {의}, 부사격 조사 {로}, 연결어미 {-어} 등이 있었다. 그러나 일부 조사나 어미는 2013년의 조사에서도 여전

• **중세국어의 '낡~나모'**
중세국어에서는 체언의 형태가 결합되는 조사의 유형에 따라 달라지는 현상이 있었다. 현대국어 '나무'에 해당하는 단어가 '남기, 남골, 남기' 등에서처럼 모음으로 시작하는 조사가 오면 '낡' 형태로, '나모도, 나못, 나모눈' 등에서처럼 자음으로 시작하는 조사가 오면 '나모' 형태로 나타났다.

• **비자동적 교체**
'값이'[갑시], '값도'[갑또], '값만'[감만]에서 볼 수 있듯이 형태소 {값}은 결합 환경에 따라 그 형태가 /값~갑~감/으로 다양하게 교체된다. 이것은 국어의 음운 패턴을 준수하기 위한 것인데, 이를 자동적 교체라 부른다. 이와는 달리 '남기', '나모도'에서 볼 수 있는 /낡~나모/의 형태 교체는 음운 패턴의 준수와는 무관하므로(음운론적으로 '낡도', '나뫼'가 가능할 수 있으므로) 이 경우는 비자동적 교체라 부른다.

히 방언형이 유지되었는데, 부사격 조사 {부터}('부텀'이 우세), 연결어미 {-면}('-믄, -먼'이 우세), {-려고}('-을라구'가 우세)가 그러한 것들이었다. 하지만 이처럼 방언형이 우세한 조사나 어미들도 2013년의 조사에서 표준어형의 사용 양상이 조금은 증가되었기 때문에, 전반적으로 보면 정선 지역어는 표준어의 영향을 점진적으로 받고 있다고 말할 수 있다.

5. 정선 지역어의 내일을 생각하며

한 시기의 공시적인 언어 모습을 담아내는 것도 쉽지 않은 일인데, 시간의 차이를 두고 통시적인 관점에서 언어 자료를 수집하는 일은 남다른 관심과 집중력을 필요로 한다. 문헌 자료를 통해서만 언어의 통시적 연구가 가능한 것이 아니라 살아 있는 구어 자료를 시간의 차이를 두고 수집해 이를 비교하여 연구하는 것은 언어 연구의 새로운 모델이 될 수 있으리라 생각한다. 이런 의미에서 정선 지역어를 20여 년의 간격을 두고 조사한 우리의 작업은 그 자체로 큰 의미가 있다.

동시대의 언어 자료를 바탕으로 언어의 변화를 살피는 것은 쉽지 않은 일이다. 그러므로 비록 변화의 폭은 크지 않지만 진행되고 있는 언어 변화를 현재의 언어에서 발견하는 일은 무척 신기하고 흥미롭다. 이러한 측면에서 지역어 연구가 갖는 의의와 필요성을 새롭게 인식할 필요가 있다고 생각한다. 동일한 지역의 언어를 시간의 차이를 두고 조사하고 연구함으로써 해당 지역어의 어제와 오늘을 알 수 있는 것은 물론, 내일을 예측하고 준비할 수 있도록 하는 것은 우리 삶의 문화적 가치를 조명하고 드높이는 일이기도 하다.

고려대학교 국어교육과에서 지난 수십 년간 진행해 온 일련의 지역어 조사는 여러 측면에서 중요한 의미를 지닌다. 학생에게는 언어의 실체를 몸소 체험할 수 있도록 하고, 교수에게는 새로운 연구의 밑거름이 되며, 국가와 사회에는 우리가 지닌 소중한 문화유산의 가치를 깨닫고 지켜갈 수 있는 계기를 마련해 주기 때문이다. 정선 지역의 언어가 앞으로 보존과 발전의 길을 걸어가기 위해서는 많은 사람들의 관심과 노력이 필요하다. 학교의 연구와 교육, 행정기관의 협조와 지원이 이를 가능케 하는 원동력임은 물론이다.

제2장

정선 지역어의 조사 방법론

이규범 · 신희성

1. 정선 지역어를 만나러 가는 길

그간 여러 기관에서나 개인 연구자들은 지역어에 대한 조사를 통해 지역어의 자료화 작업을 꾸준히 진행해 왔다. 이때 지역어 조사는 탄탄한 조사 방법론에 기반해 이루어지는데 기존의 지역어 조사 작업들 역시 각기 나름의 방법론을 설립하여 조사를 수행하였다. 다만 이들은 대체로 해당 지역어 조사에 기초 자료만을 제시할 뿐 실제로 이루어진 조사 과정 중에 있었던 구체적인 경험을 언급하지 않기 때문에 지역어 조사를 처음 계획하는 후속 연구자들이 참고하기에는 충분하지 않다.

이러한 연구 분위기 속에서 이윤구(2001), 이승재(2004), 이돈주(2005), 김영태(2005), 도수희(2006), 전광현(2006), 전재호(2007) 등은 지역어 조사 과정에서 발생한 문제 상황을 제시하고 있다는 점에서 주목할 만하다. 이를 통하여 지역어 조사를 가고자 하는 초보자들은 문제 상황에 대한 적절한 대처 방안을 강구하는 등의 간접 경험을 하게 된다.[1] 그러나 이들 역시 그 내용이 조사 과정에 치중되어

1 "상황을 봐 가면서 계속 진행이 어렵거나 지치는 기색이 보이면, 이런 분들에게는

있어 조사를 계획하는 단계에서 고려하고, 준비해야 할 사항을 알기에는 다소 한계가 있다.

이러한 문제의식을 바탕으로 이 글은 2013년 7월 21일에서부터 23일까지 정선에서 실시한 지역어 조사를 단계별로 소개하고자 한다. 조사 준비부터 자료 정리까지 있었던 일들을 구체적으로 언급하여 지역어 조사를 처음 준비하는 사람들과 우리의 경험을 공유하고 충실한 안내자 역할을 수행하는 데에 그 목적을 둔다. 이를 위하여 이 글은 지역어 조사를 조사 계획 단계, 현지 조사 단계, 자료 정리 단계로 구분하고, 각 단계에서 수행한 작업들을 제시하였다. 지역어 조사 과정과 각 단계별로 수행한 작업은 아래와 같다.

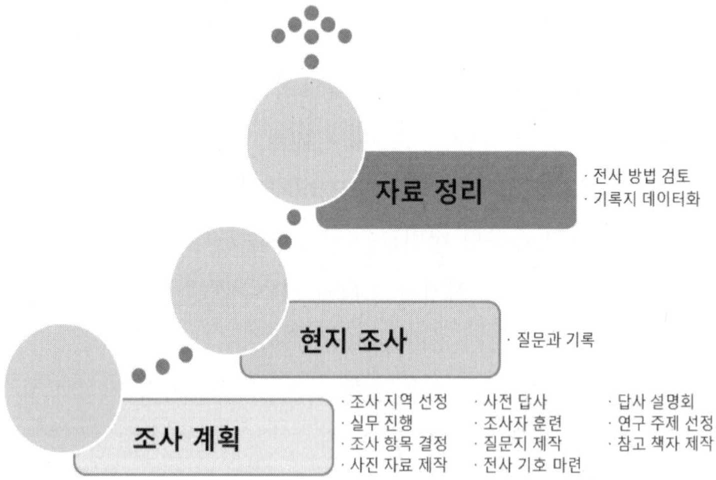

〈그림 2-1〉 지역어 조사 과정 및 단계별 수행 작업

화제를 잠시 돌리거나(이 때의 화제는 주로 농사, 고향과 관련된 이야기, 마을에 관련된 옛 이야기 등이었다.) 음료수를 꺼내서 드리는 방법을 썼더니 조사에 적극적으로 임해 주어 상당히 효과가 있었다(이윤구 2001:61)", "조사자가 준비한 질문지를 펴 놓고 마이크까지 들이대며 의도적인 질문을 하면 제보자의 말씨 또는 어휘가 변질될까 봐 안 듣는 척 시치미를 떼고 오가는 방언 발화를 일단 몰래 청취 암기하였다(도수희 2006:9)." 등의 내용을 통하여 조사자가 조사 과정에서 맞닥뜨릴 수 있는 상황과 그에 대한 대처 방안 등을 알 수 있다.

2. 조사 계획 단계

2.1. 조사 계획 수립 및 실무 진행

지역어 조사에서 가장 우선되는 준비 과정은 연구 목적에 따라 조사 지역을 선정하는 것이다. 본 조사 팀은 정선 지역어의 특징과 변화라는 연구목적하에 강원도 정선군을 조사 지역으로 선정하였다. 정선군은 본 조사 팀이 1990·91년에 이미 조사를 진행한 곳으로, 20여 년이 지난 오늘날 정선 지역어의 특징을 예전과 비교하여 그 변화를 살피는 것은 의의가 있다. 이 과정에서 시간과 인력 등의 문제로 1990·91년 자료에서 지역어의 차이가 없는 곳을 통합하여 조사 지역 수를 줄일까 하는 문제 제기도 있었으나, 최종적으로 1990·91년 자료와의 정확한 비교·대조를 위해 이전 조사 지역을 그대로 유지하기로 하였다.

지역 선정 후, 조사를 준비하는 과정에서 선행 연구 정리와 조사 어휘 선정 등의 학술적인 내용은 물론이고 여러 실무 진행이 함께 이루어졌다. 실무에는 군청 등 유관 기관 협조 요청 및 숙박 장소 선정 등을 위한 사전 답사와 답사 취지 등을 알리는 답사 설명회 개최가 포함되었다.

본 조사 팀은 2012년 11월 1일 첫 모임을 가졌으며 조사 지역 선정 후에는 2013년 1월 25~26일 1박 2일의 일정으로 10명의 인원이 정선을 사전 방문하였다. 정선군청 문화관광과를 방문하여 행정 지도를 얻는 등의 협조를 받았고 7개 지역(남면 유평리, 정선읍 용탄리·가수리, 화암면 화암리, 임계면 낙천리, 여량면 유천리, 북평면 숙암리)의 읍·면사무소와 마을 회관 등을 방문하여, 관계자분들께 미리 인사를 드리는 동시에 정선 지역어 조사의 방문 목적을 알리고 도움을 약속 받았다. 각 읍·면사무소에서는 해당 지역을 소개하는 책자 등의 자료를 얻을 수도 있었다. 사전 답사의 목적 중

• **조사자**
지역어 조사에서 조사자란 설문, 면담 등의 방식을 통해 해당 지역 고유의 말을 조사해 내는 사람을 말한다. 이 글의 2.2절에서 조사자의 자격에 대해서 자세히 다루고 있다.

• **제보자**
지역어 조사에서 제보자란 해당 지역 고유의 말을 사용하는 토박이가 설문, 면담 등의 방식을 통해 그 말의 모습을 제공해 주는 사람을 말한다. 이 글의 3.1절에서 제보자 선정에 대해서 자세히 다루고 있다.

하나는 조사 기간 동안 묵을 숙소를 알아보는 것으로, 경제적 · 지리적 여건과 전체 회의 공간 등을 고려하여 유천리 마을회관을 숙소로 정하였다.

이후 2013년 2월 27일에는 답사 설명회를 개최하여 여러 선생님들을 모시고 그간의 준비 사항, 사전 답사 결과 등을 보고하는 자리를 가졌다. 답사에 참여할 모든 • **조사자**들이 설명회에 참석하여 서로 인사를 나누고, 그간의 성과를 돌아보면서 앞으로 준비해야 할 사항들을 점검할 수 있었다. 특히 설명회 자료집을 작성하는 과정에서 선행 연구를 체계적으로 정리하여 정선 지역어 관련 사전 지식을 충분히 익히는 계기가 되었다.

2013년 3월 이후로는 다양한 부분의 행정 실무를 진행하였다. 20년 전과는 달리 아동을 대상으로 지역어를 조사하여 방언의 변화상을 확인할 계획을 세웠기에 교육청 등에 연락해 초등학생과 다문화 가정 분포 정도를 조사하였고, • **제보자**들에게 나누어줄 기념품으로 수건과 형광펜을 제작하였다. 또한 20년 전 답사 때의 제보자, 혹은 제보자 가족들에게 전달할 수 있도록 20년 전의 녹음테이프를 디지털화하여 CD로 제작하였다. 실제 답사 중에 CD를 전달해 드릴 때, 제보자 가족들은 잊지 않고 찾아주어 고맙다고 말하는 등 '20년의 세월을 잇는다'는 본 답사의 취지를 되새길 수 있었다.

오랜 시간 공을 들여 준비해서 다녀오는 만큼 답사 당일에 실수나 문제가 없게 하기 위해 만반의 준비들이 필요했다. 5~6월 동안 사전 답사에서 받아 온 연락처를 토대로 사전에 이장님 등과 연락하여 7월의 답사와 관련한 협조를 요청하였고, 조건에 적합한 제보자가 거주하는 구체적 장소에 대한 정보도 얻었다. 7월 12일과 15일에는 정선군청, 정선경찰서, 각 면사무소 담당자들에게 협조 요청 공문을 발송하여 방문 목적과 장소, 기간 등을 재차 알리고 협조를 구했다.

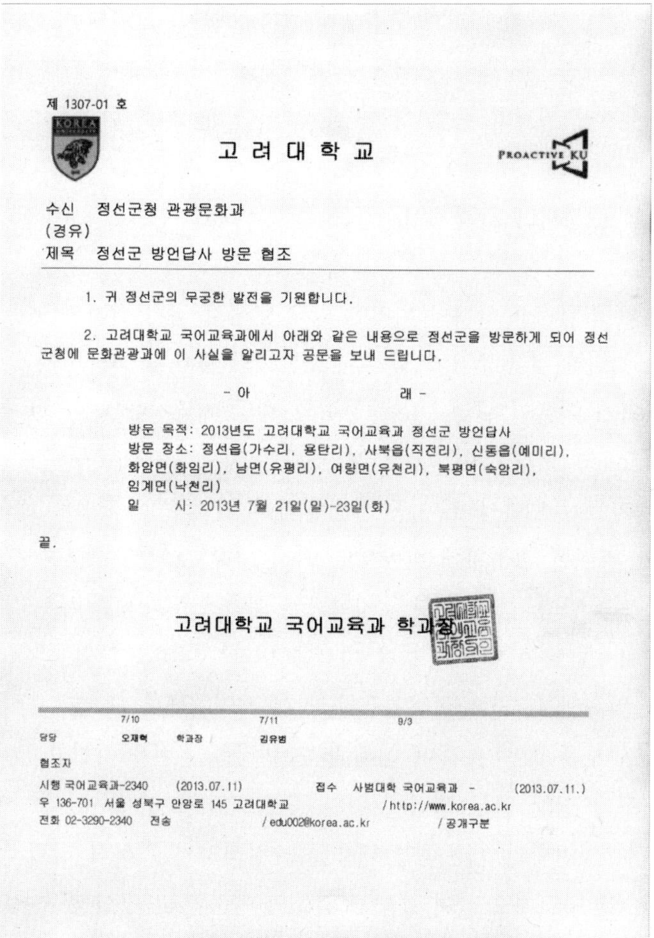

제 1307-01 호

고 려 대 학 교

PROACTIVE KU

수신 정선군청 관광문화과
(경유)
제목 정선군 방언답사 방문 협조

1. 귀 정선군의 무궁한 발전을 기원합니다.

2. 고려대학교 국어교육과에서 아래와 같은 내용으로 정선군을 방문하게 되어 정선 군청에 문화관광과에 이 사실을 알리고자 공문을 보내 드립니다.

\- 아 래 -

방문 목적: 2013년도 고려대학교 국어교육과 정선군 방언답사
방문 장소: 정선읍(가수리, 용탄리), 사북읍(직전리), 신동읍(예미리), 화암면(화암리), 남면(유평리), 여량면(유천리), 북평면(숙암리), 임계면(낙천리)
일 시: 2013년 7월 21일(일)-23일(화)

끝.

고려대학교 국어교육과 학과장

7/10 7/11 9/3
담당 오재혁 학과장 김유범
협조자
시행 국어교육과-2340 (2013.07.11) 접수 사범대학 국어교육과 - (2013.07.11.)
우 136-701 서울 성북구 안암로 145 고려대학교 / http://www.korea.ac.kr
전화 02-3290-2340 전송 / edu002@korea.ac.kr / 공개구분

〈그림 2-2〉 협조 요청 공문

20년 전과 달리 기술적인 측면에서도 많은 발전이 있었기에 여러 기기들을 활용하였다. 방언을 채집하기 위해 디지털 녹음기(Roland사)와 사진 자료를 담아갈 태블릿 PC, 답사 과정을 기록할 디지털 카메라와 캠코더, 중간 자료 정리를 위한 노트북 등을 조별로 준비하였다. 그리고 조사 지역을 편리하게 이동할 수 있도록 조별로 차량을 마련하였다.

일정 및 예산 편성에도 신중을 기했다. 2013년 3월경부터 일정 초

안을 잡고 수차례에 걸쳐 수정을 하였다. 예산은 고려대학교 연구처에서 '학제간 연구회' 지원금으로 마련하였으며, 숙박비, 기념품 제작비, 자료집 인쇄비 등의 항목으로 예산을 편성하였다.

2.2. 조사자의 자격 구비

정선 지역어 조사가 유의미한 학술 답사가 되기 위해서는 조사자 또한 자격을 갖출 필요가 있는데, 조사자의 자격 요건은 크게 조사를 원활하게 이끌어 갈 수 있는 능력과 해당 지역어에 대한 언어학적 능력으로 나뉜다.[2] 이를 위해 본 조사 팀에서는 1990 · 91년도의 녹음 자료를 들으면서 조사 중 발생할 수 있는 돌발 상황을 미리 숙지하고, 마련한 질문지를 바탕으로 여러 차례 모의로 지역어 조사를 실시해 보았다. 그리고 정선 지역어에 대한 언어학적 능력을 갖추기 위해서 1990 · 91년도의 녹음 자료를 반복 청취함으로써 정선 지역어에 익숙해지고자 노력하였으며, 정선 지역어에서 발견되는 비모음이나 단모음 'ㅚ, ㅟ' 등에 대해 별도로 청음 훈련을 하였고, 2012년 11월부터 선행 연구 정리를 위한 공부 모임을 진행하였다.

우선 방언학의 개론적인 내용들을 정리하기 위하여 국립국어원(2007)을 주교재로 하여 공부 모임을 진행하였고, 정선 지역어의 언어학적 특징을 살펴보기 위하여 정선 지역어를 대상으로 한 연구를 중심으로 하여 선행 연구 목록을 만들고 여기에 정선 지역어가 포함되어 있는 영동 방언권에 대한 선행 연구들을 소논문 위주로 검토하여 선행 연구 목록을 작성하였다. 또한 질문지 제작을 위한 어휘 선정 작업 기초로 이익섭 외(2008)에서 제시한 표제어 및 정선 방언형

2 최명옥(2007)에서는 조사자의 자격 요건으로 아래 네 가지를 언급하고 있다.
첫째, 제보자가 안정된 상태에서 말할 수 있게 할 수 있는 심리 파악 능력
둘째, 조사 항목이나 알고자 하는 내용을 쉽게 끌어낼 수 있는 질문 능력
셋째, 조사 중에 부딪히는 어려운 상황을 해결할 수 있는 개인적 임기응변 능력
넷째, 제보자의 말을 분석할 수 있는 언어학적 지식

을 정리하고, 1990・91년도 자료에서 조사한 항목과 얼마나 겹치는지 비교하는 작업도 진행하였다.

2.3. 조사 항목의 선정과 배열

지역어 조사를 통하여 자료를 모으고 정리하여 지역어 자료집을 마련하는 것이 지역어 연구의 출발점이다. 이때 사용되는 가장 중요한 도구는 질문지이며, 질문지에 어떤 조사 항목을 넣느냐에 따라 지역어 조사의 성과는 크게 달라진다(이익섭 1986:19). 여기에서는 2013년 정선 지역어 조사에서 다룬 조사 항목의 선정 과정과 배열 방법을 언급하고자 한다.

조사 항목과 관련한 주요 논의 사항은 조사 항목의 수와 내용, 배열이다. 이들은 연구 목적이 무엇이냐에 따라 다르게 결정된다. 예를 들어, 공시 음운론을 연구하고자 한다면 음운 목록의 확인을 위한 최소대립쌍이 조사 항목으로 구성되나, 통시 음운론을 위해서는 통시적 변화가 화석화된 어휘 항목이 조사 항목으로 선정되어야 한다(최명옥 2007:53). 따라서 지역어 조사를 통해 밝히고자 하는 연구의 목적을 명확하게 세워야 한다. 본 조사 팀의 경우 1990・91년 방언 자료와 2013년 방언 자료의 비교가 주목적이나, 조사자 개개인의 관심 분야에 따라 음운팀, 어휘팀, 문법팀, 국어교육팀으로 나누어 각 연구의 세부 목적을 세웠다.

(1) '2013년 정선 지역어 조사'의 연구 목적
　가. 주목적: 1990・91년 지역어 자료와 2013년 지역어 자료의 비교
　나. 세부 목적: ①정선 지역어의 음운 목록과 음운 현상
　　　②정선 지역어의 어휘 변화와 변화 원인
　　　③정선 지역어의 조사와 어미 체계
　　　④지역어 사용 실태 파악 및 보존과 교육 방안

[1] 조사 항목 선정

본 조사 팀은 조사 항목을 결정하는 데 있어서 두 가지 측면으로 접근하였다. 하나는 1990·91년 질문지의 조사 항목을 어느 정도까지 수용해야 하는가이고, 다른 하나는 새롭게 추가해야 할 조사 항목은 무엇인가이다. 전자는 이번 조사의 주목적과 관련된 것으로, 방언차가 거의 없거나 현재 사어가 됐을 만한 것을 제외하는 작업이다. 후자는 세부 목적과 관련된 것으로, 세부 목적을 위해 새롭게 추가해야 할 항목을 결정하는 일이다.[3]

1990·91년 당시 조사 항목으로 선정된 어휘는 총 156개이다. 이번 지역어 조사의 주목적이 이전 조사 자료와의 비교이기 때문에 본 조사 팀은 기존 156개의 조사 항목을 우선적으로 유지하고, 세부 목적을 달성하는 데에 필요한 어휘를 추가하는 방식을 택하였다. 우선 정선 지역어의 음운 목록과 음운 현상을 밝히고자 한 세부 목적과 관련하여 1990·91년 조사 항목을 음소 관련 항목과 운소 관련 항목, 음운 변동 관련 항목으로 구분하였다. 그러나 단어 측면에서 살펴볼 수 있는 것은 음소 관련 항목밖에 없었는데, 심지어 이조차 자음은 표준어와 거의 차이가 없었다.[4] 이에 기존 조사 항목에 어떤 음소를 살펴볼 수 있는가를 기입하고, 음소와 운소, 음운 변동 측면을 살필 수 있는 다른 항목을 추가하였다. 다음으로 어휘적 측면과 문법적 측면, 국어 교육적 측면에서 새롭게 추가해야 할 조사 항목을 선정하였다.

정선 지역어의 음운에 대한 연구를 위하여 '게, 대게, 말[馬], 말[斗], 말[語]' 등을 조사 항목에 추가하였다. '게, 대게'는 음절 위치에 따른

3 예를 들어 음운론 측면에서 국어의 장음을 비교할 수 있는 어휘를 선정하는 작업이 필요하다.

4 표준어의 자음은 'ㄱ, ㄲ, ㄴ, ㄷ, ㄸ, ㄹ, ㅁ, ㅂ, ㅃ, ㅅ, ㅆ, ㅇ, ㅈ, ㅉ, ㅊ, ㅋ, ㅌ, ㅍ, ㅎ', 총 19개인데, 정선 지역어의 자음 역시 이와 동일하다. 이에 대한 자세한 내용은 3장을 참고할 수 있다.

/ㅔ/의 실현 여부를 보기 위한 것이고, '말[馬], 말[斗], 말[語]'은 운소를 파악하기 위한 것이다. 다음으로 정선 지역어의 문법적 특징, 특히 불규칙 활용 용언에 대해 살펴보기 위하여 '짓다, 파랗다, 싣다, 푸다' 등을 추가하였고, 어휘적 연구를 위하여 '극젱이, 숙모' 등의 조사 항목을 추가하였다. '극젱이'의 경우 '쟁기'와의 의미 차이를, '숙모'의 경우 그 의미역을 알아보기 위한 것이다. 이러한 검토 과정을 통하여 기존 조사 항목 156개에 68개[5]를 추가하여 총 224개의 조사 항목을 결정하였다.

[2] 조사 항목 배열

질문지를 제작하는 데 있어서 어떤 어휘를 물을 것인가도 중요하지만 어떠한 순서로 질문할 것인가도 중요하다. 조사 항목을 잘 배열해야지만 도입 부분에서 관심을 유도할 수 있고 흐름이 끊어지지 않게 질문을 이어 나갈 수 있으며 조사 마지막까지 흥미를 유지할 수 있기 때문이다. 이와 관련하여 한국정신문화연구원(1980)은 조사 목적에 따라 어휘, 문법, 음운으로 나누고, 유사한 의미 영역의 항목을 같은 자리에 모이게 했다. 이익섭(1981:12-13)은 전체를 10가지로 대분류하고 그 아래 중항목을 두고 이를 다시 소항목으로 나누어 배열해서 조사 전체를 흐름이 있는 이야기가 되도록 하였다. 국립국어원(2006)은 지역어의 어휘, 음운, 문법의 차원을 넘어서 문장과 담화 차원까지 조사하는 데에 목표를 두고, 질문지를 구술 발화, 어휘, 음운, 문법 네 분야로 나누어 구성하였다. 각 연구물의 구성을 토대

5 정선 지역어 조사의 연구 목적을 위해 새로 선정된 어휘 68개는 다음과 같다. "게, 대게, 개, 조개, 배, 담배, 베, 삼베, 뒤, 앞뒤, 쥐, 다람쥐, 위, 추위, 쇠, 열쇠, 회, 물회, 참외, 말[馬], 말[斗], 말[語], 밤[夜], 밤[栗], 딸[女], 돌[年], 돌[石], 매다[繫], 극젱이, 서랍, 곡괭이, 나막신, 맷돌, 콩나물, 아래, 밑, 암탉, 숙모, 외숙모, 어렵다, 삼발이, 쓰다, 담다, 더럽다, 되다, 자르다, 수소, 암소, 갈다, 가깝다, 가늘다, 익다, 고무래, 짓다, 파랗다, 싣다, 푸다, 따르다, 이르다, 게으르다, 잡다. 웃다, 걷다, 낫다, 지우다, 치르다, 앉다, 가다"

로 조사 항목 배열 방식의 예를 정리하면 아래와 같다.

① 한국정신문화연구원(1980)

ㄱ. 어휘: 농사, 음식, 가옥, 의복, 인체, 육아, 인륜, 경제, 동물, 식물, 자연, 상태, 동작

ㄴ. 문법: 대명사, 조사, 경어법, 시제, 사·피동, 연결어미, 보조용언, 부사

ㄷ. 음운: 단모음, 이중모음, 음장, 억양, 성조, 자음탈락, 불규칙활용, 자음축약, 경음화, 비음화, 모음조화, 움라우트

② 이익섭(1981:179-203)

ㄱ. 대항목: 농사, 집안 살림, 가옥과 마을, 자연·시간·수, 식물과 동물, 인체, 사회생활, 상태와 동작, 부속어 및 음운, 어촌 어휘

ㄴ. 중항목: ('농사'의 중항목)논갈이, 쟁기, 모내기, 김매기, 결실, 벼베기, 타작, 디딜방아, 찧기, 밭곡식, 채소, 밭, 농기구, 지게

ㄷ. 소항목: ('논갈이'의 소항목)쟁기, 극젱이, 써레, 번지, 소, 황소, 멍에, 부리망, 이랴, 워워, 돌아(左/右), 쟁깃군, 쟁기질-하다, 써렛군/번짓군

③ 국립국어원(2006)

ㄱ. 구술 발화: 조사 마을의 환경과 배경, 일생 의례, 생업 활동, 의생활, 식생활, 거주 생활, 질병과 민간요법, 세시 풍속과 놀이, 특수 지역 생활

ㄴ. 어휘: 농경, 음식, 가옥, 의복, 민속, 인체, 육아, 친족, 동물, 식물, 자연

ㄷ. 음운: 단모음, 이중모음, 장모음과 성조

ㄹ. 문법: 대명사, 조사, 종결어미, 연결어미, 주체 존대, 시제, 부정, 피동과 사동, 보조용언, 부사, 관용적 표현

1990·91년 조사 역시 조사 항목을 크게 어휘, 문법으로 조사 항목을 나누고 문법 항목에서 음성·음운적 측면과 형태·통사적 측면을 다루고 있다. 어휘 부문은 선행 연구들과 마찬가지로 조사 항목

을 의미적으로 유사한 영역, 즉 '농경 생활, 식생활, 거주 생활, 식물, 의생활, 자연, 자연 현상, 동물, 인체, 육아, 세시풍속, 일생 의례, 친족' 등 묶어 항목을 배열하고 있다.

위의 연구들은 조사 항목을 연구 목적에 따라 어휘, 음운, 문법으로 나누고 어휘 부문을 의미 중심으로 배열하고 있다. 본 조사 팀 역시 음운론적, 어휘론적, 문법론적, 교육론적 세부 목적을 가지고 있기 때문에 조사 항목을 어휘, 음운, 문법으로 나눌 필요가 있으나, 음운과 문법 관련 조사를 어휘 항목 속에서 함께 다루고 있기 때문에 어휘적 차원 의미 영역을 고려하여 조사 항목을 배열하였다. 다만 임석규(2008:333-334)에서 대립쌍 조사는 이야기가 연결되지 않는 단점이 있으나, '과일'에 대한 질문을 하다가 '배[梨]'와 '배[倍]'를 연속적으로 질문하는 것이 좋다는 언급을 받아들여 음운론적 연구를 위한 일부 어휘의 배열을 조정하였다. 예를 들어, '동물' 영역에서 '말[馬]'과 '말[斗]', '말[語]'를 연속적으로 묻고 있다. 또한 방언형과 종결어미 둘 다를 도출하기 위한 '시원하다, 먹다'는 방언형 질문과 종결어미 질문을 분리하여 두 번 제시하였고, 그 위치는 종결어미에만 초점을 둔 조사 항목인 '앉다, 가다'와 함께 마지막에 연속적으로 나열하여 질문하고 있다. 이번 조사를 위해 최종적으로 선정한 조사 항목과 배열은 〈표 2-1〉과 같다.

〈표 2-1〉 '2013년 정선 지역어 조사'의 조사 항목과 배열

1	쟁기	9	도리깨	17	까끄라기	25	(김)매다
2	쟁깃군	10	개상	18	깜부기	26	매다[繫]
3	갈다	11	키	19	되다	27	수숫잎
4	극젱이	12	까불다	20	탯자리개	28	시래기
5	괭이	13	확	21	새끼꼬다	29	상추
6	호미	14	왕겨	22	호미씻이	30	파랗다
7	곡괭이	15	보리	23	곁두리	31	오이(외)
8	고무래	16	짓다	24	두레	32	심다

33	무	70	두레박	107	이르다	144	조개
34	질경이	71	따르다	108	회오리바람	145	아가미
35	고들빼기	72	바가지	109	아지랑이	146	지느러미
36	도깨비바늘	73	이남박	110	진눈깨비	147	다슬기
37	솔가리	74	똬리	111	홍수	148	오징어
38	뿌리	75	시루	112	글피	149	꼴뚜기
39	이끼(끼다)	76	살강	113	그글피	150	게
40	자두	77	시렁	114	어제	151	대게
41	익다	78	선반	115	그저께	152	버마재비
42	떫다	79	수챗구멍	116	그끄저께	153	반딧불
43	참외	80	(앞)마당	117	뒤	154	잠자리
44	껍질	81	뒤꼍	118	앞뒤	155	달팽이
45	콩나물	82	마루	119	위	156	벼룩
46	딸기	83	토방	120	아래	157	회충
47	딸[女]	84	지붕	121	밑	158	입술
48	도토리	85	이엉	122	닭	159	턱
49	떡갈나무	86	엮다	123	수탉	160	주름살
50	밤[栗]	87	이다	124	암탉	161	가르마
51	보늬	88	낙숫물	125	벼슬	162	귓불
52	밤[夜]	89	(물이) 괴다	126	달걀	163	귀이개
53	달무리(지다)	90	돌쩌귀	127	꿩	164	귀지
54	놀(이 지다)	91	대님	128	까투리	165	딸꾹질
55	새벽	92	가위	129	장끼	166	졸음
56	배	93	자르다	130	까치	167	갓난아기
57	담배	94	인두	131	수소	168	기저귀
58	김치	95	다리미	132	암소	169	포대기
59	누룽지	96	다듬이질	133	쇠죽	170	죄암죄암
60	튀밥	97	베	134	돼지	171	곤지곤지
61	회	98	삼베	135	게으르다	172	웃다
62	물회	99	깁다	136	고양이	173	도리도리
63	요식	100	자리틀	137	말[馬]	174	부라부라
64-1	먹다[6]	101	거울	138	말[斗]	175	목말(태우다)
65	주걱	102	서랍	139	말[語]	176	공기
66	푸다	103	나막신	140	쥐	177	샘
67	맷돌	104	삼발이	141	잡다	178	제기
68	가볍다	105	산마루	142	다람쥐	179	그네
69	우물	106	메아리	143	개	180	윷(놀다)

181	도개걸윷모	193	숙모	205	긁다	217	가깝다
182	결혼	194	외숙모	206	데우다	218	걷다
183	며느리	195	환갑	207	담다	219	낫다
184	사위	196	잔치	208	쓰다	220	지우다
185	올케	197	돌[年]	209	젊다	221	치르다
186	시누이	198	돌[石]	210	굵다	222-1	시원하다
187	언니	199	쇠	211	가늘다	222-2	시원하다2
188	조카	200	열쇠	212	없다	223	앉다
189	아재	201	춥다	213	낮다	224	가다
190	삼촌	202	추위	214	밝다	64-2	먹다2
191	이모	203	말리다	215	어렵다		
192	고모	204	맵다	216	더럽다		

2.4. 질문지 및 참고 책자

지역어 조사의 성공은 정확한 방언형을 얼마큼 획득하느냐에 달려 있다. 제한된 시간 내에 정확한 방언형을 최대한 많이 획득하기 위해서는 조사 항목별로 적절한 질문법을 사용해야 한다. 따라서 질문지를 어떻게 구성하느냐가 지역어 조사의 성패를 좌우한다. 이 절에서는 2013 정선 지역어 조사에 사용된 질문지의 개발 과정과 조사 과정에서 부수적으로 사용한 책자를 소개하고자 한다.

[1] 질문지 개발 과정

질문지의 일정한 틀은 존재하지 않으나, 선행 연구들에서 제시한 질문지들은 유사한 형태를 띠고 있다. 아래는 한국정신문화연구원(1980)과 이익섭(1981), 국립국어원(2006)에서 제시하고 있는 질문지의 모습이다.

6 64-1 '먹다1'와 222-1 '시원하다1'는 방언형 도출 질문이고, 64-2 '먹다2'와 222-2 '시원하다2'는 종결어미 도출 질문임.

① 한국정신문화연구원(1980:2)

耕作		
001 1 2	벼 벼이삭 벼 (열매)	[그림 1] "이것을 무엇이라고 합니까?" (논에다 모를 심어서 키운 식물로서 그 열매를 찧으면 쌀이 됨.) [그림 1] (벼이삭 부분 지시) "이 부분을 무엇이라고 합니까?" 보충 ① 벼가 자라서 이삭이 팬다. ② 장작을 팬다. [그림 1] (이삭의 열매를 지시) "이 열매를 털고서 아직 껍질을 벗기지 아니한 것들을 무엇이라고 합니까?" 주의 성장과정의 '벼'(식물)와 탈곡한 '벼'(열매)를 모두 같은 명칭으로 부르는지, 다른 명칭으로 부르는지에 유의.
002	뉘	"쌀이나 밥 속에 섞여 있는 벼(열매)를 무엇이라고 합니까?" 주의 자·모음의 정밀전사. 보충 쌀이나 밥에서 뉘를 골라낸다/발라낸다/가려낸다.
(하략)		

② 이익섭(1981:166-167)

1. 닭이나 병아리한테 보리나 쌀 등을 주면 무엇을 준다고 합니까? (멍이, 멩이, 모이, 모시, ________)
2. 닭 중의 수컷은? (수딹, 수탉, 장딹, ________)
3. 산에 사는 짐승으로 밤에 캥캥 울며 남의 산소도 잘 파헤치는 짐승은? (여껭이, 영껭이, 여우, 여수, ________)
4. 오른쪽 [그림 4]는 무슨 그림입니까? (잠자리, 짬자리, 찰레기, 소금젱이, ___)
5. 오른쪽 [그림 5]는 물 위에 떠서 톡톡 튀기도 하고 가만히 있다 쉬쉭하고 빨리 다니는 것인데 무엇이라 부릅니까? (맹건장사, 엿장사, 물거미, 소금젱이, ________)

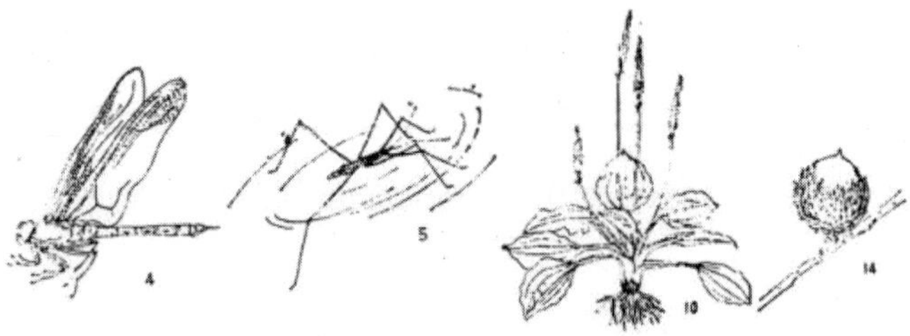

(하략)

③ 국립국어원(2006:88)

2.1. 농경	
2.1.1. 경작	
20101 벼	〈그림 1〉 이것은 무엇입니까?(논에다 모를 심어서 키운 식물.) [주의] '벼의 이삭'과 '벼(열매)/벼(식물)'의 단어형 차이 확인. [옛] 벼
20102 이삭	〈그림 1〉 (이삭을 가리키면서) 이 부분을 무엇이라고 합니까?(벼나 보리, 밀 등에서 열매가 더부룩하게 달린 부분.) [옛] 이삭
20103 볍씨	이듬해에 씨로 쓰려고 따로 둔 좋은 벼 열매를 무엇이라고 합니까? [주의] '종자씨', '씨나락' 등 다양한 분화형이 있음. [옛] 벼+씨
20104 못자리	흙을 고르고 판판하게 만든 다음, 볍씨를 뿌리려고 만든 논은 무엇이라고 합니까? [주의] 못자리의 각 판을 뜻하는 '모판'과 혼동하지 말 것.
	(하략)

이익섭(1981)은 강원도의 지역어를 조사하는 것을 목적으로 하기 때문에 예상되는 방언형이 함께 제시되어 있다. 그러나 한국정신문화연구원(1980)과 국립국어원(2006)은 특정 조사 지역을 상정한 질문지가 아닌 까닭에 예상되는 방언형이 제시되어 있지 않고, 대신 '보충', '주의' 또는 단어의 통시적 정보가 제공되어 있다. 또한 이익섭(1981)은 설문 조사를 조사 방법으로 택한 까닭에 방언형을 전사할 공간이 배정되어 있지만, 한국정신문화연구원(1980)과 국립국어원(2006)은 별도의 전사 공간이 존재하지 않는다. 이는 두 선행 연구가 면접 조사를 전제로 하기 때문에 기록지를 별도로 마련할 가능성이 크다.

조사 지점 및 조사 방법의 차이점에도 불구하고 위의 세 질문지를 살펴보면 항목 번호와 조사 항목, 질문법이 공통적으로 나타난다. 또 '그림'을 참고 자료로 제시하여 정확한 방언형이 도출되도록 유도하고 있다. 이를 참고하여 질문지에 기입해야 할 사항으로 '항목 번호, 조사 항목, 질문법, 예상 방언형, 사진 자료, 주의 사항' 등을 추릴 수 있다.

고려대학교 1990 · 91년 조사에 사용된 질문지 역시 이러한 정보를 담고 있다.

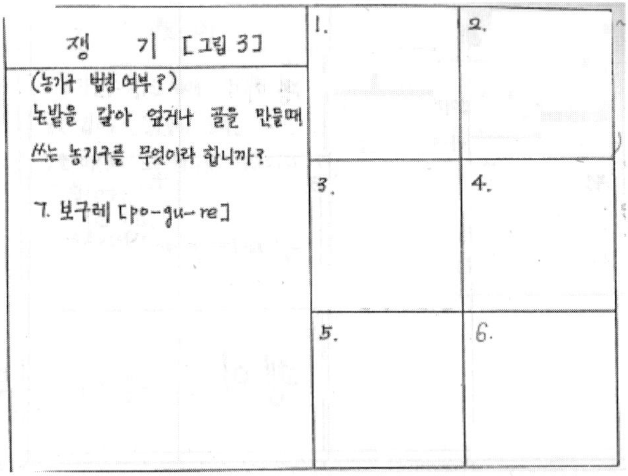
쟁 기 [그림 3]

(농기구 범례 여부?)

논밭을 갈아 엎거나 골을 만들때 쓰는 농기구를 무엇이라 합니까?

7. 보구레 [po-gu-re]

1.	2.
3.	4.
5.	6.

〈그림 2-3〉 '고려대학교 1991년 정선 지역어 조사' 질문지

1990 · 91년 질문지는 앞에서 살펴본 질문지와 달리 질문지와 기록지가 결합된 형태를 띠고 있다. 좌측 상단에 조사 항목과 참고할 그림의 번호를 제공하고 있으며, 하단에서 유의 사항과 방언형을 유도하는 질문을 제시하고 있다. 이 질문지는 정선 지역어 조사에 한정된 것으로 조사 항목에 해당하는 정선 지역어를 미리 제공하여 조사자의 편의를 도모하고 있다. 우측에는 6개의 공란을 제공하여 질문과 동시에 전사를 할 수 있도록 구성되어 있다. 하지만 기록지에 조사 마을 및 제보자 정보가 나타나지 않아 조사 이후 정리하는 작업에서 혼란이 발생할 우려가 있다.

이번 조사는 이전 조사의 사용된 질문지 체계를 기본으로 삼되, 부족한 부분을 보완하고자 했다. 질문지 체계를 수립하는 과정에서 다양한 형식이 제안되었다.

(2) 논의된 질문지 유형들

가.

1. **쟁기** 농경생활 : 농기구		1.	
		2.	
		3.	
[사진 1] 이것을 무엇이라고 합니까?		1.	
		2.	
		3.	
ㄱ. 보구레[pogure] 지역		1.	
		2.	
		3.	

나.

1. **쟁기** 농경생활 : 농기구	[사진 1] 이것을 무엇이라고 합니까?		ㄱ. 보구레[pogure] 지역
	1.	2.	3.
	1.	2.	3.
	1.	2.	3.

다.

1. **쟁기** 농경생활 : 농기구	[사진 1] 이것을 무엇이라고 합니까?	ㄱ. 보구레[pogure] 지역
	1.	
	2.	
	3.	
	1.	
	2.	
	3.	
	1.	
	2.	
	3.	

가안으로 제시된 질문지들은 1990 · 91년 질문지에 나타나는 요소

들을 그대로 수용하고, 문제점으로 지적된 사항을 보완한 것이다. 즉, 방언형을 전사하는 공란 앞에 조사 마을과 제보자를 기입할 수 있는 칸을 마련하였다. 사실 (2가-다)는 질문지 구성 요소에서 다른 점이 전혀 없다. 다만 방언형을 기록할 공간의 크기를 조정하여 기록할 공간을 확보하는 방안으로 제안된 것이다. 하지만 위의 가안들은 모든 공란에 조사 마을과 제보자를 반복적으로 기입해야 한다는 문제가 있다. 마을 명과 제보자를 기호로 통일하여도 반복적인 작업은 피할 수 없다.

위에서 본 대다수의 질문지가 그렇듯 형식만 다를 뿐 포함하는 요소는 별반 다르지 않았다. 하지만 질문지는 조사자에게 더 많은 정보와 편의를 제공하는 방향으로 만들어져야 하고, 조사 이후 연구자들에게 혼동을 줄이는 방향으로 구성되어야 한다. 이를 위하여 본 조사 팀은 시각적으로 정보를 제공할 수 있는 기호를 질문지에 도입하여 최종안을 마련하였다.

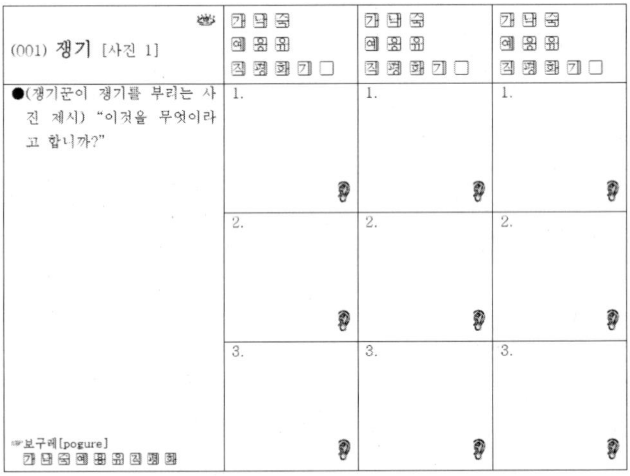

〈그림 2-4〉 '2013년 정선 지역어 조사' 질문지 최종안

이전 질문지와 동일하게 좌측에는 조사 항목과 참고 사진 번호,

질문법, 참고 방언형이 적혀 있으며, 우측에는 기록지가 제시되어 있다. 이전 질문지는 조사 마을과 제보자를 식별하는 데 문제가 있었는데, 이를 보완하기 위하여 조사 마을을 표시할 수 있는 칸을 상단에 마련하여 각 마을 명을 기호로 제시하여 체크를 하는 방안을 취하였다. 예를 들어 [가]는 '가수리', [낙]은 '낙동리', '[기]'는 기타 마을, '□'은 아동 조사를 의미한다.

이 외에도 기존 질문지와 달리 항목 번호를 제시하여 연구자가 이 자료를 활용하고 점검하는 데 도움을 주고자 했다. 또한 조사 항목 우측에 '👁, ✋, 👄'을 제시하여 이 조사 항목에 해당하는 질문 요령을 보여주고 있다. 즉, '👁'은 사진 자료집을 이용하라는 것이고, '✋'은 해당 동작을 취하면서 질문하라는 것이고, '👄'은 말로 설명하라는 것이다. 질문법의 경우 〈그림 2-4〉에는 나타나지 않았지만 '●'과 '▶'으로 구분하여 어휘를 유도하는 질문과 문법 정보를 묻는 질문을 구분하였다. 마지막으로 기록지 부분에 보이는 '👂'은 녹음 파일을 들으라는 정보를 나타내는 기호로, 이것에 동그라미를 표시하여 조사자가 방언형을 전사하는 과정에서 녹음 파일을 듣고 재확인해 볼 필요가 있다는 사실을 연구자에게 알려주는 기능을 한다.

(3) 기호 설명

가. 👁: 사진 자료집을 이용하면서 질문하라.
나. ✋: 해당 동작을 취하면서 질문하라.
다. 👄: 말로 설명하면서 질문하라.
마. 👂: 녹음 파일을 듣고 재확인할 필요가 있을 경우 표시하라.
라. ●: 해당 어휘의 방언형을 유도하라.
마. ▶: 해당 어휘의 문법 정보를 유도하라.

본 조사 팀의 질문지는 조사 마을을 글자로 적지 않기 때문에 다른 질문지에 비해 편리하며, 기호에 해당하는 마을 명을 다른 부분에서 찾아야 한다는 번거로움이 적다. 이전 질문지와 동일하게 제보자 정보를 제공하지 못한다는 단점이 있으나, 이는 '1, 2, 3'으로 구분하고 각 제보자 명은 질문지 앞에 다음과 같은 기입란을 제시하여 메울 수 있다.

날짜	지 역	제 보 자		비고
		1		
		2		
		3		
		1		
		2		
		3		
		1		
		2		
		3		

〈그림 2-5〉 '2013년 정선 지역어 조사' 제보자 이름 기입란

질문지의 핵심은 정확한 방언형을 유도할 수 있는 질문법일 것이다. 선행 연구들에서 정리된 질문법의 종류는 다음과 같다.

(4) 질문법의 종류
- 가. 직접질문법: 번역식 질문법
- 나. 간접질문법: ①명명식 질문법 ②완결식 질문법 ③치환식 질문법 ④이야기식 질문법 ⑤역질문법
- 다. 선택질문법: 확인 질문법

선행 연구들에서 지적되었듯이 직접질문법은 해당 방언을 순수하게 채집할 수 없다는 단점이 있기 때문에 본 질문지의 질문법을 계획하는 데에는 가급적 활용하지 않았다. 본 조사 팀은 간접질문법

중 명명식 질문법을 가장 많이 사용하였는데, 제한된 시간 내에 많은 조사 항목을 물어야 하기에 사진 자료를 활용하여 "(쟁기꾼이 쟁기를 부리는 사진 제시) 이것을 무엇이라고 합니까?"와 같은 명명식 질문법이 유용하다고 판단하였다. 사진 자료를 제시하기 곤란한 조사 항목의 경우 "집을 만드는 것을 집을 뭐한다고 합니까?"와 같은 완결식 질문법을 사용하였고, "(장모가 사위/사위가 장모에게) 앉을 것을 권할 때 어떻게 말합니까?"와 같은 치환식 질문법을 사용하여 종결어미를 확인하였다.

질문지 작성 단계에서는 계획하지 않았지만, 실제 조사 과정에서 1990·91년 조사 때 수집된 방언형이 도출되지 않는 몇몇의 경우 번역식 질문법을 사용하였다. 그리고 정선 지역어의 의미 분화를 알아보기 위해서 조사를 마친 후 역질문법을 활용하여 방언형 간의 의미 차이를 물어보았다. 한 번의 조사는 대략 2~3시간 정도 걸렸는데, 모든 시간 동안 질문지에 의거한 조사만을 진행할 경우 흥미를 잃기 쉽다. 따라서 중간 중간 제보자의 경험담을 유도하는 이야기식 질문법, 예를 들어 "할머니, 시집오시기 전에 살던 마을에서 친척분들과 있었던 이야기 좀 해 주세요."라는 식의 질문을 드리고 도출되는 친지 관련 어휘의 방언형을 기록지에 적고, 문법 정보를 획득하였다.

[2] 사진 자료집과 참고 자료집

1990·91년 지역어 조사 당시 사용된 그림 자료집은 한국정신문화연구원(1980)에서 제공된 그림책이다. 그러나 이것은 손으로 그린 탓에 사물의 정교함을 담아내지 못한다는 단점이 있다.

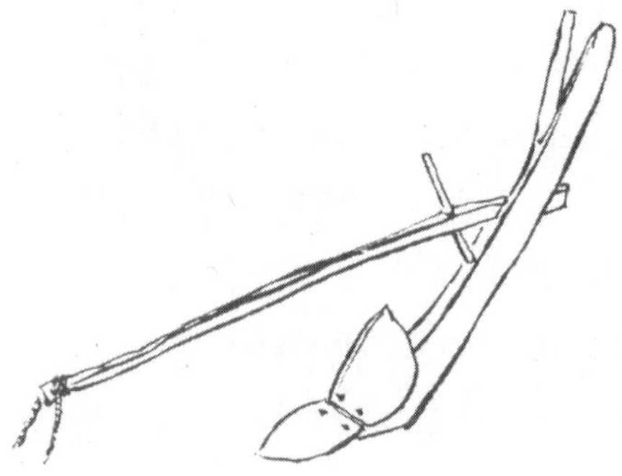

〔그림 3〕 010 čɛŋ-ki 011 po-sip 013 pyəs

〈그림 2-6〉 '쟁기' 그림의 예(한국정신문화연구원 1980)

이를 극복하고자 본 조사 팀은 조사 항목을 잘 보여주는 사진 자료를 찾고 이를 하나의 파일로 묶어 사진 자료집을 만들었다. 이를 일일이 인쇄하기에는 비용도 문제가 될 뿐더러 계속해서 이동하는 와중에 사진이 훼손될 우려가 있어 본 조사 팀은 태블릿 PC를 활용하기로 하였다. 태블릿 PC의 사용은 제보자에게 사진 자료를 보여줄 수 있다는 점 외에도 강조할 부분을 표시하거나 확대할 수 있다는 장점도 있어 조사 항목의 정확한 지역어형을 도출하는 데에 유용하다. 또한 〈그림 2-7〉과 같이 한 사진으로 조사 항목 여럿을 물을 수 있다. 〈그림 2-7〉은 '쟁기, 쟁깃군, 갈다' 3개의 조사 항목을 모두 보이고 있는 사진 자료이다.[7]

7 태블릿 PC를 활용해 사진으로 질문을 한 조사 방식은 대체로 긍정적으로 평가되었으나 경우에 따라 사진만 보고서는 제보자가 해당 내용을 제대로 인지하지 못하는 경우도 있었다. 차후 조사에서는 동일한 어휘에 대해서도 다양한 크기, 다양한 각도의 사진을 2-3장 정도로 준비하는 것이 보다 유용할 수 있을 것이다.

〈그림 2-7〉 '쟁기', '쟁깃군', '갈다'의 사진

사진 자료집 외에도 본 조사 팀은 참고 자료집을 제작하였다. 참고 자료집은 지역어 조사를 하는 데 있어서 필요한 지식들을 담고 있는 책자이다. 구체적으로 이 자료집에는 답사 일정과 조사자 연락처 등 답사 관련 정보뿐만 아니라 • 전사 기호와 정선 지역 정보, 방언학 관련 기초 지식, 정선 지역어의 기초 지식, 정선 지역어 관련 선행 연구 목록이 담겨 있다. 이 중 방언학 관련 기초 지식과 정선 지역어의 기초 지식은 조사자들이 지역어 조사를 준비하는 과정에서 실시한 공부 모임의 내용을 정리한 것으로, 지역어 조사 과정에서 의문이 발생하는 부분의 실마리를 제공하는 역할을 하고자 수록하였다.

참고 자료집이 담고 있는 내용 중 가장 중요한 것은 전사 기호이다. 연구 목적에 적합한 조사 항목을 선정하고 적절한 질문법을 담고 있는 질문지를 구현하여 제보자의 발음을 정확히 들었을지라도, 들은 지역어를 기록지로 올바르게 옮겨 적지 못한다면 그 조사는 무의미하다. 또한 여러 명의 조사자가 조사를 하는 것이기 때문에 조사자 간의 약속된 전사 기호를 마련해야 한다. 전사에는 다양한 기호가 사용될 수 있으나 본 조사에서는 빠른 속도로 전사를 해야 하는 점, 한글 자모로 전사 목적이 충분히 만족된다는 점을 고려하여 한글 자모를 기본 전사 기호로 채택하되 일부 필요한 경우 어깻점을 사용하였다.

• 전사 기호
전사란 음성 언어를 듣고 문자 언어로 바꾸어 적는 것을 의미하며, 전사 기호는 이때 사용되는 기호이다. 전사는 들리는 대로 적거나 철자법에 맞춰 적는 것에 따라 음성 전사와 철자 전사로 나눌 수 있다. 정선 지역어 조사에서 쓰인 전사는 음성 전사인데 음성 전사의 경우 소리의 세밀한 차이를 구분하기 위하여 별도의 기호 체계를 마련하기도 한다.

〈표 2-2〉 '2013년 정선 지역어 조사' 전사 기호

	음운	음성	전사 기호
자음	ㄱ	어두 초성: k / 어중 초성: k, g / 종성: k˺	ㄱ
	ㅋ	초성: k^h / 종성: k˺	ㅋ
	ㄲ	초성: k^* / 종성: k˺	ㄲ
	ㄷ	어두 초성: t / 어중 초성: t, d / 종성: t˺	ㄷ
	ㅌ	초성: t^h / 종성: k˺	ㅌ
	ㄸ	초성: t^* / 종성: t˺	ㄸ
	ㅂ	어두 초성: p / 어중 초성: p, b / 종성: p˺	ㅂ
	ㅍ	초성: p^h / 종성: p˺	ㅍ
	ㅃ	초성: p^* / 종성: p˺	ㅃ
	ㅈ	어두 초성: ʨ / 어중 초성: ʨ, ʥ / 종성: ʨ˺	ㅈ
	ㅊ	초성: $ʨ^h$ / 종성: ʨ˺	ㅊ
	ㅉ	초성: $ʨ^*$ / 종성: ʨ˺	ㅉ
	ㅅ	초성: s / 종성: t˺	ㅅ
	ㅆ	초성: s^* / 종성: t˺	ㅆ
	ㅎ	초성: h / 종성: t˺	ㅎ
	ㄴ	초성: n / 종성: n˺	ㄴ
	ㄹ	초성: ɾ / 종성: l˺	ㄹ
	ㅁ	초성: m / 종성: m˺	ㅁ
	ㅇ	종성: ŋ˺	ㅇ
	ㅁ, ㄴ, ㅇ	주변 모음 비음화	~
단모음	ㅣ	i	ㅣ
	ㅔ	e	ㅔ'
		ɛ	ㅔ
	ㅐ	ɛ	ㅐ
		æ	ㅐ'
	ㅡ	ɯ	ㅡ
	ㅓ	ʌ	ㅓ
	ㅏ	ɑ	ㅏ
	ㅗ	o	ㅗ
	ㅜ	u	ㅜ
	ㅚ	ø	ㅚ'
		we	ㅚ

	ㅟ	y	ㅟ'
		wi	ㅟ
이중 모음	ㅑ	ja	ㅑ
	ㅕ	jʌ	ㅕ
	ㅛ	jo	ㅛ
	ㅠ	ju	ㅠ
	ㅖ	je	ㅒ'
		jɛ	ㅒ
	ㅒ	jɛ	ㅖ
		jæ	ㅖ'
	ㅘ	wa	ㅘ
	ㅝ	wʌ	ㅝ
	ㅙ	we	ㅙ'
		wɛ	ㅙ
	ㅞ	wɛ	ㅞ
		wæ	ㅞ'
	ㅢ	ɯi	ㅢ
		ɯ	ㅡ
		i	ㅣ
		ɛ	ㅔ

• 비모음화
모음이 모음 앞의 비음에 영향을 받아 음성적으로 비음화되는 것을 말한다.

자음의 경우, 정선 지역어에서는 비음인 /ㄴ, ㅁ, ㅇ/이 주변 모음에 영향을 주어 주변 모음을 비모음으로 바꾸는 경우가 있다. 예컨대 /ㅇ/에 의하여 주변 모음 /ㅔ/가 비음성 획득하여 • 비모음화된 경우 이를 표시하기 위하여 국제음성기호(International Phonetic Association, IPA) 기호에 따라 해당 모음 위에 [~] 표시하여 [ㅔ̃]로 전사하다.

모음의 경우, 서울 지역어에서는 두 개의 모음이 중화되어 변별되지 않으나 정선 지역어에서는 변별되는 경우가 있다. 예를 들어 단모음 /ㅔ/와 /ㅐ/가 그러한데, 표준발음법에서는 [e]와 [æ]로 실현하는 것을 원칙으로 하나, 일부 화자의 경우 이를 변별하지 않고 [ɛ]로 중화하여 발음하기도 한다. 그 결과 /ㅔ/와 /ㅐ/가 포함된 이중모음 /ㅖ/와 /ㅒ/, /ㅞ/와 /ㅙ/ 역시 변별되기도 하고 중화되어 발음되기도 한다. 따라서 두 소리가 변별되는 경우와 그렇지 못한 경우를 구분할 필요가 있다. 일반적으로 표준어의 근간이 되는 서울 지역어의 현실 발음에서 이 둘을 변별하지 않는 경향이 크기 때문에 조사자 입장에서는 변별된 음이 유표적으로 들릴 것이다. 이에 두 소리가 변별되어 들리는 경우 ' '(어깻점)을 사용하여 'ㅔ"와 'ㅐ" 또는 'ㅖ"와 'ㅒ", 'ㅞ"와 'ㅙ"로 전사한다. 또한 표준어의 모음 체계에서 /ㅚ/와 /ㅟ/는 단모음으로 설정되어 있으나, 이중모음으로 발음되는 경우가 빈번하기 때문에, 단모음 /ㅚ/와 /ㅟ/가 원래의 단모음으로 발음될 경우에는 각각 'ㅚ"와 'ㅟ"로 전사한다.

3. 현지 조사 단계

3.1. 제보자 선정

방언학의 주요한 초기 연구 중 하나인 소창진평(1944)에서는 장시간 앉아 있기 힘들고 요령 있게 대답하기 힘들다는 점에서 노인보다는 보통학교(초등학교) 상급생을 제보자의 원칙으로 하였다. 그러나 시대가 변하여, 현재 고등학생은 해당 지역의 지역어형을 제대로 제보하지 못할 수 있다. 본 조사 팀에서는 무엇보다도 지역어형의 수집을 최우선으로 삼았다. 그렇기에 가장 우선시되는 조건은 해당 지역의 순수 토박이여야 한다는 것이었다. 다음으로 최대한 지역어형을 간직하고 있을 것으로 여겨지는 70~80대를 제보자 기준으로 삼았다.[8]

8 최명옥(2007)에서는 아래와 같이 제보자 조건을 제시하고 있다.
첫째, 그 지역의 전형적인 방언을 말해 줄 수 있는 순수 토박이일 것
둘째, 다른 방언과 접할 기회를 거의 가질 수 없는 안정된 직업에 종사할 것
셋째, 질문 내용을 빨리 이해하고 그에 대해 정확하게 답을 함과 동시에 그와 관련된 다른 사실까지도 예시할 수 있을 정도로 언어에 대한 감각이 뛰어나고 말하기를 좋아할 것
넷째, 오랫동안 앉아서 답해 줄 만큼 건강하며 분명히 발음할 수 있을 만큼 발음 기관이 양호할 것

이러한 자격 요건에 부합하는 제보자를 구하기 위해서 각 마을 단위에서 이장님 등에게서 협조를 얻었다. 또 본 조사에서는 다른 조사와 달리 1990 · 91년 조사와의 연계를 중점에 두고 있었기에 1990 · 91년 조사 때의 제보자를 우선적으로 섭외하고자 하였으며, 전금옥 할머니 등을 다시 섭외하거나 이전 제보자와 혈연 관계에 있는 제보자 등을 섭외할 수 있었다. 본 조사에서의 최종 제보자 정보는 아래와 같다. 연령대는 평균적으로 70대 정도였으며, 치아 상태나 건강은 모두가 양호하였다. 특히 다른 방언권의 영향을 피하기 위해 대부분 평생을 정선에서 살아온 제보자들로 선정하였다.

〈표 2-3〉 실제 제보자 명단[9]

	성명	성별	연령	직업	조사 지역	비고
01	나승달	남	75	농업	정선군 사북읍 직전리	
02	이성룡	남	67	농업	정선군 사북읍 직전리	
03	엄순하	여	65	농업	정선군 사북읍 직전리	
04	임옥춘	여	63	농업	정선군 사북읍 직전리	
05	정태수	남	65	농업	정선군 임계면 낙천리	90 · 91년 제보자의 아들
06	곽연명	남	75	농업	정선군 임계면 낙천리	
07	이원자	여	73	농업	정선군 임계면 낙천리	
08	이재덕	남	76	농업	정선군 여량면 유천리	
09	피순희	여	85	농업	정선군 화암면 화암리	
10	김양금	여	89	농업	정선군 화암면 화암리	
11	장순덕	여	94	농업	정선군 화암면 화암리	
12	이용성	남	73	농업	정선군 남면 유평리	90 · 91년 제보자
13	박분옥	여	74	농업	정선군 남면 유평리	
14	오대복	남	57	상업	정선군 사북읍 사북리	
15	진기탁	남	54	상업	정선군 사북읍 사북리	
16	안재원	남	71	농업	정선군 신동읍 예미리	
17	안순길	여	79	농업	정선군 신동읍 예미리	
18	신대순	남	59	농업	정선군 신동읍 예미리	

9 제보자의 학력 역시 주요한 자료이나 개인 정보이므로 기재하지 않도록 한다.

19	신재연	남	90	농업	정선군 남면 낙동리	
20	최금녀	여	90	농업	정선군 남면 낙동리	
21	신익선	남	73	농업	정선군 남면 낙동리	
22	전금옥	여	86	농업	정선군 정선읍 용탄리	90·91년 제보자
23	전옥선	여	78	농업	정선군 정선읍 용탄리	
24	엄선여	여	77	농업	정선군 북평면 숙암리	
25	박억기	남	46	운송업	정선군 북평면 숙암리	
26	손숙녀	여	72	농업	정선군 북평면 숙암리	
27	정광탁	남	76	농업	정선군 정선읍 가수리	
28	유한종	남	88	농업	정선군 정선읍 가수리	
29	유명월	여	74	농업	정선군 정선읍 가수리	
30	권순이	여	87	농업	정선군 정선읍 가수리	
31	유옥자	여	85	농업	정선군 정선읍 가수리	
32	○상혁	남	-	초등학생	정선군 정선읍 봉양리	
33	○인하	남	-	초등학생	정선군 임계면 직전리	
34	○동근	남	-	초등학생	정선군 임계면 직전리	
35	○정은	여	-	초등학생	정선군 북평면 북평리	
36	○아현	여	-	초등학생	정선군 북평면 북평리	
37	○정현	여	-	초등학생	정선군 북평면 북평리	
38	○은상	여	-	초등학생	정선군 북평면 북평리	
39	○예림	여	-	초등학생	정선군 북평면 북평리	

3.2. 조사의 실제

조사는 5개조로 나뉘어 첫째 날 오후와 둘째 날 오전 및 오후, 그리고 셋째 날 오전의 총 네 차례에 걸쳐 이루어졌다. 마지막 조사는 가수리 한 지역만을 대상으로 5개조가 통합으로 실시하였다. 본래 조사는 3회로 예정되어 있었으나 처음 가수리 조사 시에 폭우로 마을 진입이 어려워져 불가피하게 추가 조사를 하게 되었다. 첫째 날 오후와 둘째 날 오전 조사는 조별 담당 지역 조사였으며, 둘째 날 오후 조사는 아동 조사 등의 특수 조사였다. 각 조별 담당 지역은 〈표 2-4〉와 같다.

〈표 2-4〉 실제 조사 지역

	조원	조사 지역
1조	안찬원, 정지현, 이지윤, 한지수	직전리, 가수리, 봉양리(아동), 직전리(아동)
2조	오상화, 고경재, 신유진, 안이진	낙천리, 유천리, 가수리
3조	김미미, 오재혁, 이정은, 임현재	화암리, 유평리, 사북리, 가수리
4조	이규범, 김유범, 허모아, 이미송	예미리, 낙동리, 가수리
5조	신희성, 오민석, 박수연, 권수완	용탄리, 숙암리, 가수리, 북평리(아동)

실제 조사를 위해서는 다양한 유의사항에 대한 논의와 교육이 필요했다. 녹음 기기 사용 요령과 같은 전문적인 부분부터 복장이나 인사 예절과 같은 사소한 부분까지 고려하여 제보자가 편안히 지역어를 사용할 수 있는 조건을 마련하고자 하였다. 녹음은 Roland사의 디지털 녹음기를 활용하였는데 녹음 자료의 보다 원활한 분석을 위해 녹음의 앞과 뒤에 신호음을 넣기로 하였다. 1개조는 총 4명으로 구성되었는데 이 중 별도로 녹음을 담당하는 인원을 선정하여 녹음에 이상이 없도록 만전을 기하였다. 정선 지역에서 70대 이상의 제보자들은 대개 무학인 경우가 많았는데 직접적으로 무엇을 알려 달라고 할 경우 아는 것이 없다며 부담을 느끼는 경우가 많았다. 이에 2명의 질문자가 대표 질문자와 보조 질문자로 나뉘어 다양한 방식의 대화를 주고받음으로써 제보자가 느낄 심리적 부담감을 최소화하고자 하였다. 또한 조사 시에는 녹음기뿐만 아니라 카메라와 캠코더를 활용하여 조사 현장을 다양한 방식으로 기록에 남기고자 하였다. 조사에 앞서 질문 준비 요령과 질문 요령을 작성하여 질문지에 수록하기도 하였다. 여기에는 단순히 지역어 관련 질문만이 아니라 자유 발화 유도에 관한 도움말이나 제보자 기초 정보 조사와 관련한 일러두기 등이 포함되었다.

(5) 질문 요령

◆ 질문 준비 요령
① 각 조에서는 대표 질문자 1명, 보조 질문자 1명, 대표 기록자 1명, 녹취자(녹음기 담당) 1명을 선정한다.
② 기본적으로 제보자가 발화하는 내용에 대해서는 모든 조원이 성실하게 기록하는 것을 원칙으로 하되, 대표 기록자는 특히 기록에 주의하도록 한다.
③ 대표 질문자가 주도적으로 대답을 유도하되 보조 질문자는 진행 중인 질문과 다음 질문 사이에 시간적 간격이 생기지 않도록 협력한다. 가령 대표 질문자 A가 1번 질문을 하는 동안, 보조 질문자 B는 2번 질문에 대한 준비를 하도록 한다.
④ 이때 사진을 제시하여 단어를 유도하는 질문이 연달아 나타나는 구간에서는 대표 질문자가 빠르게 진행하도록 하고, 설명이 수반되는 질문이 연달아 나타나는 구간에서는 대표 질문자와 보조 질문자가 번갈아 가면서 질문을 하도록 하는 것이 좋다.
⑤ 원활한 진행을 위해 대표 질문자와 보조 질문자는 실제 조사 이전에 서로 상의하여 어떤 질문을 누가 담당할 것인지 정하도록 한다.

◆ 질문 요령
① 정중하게 인사를 드린 후, 방문 목적을 정확히 설명 드리도록 한다.
② 제보자 기초 정보 카드를 펼치고 〈제보자 기초 조사 관련 일러두기〉를 참고하여 일부 정보를 작성하도록 한다.
③ 어휘 조사 도입부에 자연스러운 분위기를 연출하기 위해 가벼운 주제를 통해 자유 발화를 유도하도록 한다. 〈Tip〉 참고.
④ 본격적인 어휘 조사가 시작되면 질문자, 기록자, 녹취자는 각각 분담한 역할을 성실하게 수행하도록 한다. 대표 질문자는 질문 흐름이 너무 느리거나 빠르지 않도록 속도를 조절한다. (특히 어휘 조사 도중 자유 발화가 나타난 경우, 그것을 제지하지는 않되 너무 길어지는 경우에는 자연스럽게 끊어 내도록 해야 한다.)
⑤ 원하는 어휘 또는 어형을 유도하기 어려운 경우 제보자에게 무리해서 대답을 들으려 하지 말고 다음 질문으로 넘어가도록 한다. 부족한 부분은 조사 말미에 다시 한 번 질문하도록 한다. (제보자를 너무 피곤하게 만들지 않도록 해야 함.)
⑥ 어휘 조사가 마무리되면 다시 〈제보자 기초 조사 관련 일러두기〉를 참고하여 제보자에 대한 나머지 정보를 작성하도록 한다.
⑦ 어휘 조사 도입부 혹은 어휘 조사 과정에서 자유 발화가 충분히 녹취되지 못하였다고 판단되는 경우에는 조사 말미에 화제 거리를 제시하여 자유 발화를 유도하도록 한다. 〈Tip〉 참고.

질문과 관련하여 이처럼 만반의 준비를 하였으나, 첫 조사에서 예상치 못한 문제가 생겼다. 사진 자료를 통하거나 구두로 설명하였을 때, 바로 출현하지 않던 지역어형들이 "혹시 다른 말로 부르지는 않나요?" 혹은 "예전 어르신들은 어떻게 불렀나요?"와 같은 질문에서는 출현하는 경우가 있었다. 본래 지역어형을 주로 사용하였던 제보자의 경우에도 표준어 교육을 받은 화자와 다양한 경로로 접촉하게 되면서 점차 실제 표현에서는 지역어형을 사용하지 않는 경향이 생긴 것이다. 혹은 본인이 본래 지역어형 사용자였음에도 불구하고 시간이 흘러 지역어형을 마치 고어형인 것처럼 인식하는 경우도 있었다. 조사 팀에서는 이에 대해 회의를 하였고, 정해진 질문으로 얻은 지역어형과 앞서 언급한 질문으로 얻은 지역어형을 동등하게 처리할 수 없다는 결론을 내렸다. 그래서 질문의 체계적인 순서를 [1. 질문지대로(사진이나 설명) 질문 → 2. "다른 표현은 없나요?"와 같이 질문 → 3. "예전 어르신들은 어떻게 말했나요?"와 같이 질문 → 4. "oo라는 말은 안 쓰시나요?"와 같이 질문]으로 변경하고 지역어형 기록과 동시에 지역어형을 얻어낸 질문의 번호를 어깨 번호로 표시하였다.

아래는 몇 조사의 실제를 전사하여 본 것이다.

(6) 실제 조사의 몇 예

1. 낙천리 정태수 질: 저희가 앉아 있는 이런 곳, 집 앞에 이런 곳을 뭐라고 해요? 답: **보통 앞마당이라고 하지.** 질: 아 그러면 집 뒤쪽으로 이렇게 평평하게 깎아 놓은 땅은 뭐라고 해요? 집 뒤 쪽에 울타리 안에 빈 공간이요. 답: **뒨이라고 하기도 하고 뒤란이라고 하기도 하고 둘 다 하지.** 질: 그러면 여기 이런 부분 있잖아요. 방이랑 방 사이에 나무로 만들어 놓은 공간으로 여름에 앉아 있고 하는 곳 이름이 뭐에요? 답: **마루.** 질: 아 그러면 여기 밑에 이렇게 흙바닥으로 평평하게 만들어 놓잖아요. 그것을. 이름이 뭐예요? 답: **처마라고 하지 처마.** 질: 그러면 요기 위에 이것은 뭐라고 불러요? 답: **지붕.** 질: 그러면 지붕은 이제 이것은 초가집이잖아요. 그러면 지붕을 덮기 위해서 짚으로 만든 이것을 뭐라고 해요? 답: **이거 새끼 아 이거 이거는 뭐야. 그거라 그래 이영. 이 짚을 가지고 이영.** 질: 그러면 이영은 짚을 어떻게 해서 만드는 거예요? 답: **그 요새 볏짚 있는 것을 갔다가 요만큼 둘레를 갈라요. 갈라가지고 끊어가지고 엮어요 이렇게 말아가지고 지붕 위에 갔다가.** 질: 아 그럼 이엉으로요 지붕을 어떻게 한다고 해요? 답: **지붕 잇는다 하죠**
2. 유천리 이재덕 질: 여기 감이 있잖아요. 감이 초록색인 생태에서 이렇게 바뀌는 것을 뭐라고 해요?

어떻게 되었다고 해요? 답: **이거는 감으로 생각하면은 감이 사람이 먹기 안 될 때에는 이렇고 색이 먹게 되면 이렇고.** 질: 그럼 이렇게 먹게 될 때 어떻게 되었다고 해요? 답: **이게 홍시 되었다고 하지.** 질: 그럼 이 감이 여물었을 때 어떻게 되었다고 얘기하세요? 답: **이게 감이 여물어가지고 익을 때는 7,8월에 감이 색깔이 이렇고 겨울철에 서리라는 게 오잖아. 서리가 맞으면 이래 되지. 9월 말 되면 이렇게.** 질: 그럼 이 사진처럼 고기가 고기가 이렇게 굽잖아요. 불판 위에다가 굽잖아요. 그럼 고기가 어떻게 되었다고 말씀하세요? 답: **고기 뒤져봐가지고 고기 다 익었는지 그것만 확인하면 되지.** 질: 그럼 이렇게 안 익은 감이 있잖아요. 이거는 어떤 맛이 나요? 답: **이거? 먹을 때가 안되었다는 결론이지.** 질: 네 이런 감이 무슨 맛이 나요? 텁텁하고 이런 맛을 뭐라고 해요? 답: **이런 감은 틀버서 못 먹어.** 질: 이거는 뭐라고 해요? 답: **참외네.** 질: 옛날에도 참외라고 불렀어요? 답: **네.** 질: 아 그럼 지금 이렇게 사과를 깎고 있잖아요. 깎아서 나오는 이 바깥에 부분을 뭐라고 해요? 답: **껍줄.** 질: 그럼 이거는 뭐라고 해요? 답: **콩나물.** 질: 콩나물이요? 그럼 예전에도 콩나물이라고 했어요? 답: **옛날엔 질금이라고 했어.**
3. 용탄2리 전금옥 질: 그러믄 이제 농사일 짓고 하면 밭이 이래 너무 넓으믄 혼자 다 못하잖아요. 그래가 뭐 하루는 이 집 가가 다 해주고 이래 하루는 이 집 가가 다 해주는 거. 이렇게. 마을 사람들이 다 모이가지고. 답: **옛날에는 그렇게 했죠. 그지만 지끔은 안 그래.** 질: 에, 고거를 뭐라 해요? 에, 그 마을 사람들이 한 집씩. 답: **아 싹 모에서.** 질: 에, 도와주면서 하는 거를 그걸 뭐라고 하죠? 답: **난 잊어뿌렀네 그것도.** 질: 에, 음, 혹시 이케 이야기하시다 생각나시면 말씀해 주세요. 답: **모에, 모에 댕기며 하는 거는 그건 뭐 그냥, 응, 어울려 하는 거 모둠, 모둠일이지. 모둠일이라 하는데. 그, 저, 모에 하는 건 그 알아떠렸는데 잊어뿌렀어.** 질: 음, 그 뭐 두레라는 말은 안 쓰시나요? 답: **두레? 어, 들에 들에 간다고? 산에 가는 걸 어떤 사람은 들에 간다 하더라고.** 질: 아. 답: **들에 일하러 가야지.**

4. 자료 정리 단계

지역어 조사를 마친 후에는 수집한 지역어를 정리하는 작업이 필요하다. 조사 과정에서 있었던 특이 사항들에 유의하여 최대한 빠른 시일 내에 정리하는 것이 중요하며 녹음 파일을 청취하여 지역어형을 재확인하고 전사를 수정하는 작업도 필요하다. 이 장에서는 자료 정리 과정에서 제기되었던 논의 사항을 중심으로 하여 자료 정리 시 유의 사항을 다룬다. 그리고 기록지에 적은 방언형을 디지털화한 결과를 보인다.[10]

4.1. 자료 정리 시 유의 사항

지역어 조사를 준비하는 과정에서 앞에서 제시한 바와 같이 조사 과정에 사용할 전사 기호를 마련하였다. 전사 기호는 해당 방언을 기록하는 데에 부족함이 없어야 한다. 다시 말해서 표준어에는 존재하지 않으나 방언형에 나타나는 음성을 기록하는 데 필요한 기호를 갖추어야 한다. 이에 본 조사 팀은 정선 지역어 선행 연구를 토대로 정선 지역어에서 출현할지도 모르는 음성을 전사할 수 있는 부호를 마련하였다.

〈표 2-5〉 정선 지역어 기록을 위한 전사 기호

기저 음운	표면 음성	전사 기호
ㅁ, ㄴ, ㅇ	주변 모음 비음화	~

정선 지역어에서 /ㅇ/이 [ŋ]로 발음되지 않고, '소금재̃이̃'(잠자리,

10 녹음 기기의 기술적인 발달로 과거에 비해 잘 녹음할 수 있는 반면 이 자료를 전사하는 문제는 더욱 어려워졌다. 인력과 예산 및 시간의 한계가 분명한 탓이다. 국가 기관인 국립국어원의 10년 단위의 대단위 사업에서도 채취한 자료 중 일부는 전사되지 못한 채로 남아 있는 실정이다.

• 기저 음운
기저 음운이란 사람의 머릿속에 저장되어 있다고 가정되는 추상적이고 심리적인 정보를 의미한다. 이러한 기저 음운이 발화되어 누군가 듣게 된다면 이를 표면 음성이라 할 수 있다. 예를 들어, '낮'의 경우 단독으로 발화될 때 [낟]으로 소리가 난다. 그럼에도 우리는 이를 '낮'으로 인식하게 되는데 전자가 기저라면 후자가 표면에 해당한다.

유평리), '귀채̃이̃'(귀지, 화암리)처럼 비모음화되어 나타나기도 한다. 이러한 표면 음성은 표준어 화자가 자주 접하지 못한 것으로 이를 구분하여 듣기는 쉽지 않았으나, 지속적으로 녹음된 자료를 들으면서 이 소리들을 구분하고 전사에 반영하였다.

요즘 표준어 화자가 변별하여 듣기 어려운 단모음을 위한 전사 기호도 마련하였다. 단모음 /ㅐ/와 /ㅔ/, /ㅚ/, /ㅟ/가 그것이다. /ㅐ/와 /ㅔ/를 변별하여 듣는 것은 쉽지 않는데, 중화된 /ㅐ/와 /ㅔ/는 •기저 음운의 정보를 살려 표기하였고 분명히 변별되어 들리는 /ㅐ/와 /ㅔ/는 각각 'ㅐ"와 'ㅔ"로 기록하였다. /ㅚ/와 /ㅟ/는 표준어에서 이중모음으로 발음되는 경향이 뚜렷한데, 이것이 단모음으로 들릴 경우 각각 'ㅚ"와 'ㅟ"로 적었다. /ㅐ/와 /ㅔ/와 관련된 이중모음의 경우도 분명히 변별되어 들리는 음성에 ' ' '(어깻점)을 사용하여 전사하였다.

그러나 /ㅐ/와 /ㅔ/를 전사하는 과정에서 문제가 발생하였다. /ㅐ/와 /ㅔ/가 중화되어 발음될 경우 기저의 음운 정보를 살려 /ㅐ/ 또는 /ㅔ/로 전사하기로 하였으나, '밷등기'(왕겨, 예미리), '호메̃이̃'(호미, 예미리)처럼[11] 기저 음운을 상정하기 어려운 경우 이를 통일되게 전사하는 것은 어렵다. 이를 해결하기 위한 한 방편으로 고모음 [ㅣ]로 발음되는 경우가 있거나, [ㅣ]에 가깝게 들릴 경우 'ㅔ'로 전사하자는 견해가 제기되었으나 이 역시 이 문제를 완벽히 해결해 주지는 못한다.

/ㅚ/와 /ㅙ/도 마찬가지이다. /ㅚ/가 확실히 단모음으로 들리는 항목은 문제가 되지 않으나, /ㅚ/가 이중모음으로 들릴 경우 이것을 /ㅙ/와 구분하여 전사하는 것은 어렵다 왜냐하면 이중모음 /ㅚ/와 /ㅙ/의 음성 실현형이 동일하기 때문이다. '꽤'(자두, 낙천리)의 경우

11 여기서는 '밷등기'와 '호메̃이̃'로 각각 전사하였으나 이는 이전 조사 자료를 참고한 것일 뿐 기저 형태 정보를 참고한 것은 아니다. 이들은 '벧등기, 호매̃이̃'로 각각 전사될 가능성도 충분하다.

'ㅐ'으로 전사하였지만 이것은 'ㅚ'의 이중모음 실현형과 음성이 동일하여 기저 형태에 따라 달리 적힐 수도 있다.

이 외에도 표준어 '수탉'이 정선 지역에서 격음화가 아닌 경음화로 나타날 경우 이를 '숫닥'으로 적을지 '수딱'으로 전사할지를 통일해야 한다. 이처럼 일련의 전사 기호를 갖추었다 하더라도 실제 전사 과정에서 다양한 문제점이 발생한다. 이를 잘 정리하여 통일된 방향으로 조사 항목의 방언형을 전사해야 한다.

방언형의 전사와 관련된 유의 사항 외에도 수집된 방언형을 어디까지 제시할지를 결정해야 한다. 강정희(2003:7-8)는 지역어가 점차 사라지고 혼성형의 분포가 늘어나는 현실을 고려한다면 해당 지역의 보수형만을 고집할 필요가 없으며, 이러한 언어의 변화 물결 속에서 지역어 연구도 새로운 방향으로 나가야 한다고 주장한다.

실제 지역어 조사를 진행하다 보면 해당 지역의 방언형 외에도 '상추'(상추, 유평리)처럼 표준어가 나타나기도 하고, 선행 연구에서 나타나지 않은 형태가 도출되기도 한다. 새롭게 도출된 형태는 '다이'(선반, 유천리)처럼 일본어에서 유래한 것일 수도 있고, '혼반'(결혼, 낙동리)처럼 한자어일 수도 있고, '빠가미'(아가미, 낙동리)처럼 그 유래를 알 수 없는 것도 있다. 이런 방언형을 정선 지역어로 판단하는 것은 무리가 있다. 그러나 정선 지역어의 고유한 요소들이 점차 사라지고 있다는 근거의 하나가 될 수 있고, 그 원인을 진단하는 기초 자료가 되기 때문에 이들 역시 지역어와 함께 정리할 필요가 있다.

4.2. 기록지 디지털화

앞에서 언급한 바와 같이 지역어 조사 과정에서 도출된 모든 어형을 정리하는 것이 중요하다. 본 조사 팀은 각 조가 조사를 맡은 마을별로 녹음 자료를 기초로 하여 질문지에 기록된 방언형을 재검토하고, 이를 엑셀을 활용하여 한데 모았다. 아래 〈그림 2-8〉은 제보자별로 수집된 지역어를 검토하여 최종적으로 기록한 질문지이고, 〈표 2-9〉는 이를 수합하여 이번 지역어 조사를 통하여 수집한 어형을 엑셀로 정리한 예이다. 지면 관계상 조사 마을 두 곳의 일부 조사 항목만을 제시하겠다.

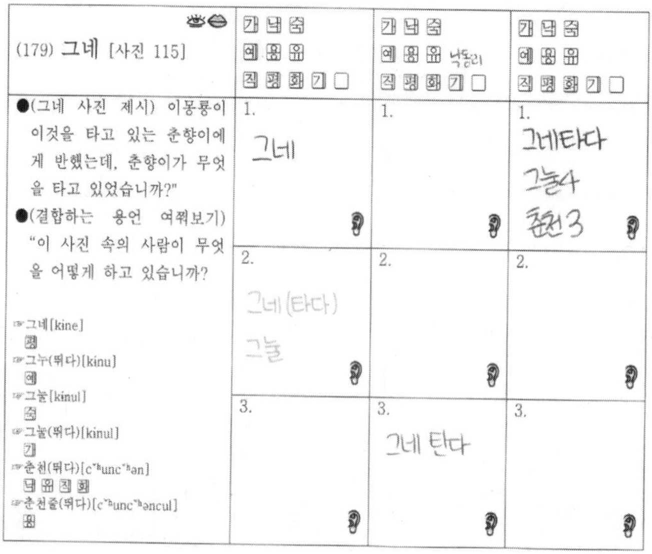

〈그림 2-8〉 최종적으로 기록된 질문지의 예

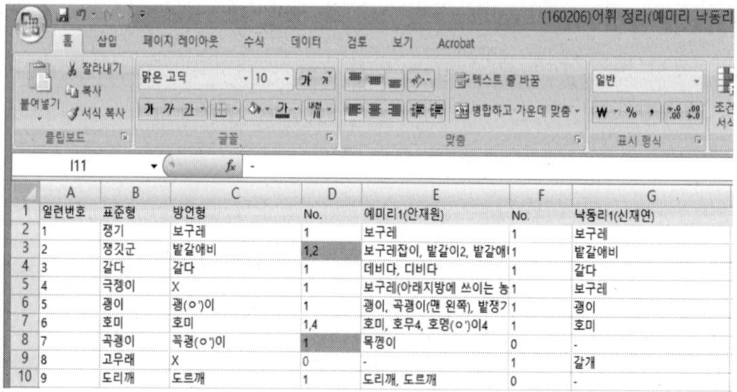

일련번호	표준형	방언형	No.	예미리1(안재원)	No.	낙동리1(신재연)
1	쟁기	보구레	1	보구레	1	보구레
2	쟁깃군	밭갈애비	1,2	보구레잡이, 밭갈이2, 밭갈애!	1	밭갈애비
3	갈다	갈다	1	데비다, 디비다	1	갈다
4	극젱이	X	1	보구레(아래지방에 쓰이는 농	1	보구레
5	괭이	괭(ㅇ')이	1	괭이, 곡괭이(맨 왼쪽), 밭쟁기	1	괭이
6	호미	호미	1,4	호미, 호무4, 호멩(ㅇ')이4	1	호미
7	곡괭이	꼭괭(ㅇ')이	1	목괭이	0	-
8	고무래	X	0	-	1	갈개
9	도리깨	도르깨	1	도리깨, 도르깨	0	-

(중략)

180	179	그네	그네(뛰'다)	1	그네	0	-
181	180	윷(놀다)	윷(치다)	1	윷놀이	0	-
182	181	도개걸윷모	뙤'개걸윷모	1	뙤개걸윷모	0	-
183	182	결혼	결혼/잔치	1	결혼	0	-
184	183	며느리	며느리	1	며누리	0	-
185	184	사위	사위'	1	사위	0	-
186	185	올케	올케'	1	올케	0	-

(하략)

No. 0- 질문하지 않은 것(-)
No. 1- 질문지대로(사진이나 설명) 질문
No. 2- "다른 표현은 없나요?"와 같이 질문
No. 3- "예전 어르신들은 어떻게 말했나요?"와 같이 질문
No. 4- "oo라는 말은 안 쓰시나요?"

〈그림 2-9〉 기록지 디지털화의 예

5. 또 다른 지역어 조사를 위한 출발

이상으로 2013 정선 지역어 조사의 방법과 자료 정리를 실제적인 모습과 함께 살펴보았다. 한 편의 글로 엮기 위해 편의상 세 단계로 나누어 살펴보았으나 사실 이 모든 과정은 복합적이고 유기적으로 진행되었다. 점차 지역어가 소멸될 것으로 예측되는 지금 지역어 보존을 모색하기 위한 가장 기본은 지역어의 현황을 살피는 일일 것이다.

지역어 조사는 마치 특정 지역에만 서식하는 생물을 채집하려는 일과 같다. 그 지역을 알아야 하고, 그 생물의 특성을 미리 알아야 하며, 놓치지 않기 위해서는 만반의 준비를 해야만 한다. 마찬가지로 살아 움직이는 언어를 생동감 있게 잡아내려면 책상에 앉아 있을 수만은 없다. 발로 뛰고 땀을 흘려야 하는 부분들이 많을 수밖에 없는 것이다. 그렇기에 더욱 더 실제 경험을 바탕으로 한 방법론적 연구가 활성화되어 연구를 시작하려는 연구자들에게 도움이 되어 줄 필요가 있다. 이 글은 1절에서 언급하였듯 본 조사 팀의 실제 경험을

구체적으로 보이는 것에 그 목적을 두었으며, 이 글이 앞으로 지역어 조사 연구가 활성화되기 위한 밑거름이 되었으면 한다.

지역어 조사의 과정

구체적인 조사 지역을 선정하였는가?
- 인구 이동 등의 변인을 고려하였는가?
- 방언권 구획을 참고하였는가?

해당 지역어의 언어적 특성을 정리하였는가?
- 해당 지역어의 음운론적 특징을 파악하였는가?
- 해당 지역어의 문법론적 특징을 파악하였는가?
- 해당 지역어의 의미론적 특징을 파악하였는가?

조사자 훈련이 이루어졌는가?
- 해당 지역어 관련 선행 연구를 충분히 숙지하였는가?
- 조사 과정에 대한 충분한 이해가 이루어졌는가?

구체적인 조사 목적을 설정하였는가?
- 구체적인 연구 주제를 설정하였는가?

구체적인 조사 어휘를 선정하였는가?
- 연구 목적에 합당한 어휘를 선정하였는가?
- 조사 기간 등에 미루어 조사 어휘의 수가 적절한가?

질문지/기록지를 제작하였는가?
- 조사자의 편의를 고려하였는가?

사진 자료집을 제작하였는가?
- 제보자의 편의를 고려하였는가?

구체적인 전사 기호를 마련하였는가?
- 해당 지역어의 음운론적 특징이 고려되었는가?
- 조사 과정에서의 편의가 고려되었는가?

군청 등 유관 기관에 협조를 요청하였는가?
- 군청/읍면사무소/경찰서/소방서/교육청/마을회관 등등

지역어 조사 기간 동안 머물 숙소를 정하였는가?
- 이동 여건을 고려하였는가?
- 전체 회의를 열 만한 장소가 있는가?

제보자에게 드릴 답례품을 제작하였는가?
- 녹음기, 캠코더, 노트북, 디지털카메라, 태블릿pc 등 전자기기를 준비하였는가?
- 조사 출발 전에 성능을 점검하였는가?
- 기기 간의 호환성을 고려하였는가?

제보자 선정은 이루어졌는가?

제3장

정선 지역어의 말소리

오재혁 · 김미미

1. 정선의 말소리를 찾아서

일반적으로 말소리에는 두 가지 뜻이 있다. 하나는 음성(phone)이고, 다른 하나는 음운(phoneme)이다. 음성은 소리의 길이, 높낮이, 주파수 등의 특성으로 기술할 수 있는 물리적인 소리이고, 음운은 화자들이 단어의 뜻을 변별하는 데 공통적으로 사용하는 심리적인 소리이다. 심리적이기 때문에 음운은 '같은 말'을 쓰는 언어 혹은 방언에 따라서 그 목록과 규칙에 차이를 보인다. 한국 사람들은 한국어로서 공유하는 음운을 갖고 있으면서 지역에 따라서 개별적으로 공유하는 음운도 갖고 있다. 이 글은 개별 지역어로서 정선 지역민들이 공유하는 음운의 목록과 규칙, 그리고 그것의 특징과 변화에 대하여 기술하는 것을 목적으로 한다.[1]

1 정선 지역의 말소리에 대한 이른 시기의 연구로는 소창진평(1940, 1944)가 있으나 구체적인 조사 자료의 실체는 확인할 수 없다(이병근 · 김봉국, 2002: 31). 또한 정선 지역어의 음운론적 내용이 독자적으로 다루어진 경우는 드물며 대개 강원도 지역어 전반을 대상으로 한 것 가운데 일부로 다루어지거나 인접 지역어와의 비교 대상으로서 연구되어 왔다(손웅일 2006: 2~3). 정선 지역어만을 대상으로 한 연구로는 김유범(1991), 이병근 · 김봉국(2002), 손웅일(2006), 최영미(2010a, 2010b, 2012, 2013, 2014) 등이 있는데, 김유범(1991), 이병근 · 김봉국(2002), 손웅일(2006)에서는 음운과 음운 규칙에 대해서, 최영미(2010a, 2010b, 2012, 2013, 2014)

정선의 전체 지역을 대상으로 방언 조사를 실시한 고려대(1991)로부터 20여 년이 지났다. 그 사이 정선읍과 북평읍만을 대상으로 실시한 조사도 있었고(이병근 · 김봉국 2002), 정선읍과 임계면, 동면(현 화암면)만을 대상으로 실시한 조사도 있었다(손웅일 2006). 한 지역의 말소리에 대해서 꾸준히 기록하고 그 변화를 추적하고 관찰하는 것은 비단 한 지역어 말소리의 변화를 기록하는 것을 넘어 말소리 변화의 일반적인 내용 혹은 원리를 탐구하는 가장 구체적이고 적합한 연구가 될 것이다. 이러한 면에서 2013년 고려대 국어교육과에서 실시한 정선 지역어 답사는 정선 지역 말소리의 특징과 그 변화에 관한 연구를 지속적으로 이어 간다는 데 큰 의의가 있다.

2. 1991년, 2002년 정선 지역어의 말소리

정선 지역어의 말소리에 대해서만 독자적으로 다룬 연구에는 김유범(1991)과 이병근 · 김봉국(2002)가 있다.[2] 고려대(1991)은 고려대학교 국어교육과에서 1990년, 1991년 두 해에 걸쳐 정선 지역어를 조사한(행정 구역상의 전 지역 조사) 결과를 정리한 글이며, 이병근 · 김봉국(2002)는 2002년 1월, 6월에 두 차례에 걸쳐 정선 지역어를 조사한(정선읍, 북평읍) 결과를 정리한 글이다. 두 연구의 조사 개요는 다음과 같다.

(1) 고려대(1991)의 조사 개요

가. 1990년 조사: 1990년 7월 24일~25일(동면 화암리, 북면 유천리, 정선읍 가수리, 임계면 낙천리)

에서는 운소와 운율에 대해서 보고하였다.

2 손웅일(2006)은 이병근·김봉국(2002)와 연구 방법과 내용 면에서 유사한 점이 많으며, 최영미의 일련의 연구들은 운소에 중점을 두었기 때문에 음운 목록과 음운 체계를 고찰하는 데에는 김유범(1991)과 이병근·김봉국(2002)로 충분할 것이라 생각한다.

나. 1991년 조사: 1991년 7월 29일~30일(사북읍 직전리, 북평면 숙암리, 정선읍 용탄리, 남면 유평리, 신동읍 예미리)

다. 제보자: 전체 9개 조사 지역별로 60대 이상의 제보자(총 15명) 선정

라. 조사 항목: 음운, 형태・통사, 의미론적 특징, 정선군 내부의 언어 분화

(2) 이병근・김봉국(2002)의 조사 개요

가. 1차 조사: 2002년 1월 21일~24일(4일간) / 정선읍, 북평읍

나. 2차 조사: 2002년 6월 16일~19일(4일간) / 정선읍, 북평읍

다. 제보자: 2명

- 78세 할아버지(생활, 민속과 관련된 발화 유도)
- 83세 할아버지(활용형이나 곡용형, 어휘 등을 질문)

라. 조사 항목: 음운, 문법, 어휘적 특징과 관련된 항목 위주

2.1. 음운 목록

말소리 연구에서 가장 먼저 주목하게 되는 것은 해당 지역의 음운 목록이다. 일반적으로 방언 조사에서 보고되는 음운 목록은 표준어의 근간이 되는 서울말의 음운 목록과 차이가 있는데, 정선 지역어에서 보고된 음운 목록도 표준어의 음운 목록과 차이를 보인다. 김유범(1991)과 이병근・김봉국(2002)에서 제시한 정선 지역어의 음운 목록은 다음과 같다.

(3) 음소 목록의 비교

가. 김유범(1991)[3]

3 김유범(1991)은 고려대 국어교육과에서 1990~91년간 실행한 정선 지역어 조사의 결과를 정리한 보고서이고 고려대(1991)은 이를 수정・보완하여 고려대 국어교육과의 학술지에 실은 것이다. 김유범(1991)과 고려대(1991)의 내용은 일부 상호보완적인 부분이 있어 둘을 구분하여 인용하도록 한다.

- **단모음**
소리를 내는 도중에 입술 모양이나 혀의 위치가 달라지지 않는 모음이다.

- **이중모음**
소리를 내는 도중에 입술 모양이나 혀의 위치가 처음과 나중이 서로 달라지게 하여 소리 내는 모음이다.

구분	내용
자음	ㅂ, ㅍ, ㅃ, ㄷ, ㅌ, ㄸ, ㅅ, ㅆ, ㅈ, ㅊ, ㅉ, ㄱ, ㅋ, ㄲ, ㅎ, ㅁ, ㄴ, ㅇ, ㄹ, ㆆ (20개)
단모음	이, 에, 애, 위, 외, 으, 어, 아, 우, 오 (10개)
이중모음	① j계: 야, 여, 요, 유, 얘, 예, 의[ɨj], ᄋᆜ[jɨ],[4] ᄋᆈ[jø][5] ② w계: 와, 워, 왜, 웨

나. 이병근 · 김봉국(2002)

구분	내용
자음	ㅂ, ㅃ, ㅍ, ㄷ, ㄸ, ㅌ, ㅅ, ㅆ, ㅈ, ㅉ, ㅊ, ㄱ, ㄲ, ㅋ, ㅎ, ㅁ, ㄴ, ㅇ, ㄹ (19개)
단모음	이, 에, 애,[6] 위, 외, 으, 어, 아, 우, 오 (10개)
이중모음	① j계[7]: 야, 여, 요, 유, 얘, 예 ② w계[8]: 와, 워, 왜, 웨

김유범(1991)에서는 자음 20개, • 단모음 10개, • 이중모음 13개를, 이병근 · 김봉국(2002)에서는 자음 19개, 단모음 10개, 이중모음 10개를 제시하였다. 두 연구에서 보인 목록의 차이는 자음 /ㆆ/과 이중모음 /의, ᄋᆜ, ᄋᆈ/의 포함 여부이다. 김유범(1991)에서 제시한 목록이 /ㆆ, 의, ᄋᆜ, ᄋᆈ/를 모두 포함하여 이병근 · 김봉국(2002)에서 제시한 목록보다 더 많다.

두 연구에서 제시한 음운 목록이 차이를 보인 이유에 대해서는 여러 가지 가능성을 생각해 볼 수 있다. 첫째, 조사 연구의 특성상 김유범(1991)의 연구에서는 음운이 발견되어 기록되었으나, 이병

4 김유범(1991)에서는 '[jɨ]'의 한글 표기를 '으'라고 하였으나, 『훈민정음』-「합자해」의 기록(·ㅡ起ㅣ聲 於國語無用. 兒童之言 邊野之語 或有之 當合二字而用 如ᄀᆝᄀᆜ之類. 其先縱後橫 與他不同.)을 참고하여 'ᄋᆜ'로 수정하였다.

5 김유범(1991)에는 'ᄋᆜ'와 'ᄋᆈ'가 '특이 이중모음'이라는 항목으로 음운 현상 목록에 있었으나, 음소 목록에서 다루는 것이 적절할 것으로 판단되어 수정하였다.

6 비어두음절(또는 개음절, 폐음절 말음 ㅇ[ŋ])일 경우를 제외하고 대체로 ㅐ[ɛ], ㅔ[e]는 변별적이다.

7 대개 어두음절에서 선행하는 자음이 없을 때 실현되는 경향이 있다. '자음-y-모음' 연쇄에서 심한 제약을 가진다.

8 어두, 비어두에 따른 특별한 제약이 없다. 활음이 단모음으로 축약되거나 탈락되기도 한다.

근 · 김봉국(2002) 연구에서는 발견되지 않아 기록되지 못하였을 수 있다.

둘째, 두 연구의 음소 설정 방식의 차이에 의해서 어떠한 음소가 설정되기도 하고 그렇지 않았을 수도 있다. 셋째, 시간의 흐름에 의해서 앞선 김유범(1991)에서는 음소가 존재했으나, 후행한 이병근 · 김봉국(2002)에서는 음소가 사라졌을 가능성 등이 있다. 이러한 음소 목록 차이에 대한 원인은 3절의 2013년 고려대 연구 결과에서 보인 음운 목록과 비교하여 자세히 기술하도록 한다.

두 연구는 음운 목록의 차이를 보이기도 하지만 공통점도 있다. 두 연구는 표준어에서 규정하고 있는 자음 19개와 단모음 10개를 모두 제시하였다. 특히 단모음 10개를 모두 제시한 것이 흥미로운데, 표준어의 근간이 되는 서울 지역어에서는 현실 발음에서 더 이상 /ㅔ/, /ㅐ/가 변별되지 않고 단모음 /ㅟ/, /ㅚ/가 발견되지 않기 때문이다. 두 연구에서 공통적으로 보고한 만큼 적어도 2002년까지 정선 지역 토박이 화자들은 /ㅐ/, /ㅔ/를 변별해서 사용하고, /ㅟ/, /ㅚ/를 단모음으로 유지하고 있다는 것을 확인할 수 있다.[9]

음운에는 자음, 모음과 같은 분절음 외에 단어의 뜻을 구별해 주는 소리의 길이, 소리의 높낮이, 소리의 세기 등이 있다. 이를 운소라고 하는데 단어의 뜻을 구별해 주는 소리의 길이는 음장, 소리의 높낮이는 성조, 소리의 세기는 강세라고 한다. 한국어에는 방언에 따라 음장이 존재하는 방언도 있고 성조가 존재하는 방언도 있다. 백두대간을 경계로 크게 한반도의 서쪽 지역에는 음장이 존재하며, 동쪽에는 성조가 존재한다. 최영미(2010a, 2010b, 2012, 2013, 2014)의 일련의 연구에서 기술하고 있는 것처럼 정선 지역은 이러한 음장 방

9 데이터를 제공한 제보자 집단의 특성을 고려할 때, 서울 지역어와 정선 지역어의 차이를 확언하는 것은 바람직하지 않다. 정선 지역어 조사의 경우 주로 60대 이상 토박이 화자를 대상으로 조사한 결과이며, 서울 지역어에서 관찰되는 /ㅐ/, /ㅔ/의 합류, /ㅟ/, /ㅚ/의 이중모음화 현상은 주로 젊은 세대들을 대상으로 한 조사 결과를 기반으로 하고 있기 때문이다.

언과 성조 방언의 경계에 놓인 전이 지대의 특성으로 인해 주목 받기도 하였다. 김유범(1991)과 이병근 · 김봉국(2002)에서 제시한 정선 지역어의 운소적 특징은 다음과 같다.

(4) 운소적 특징

가. 김유범(1991)

ㄱ. 보상적 장음화(compensatory lengthening)현상이 나타난다.
여기→여 : 〈낙천〉, 아래→알 : 〈숙암〉, 거기→거 : 〈유평〉, 무우→무 : 〈예미〉, 가서→가 : 〈예미〉, 와서→와 : 〈유천〉, 아이들→아 : 들〈숙암〉, 들어 오너라→들 : 오너라〈용탄〉, 까울치→깔 : 치〈용탄〉, 딸기→딸 : 〈직전〉, 지어 달라고 하지→지 : 달라고 하지〈가수〉, 놀지도 안하지 뭐→놀 : 도 안하지 뭐〈낙천〉, 해 가지고 댕기는데→해 가 : 댕기는데〈화암〉, 보리 베어내고→보리 비 : 내고〈화암〉, 가져와→가 : 와〈가수〉

나. 이병근 · 김봉국(2002)

ㄱ. 성조 방언적 특성

① 어절 내에서 고정적인 음의 높낮이 패턴이 존재함(하나의 기식군 내에서는 R(거성)과 H(상성)이 동시에 존재할 수 없음, R(거성)은 기식군의 첫음절에서만 실현됨).

② 이는 지리적으로 인접한 강릉, 삼척 방언의 성조형과 거의 동일한 패턴임.

③ 파생어의 형성에 있어서 체언 어간의 성조와 무관하게 접사의 성조(-앙이, -어기, -아리(HL))가 고정적으로 실현됨(동남방언 성조의 특징).

ㄴ. 음장 방언적 특성

① 언어 사용자들은 대개 음의 높낮이보다는 음의 장단에 대한 인식이 뚜렷함.

② 특히 일상발화에 있어서 언어 사용자들은 R을 장음으로 인식함.

김유범(1991)에서는 보상적 장음화와 관련된 단어를 자세히 제시하였으며, 이병근 · 김봉국(2002)에서는 성조 방언적 특징과 음장 방언적 특징에 대해서 자세히 언급하였다. 보상적 장음화는 어떠한 음소가 탈락할 때 음장이 대신하여 빈자리를 채우는 현상을 일컫는데, 예컨대 '여기'의 '기'가 탈락하며 '여'의 음장이 길어지는 [여 :]와 같은 현상이다. 김유범(1991)에서 보고한 바와 같이 정선에서는 전 지역에 걸쳐 보상적 장음화가 나타나며, 보상적 장음화를 일으키는 단어 또한 적지 않다. 특히 숙암리에서 조사된 '아이들→[아 : 들]'이 변하는 예를 통해 '아들(子)'과 '아이(童)들'이 [아들]과 [아 : 들]로 • 최소대립쌍을 이루어 정선 지역어에 운소로서 음장이 존재한다는 것을 알 수 있다.

이병근 · 김봉국(2002)에서는 정선 지역어가 성조 방언인 영남 방언과 음장 방언인 중부 방언의 전이 지대에 위치하는 특징에 대해서 (4나ㄱ)과 같은 성조 방언적 특징과 (4나ㄴ)과 같은 음장 방언적 특징이 있다고 언급하였다. 그러나 일상발화에서는 성조형이 일정하게 나타나지 않아 일반적인 성조 방언과는 다르고, 음장 방언적 특성을 동시에 지니고 있기 때문에 정선 방언은 기존의 성조 방언, 음장 방언, 무음장 · 무성조 방언과는 다른 제3의 운소 방언(성조 · 음장 혼효 방언)으로 분류할 필요가 있다고 주장하였다.

2.2. 음운 현상

음운 현상은 말소리가 다른 말소리로 바뀌거나, 없어지거나, 혹은 두 말소리가 하나로 합쳐지거나, 두 말소리 사이에 또 다른 말소리가 삽입되는 현상이다. 차례로 대치, 탈락, 축약, 삽입이라 일컫는다. 음운 현상은 말소리가 '변화'하는 것을 정의하는 것이기 때문에 변화 전과 변화 후의 기준점이 필요한데, 일반적으로 변화 전의 음운은 머릿속에 있는 • 형태소의 음운이고 변화 후는 실제 발화된 발음의 음성이다. 그러나 방언 연구에서는 음운 현상을 설명하는 데 있어서 변화의 기준점을 머릿속 음운과 발음된 음운으로 설명하지 않고 표

• **최소대립쌍**
하나의 음운만 차이 남으로써 그 뜻이 구별되는 단어의 묶음. '물'과 '불', '마음'과 '마을'과 같은 것 따위이다.

• **형태소**
일정한 뜻을 가진 가장 작은 말의 단위이다.

준 발음과 지역어의 발음을 비교하여 설명하는 방식을 취하고 있다. 예컨대 표준어에서는 '김치'를 [김치]라고 하는데 해당 지역어에서 '김치'를 [짐치]라고 하면 이를 /ㄱ/가 /ㅈ/로 변화했다고 간주하여 'ㄱ구개음화'로 명명한다. 김유범(1991)과 이병근·김봉국(2002)에서도 표준어와의 비교를 염두에 두고 음운 현상을 설명하고 있다. 두 연구에서 제시한 음운 현상은 다음과 같다.

(5) 자음 관련 음운 현상

가. 김유범(1991)

	음운 현상		표준형	방언형(지역)
대치	구개음화	ㄱ→ㅈ	김매다 김밥	짐매다(용탄) 짐밥(숙암)
		ㅋ→ㅊ	키	치(全地域)
		ㄲ→ㅉ	끼리	찌리(가수)
	경음화	어두	시래기 사위 시원하다 다듬이질 도 두레박 가위 가시 긁다 주름살	씨래기(낙천) 싸우(유천) 씨원하다(숙암) 따듬이질(낙천) 뙤(숙암) 뜨레박(낙천) 까새(가수) 까시(직전) 끍다(숙암) 쭈그름살(화암)
	격음화	어두	달팽이 떫다	탈팽이(예미) 턻다(유평)
		비어두	진갈비	진갈피(낙천)
	조음 위치 동화		환갑 멘경 암꽁	[황갑](全地域) [멩경](직전) [앙꽁](화암)
탈락	ㅎ탈락		올케	올게(용탄)
	ㄹ탈락	어간에서 받침 'ㄹ'이 탈락	귀신 달라 붙는다 팔지 않고? 놀다 가세요	귀신 다라 붙는다(직전) 파지 않소?(화암) 노다 가세요(유천)
		대격조사에서 받침 'ㄹ'이 탈락	칼을 가지고 제일 높은 데를	카르 가지고(용탄) 제일 높은 데르

<table>
<tr><td></td><td></td><td></td><td>상상봉이라 하지

차를 못 타서
물동우를 갖다
놓고</td><td>상상봉이라
하지(직전)
차르 못 타서(화암)
물동우르 갖다
놓고(화암)</td></tr>
<tr><td rowspan="2">기타</td><td colspan="2">ㅿ 재구
가능 어휘</td><td colspan="2">까슬치, 까울치,
깔 : 치(까슬치>까ᅀᅳᆯ치>까울치>깔 : 치)
거시, 거위(거시>거ᅀᅵ>거위)
가새(가새>가ᅀᅢ, 가위)</td></tr>
<tr><td colspan="2">ㅸ 재구
가능 어휘</td><td colspan="2">호박, 확(호박>호ᄫᅡᆨ>확)
또바리, 또아리(또바리>또ᄫᅡ리>또아리)</td></tr>
</table>

나. 이병근 · 김봉국(2002)

<table>
<tr><th colspan="2">음운 현상</th><th>내용</th></tr>
<tr><td colspan="2" rowspan="2">경음화</td><td>폐쇄음 뒤, 비음 뒤(일부 활용)의 경음화 이외에 곡용상에서 체언 어간이 유음으로 끝나는 경우 수의적인 경음화 발생
예 말(말뚜~말두, 말보다), 쌀(쌀뚜~쌀두, 쌀보다), 서울(서울써~서울서, 서울뚜~서울두, 서울보다) 등</td></tr>
<tr><td>중앙어와 비교했을 때, 어두 경음화를 겪은 예들이 다수 있음.
예 껀지다(건지다), 뚜디리다(두드리다), 쌂다(삶다), 뻿다(벗다) 등</td></tr>
<tr><td colspan="2" rowspan="2">ㄷ구개음화</td><td>체언 어간말 'ㅌ' + 어미 '-이' → 'ㅊ'
예 밑(미치, 미틀~미트), 팥(파치, 파틀~파트) /끝(끄치, 끄틀~끄트)
(cf. 'ㄷ' 어간말 체언이 없어 'ㅈ'으로의 교체는 확인 불가)</td></tr>
<tr><td>통시적으로 변화된 예들도 존재함.
예 다치-(닫히-), 가치(같이), 마지(맏이), 해도지(해돋이)/지름(기름), 지뿌다(기쁘다), 줘다(겨다), 정끼(경끼), 찌다(끼다), 치(키)</td></tr>
<tr><td rowspan="2">자음군
단순화</td><td>ㄺ</td><td>(활용) 'ㄹ' 유지 예 늙는다→늘른다
(곡용) 'ㄱ' 유지 예 닭(닥, 닥뚜, 닥뿌텀)-흙(흑, 흑뚜, 흑뿌텀)</td></tr>
<tr><td>ㄼ</td><td>(활용) 'ㄹ' 유지 예 뚫는다→뚤른다 cf. '밟다'는 수의적 탈락 양상
(곡용) 'ㄹ' 유지 예 여덟(여덜, 여덜두~여덜뚜, 여덜부텀)</td></tr>
</table>

김유범(1991)에서는 • 구개음화, 어두 • 경음화, • 격음화, 조음위치동화, ㄹ탈락, ㅎ탈락 등의 음운 현상을 제시하였고, 이병근 · 김봉국(2002)에서는 경음화, ㄷ구개음화, • 자음군단순화를 보고하였다. 김유범(1991)에서 조금 더 많은 음운 현상을 제시하였는데, 두 연구의 공통점은 모두 주로 '표준어'에서 관찰되지 않는 음운 현상에 주목하였다는 점이다. 예컨대 '김매다[짐매다]'처럼 /ㄱ/이 /ㅈ/으로 바뀌는 예나, '다듬이질[따듬이질]'에서 어두의 /ㄷ/가 /ㄸ/로 바뀌는 예는 표준 발음에서는 관찰하기 어려운 음운 현상들이다. 특히 김유범(1991)에서 제시한 어간 받침 또는 대격조사의 받침 'ㄹ'의 탈락, 'ㅿ · ㅸ' 재구 어휘의 존재 등은 서울 지역어에서는 발견하기 힘든 정선 지역어의 특징이라 할 수 있다.

• 구개음화
끝소리가 'ㄷ, ㅌ'인 형태소가 모음 'ㅣ'나 반모음 'ㅣ'로 시작되는 형식 형태소와 만나면 그것이 구개음 'ㅈ, ㅊ'가 되거나, 'ㄷ' 뒤에 형식 형태소 '히'가 올 때 'ㅎ'와 결합하여 이루어진 'ㅌ'가 'ㅊ'가 되는 현상. '해돋이'가 '[해도지]'가 되는 것 따위이다.

• 경음화
평음이 경음으로 바뀌는 현상. '등불'이 '[등뿔]', '봄바람'이 '[봄빠람]'이 되는 것 따위이다.

• 격음화
평음이 격음으로 바뀌는 현상. '입학'이 '[이팍]'이 되는 것 따위이다.

• 자음군단순화
음절말에 두 개의 자음이 놓일 때 이 중 한 자음이 탈락하는 현상. '닭'이 '[닥]', '읽다'가 '[익따]'가 되는 것 따위이다.

(6) 모음 관련 음운 현상

가. 김유범(1991)

음운 현상			표준형	방언형(지역)
대치	전설모음화	① 원순성 전설모음으로 바뀌는 경우	마루 도	마뤄(가수) 뙤(예미)
		② 비원순성 전설모음으로 바뀌는 경우	벼슬 전노리 다듬이질 쓰래기 까슬치 쌀르박 사슴 뜨수다 끄려{끓여} 줘야지 턱	베실(낙천) 젠노리(용탄) 디딤이질(화암) 씨래기(가수) 까실치(직전) 쌀리박(유평) 사심(숙암) 뜨시다(유천) 끼려 줘야지(직전) 택(예미)
	후설모음화		손가락 사위 공기	손꾸락(예미) 사우(용탄) 공구(직전)
	고모음화		껍데기	껍디기(낙천)
	저모음화		뿌리기 진갈피 다딤이질 시원하다	뿌래기(숙암) 진갈패(예미) 다댐이질(직전) 세원하다(가수)

	이중모음의 단모음화	ㅕ→ㅔ	왕겨 질경이 며누리	왕게(용탄) 질겡이(유평) 메누리(全地域)
		ㅝ→ㅗ	꿩	꽁(화암)
		ㅢ→ㅣ	한의사 의원	한이사(직전) 이원(예미)
	비모음화	'ㅇ'이 약화되며 전후모음이 비모음화 되는 경우	호멩이[homeŋi] 골벵이[kolbeŋi] 고앵이[kojɛŋi] 아지랭이[ačirɛŋi] 귀챙이[küčhɛŋi] 까첑이[k'ačheŋi]	[homẽŋ̃ĩ](낙천) [kolbẽŋ̃ĩ](유천) [kojɛ̃ŋ̃ĩ](직전) [ačirɛ̃ŋ̃ĩ](직전) [küčhɛ̃ŋ̃ĩ](숙암) [k'ačhẽŋ̃ĩ](용탄)
		'ㄴ'이 음가를 잃으며 전후모음이 비모음화 되는 경우	어머니[əməni] 할머니[hɑlməni] 나가 보니[poni] 꼬부래지니[čini] 피곤하니[hani]	[əmə̃ĩ](용탄) [hɑlmə̃ĩ](화암) [põĩ](예미) [čĩĩ](유천) [hãĩ](유천)
	동화	ㅣ모음 역행 동화	깜부기 장끼 꼴뚜기 누룽기 고이다 고양이 아저씨 깍두기 아지랑이	깜뷔기(용탄) 쟁끼(유천) 꼴뛰기(유평) 누뤙기(직전) 괴이다(화암) 고앵이(화암) 아제씨(숙암) 깍뛰기(낙천) 아지랭이(용탄)
		모음조화	잔치 학생 봉당에 가서 천장이 샌다 시방으는	잔차(예미) 학상(화암) 봉당아 가서(직전) 천장아 샌다(예미) 시방아는(가수)
	이화		고모	고무(全地域)
탈락	반모음 탈락 현상	ㅑ→ㅏ	달걀	달갈(가수)
		ㅢ→ㅣ	의사 의자	으사(직전) 으자(예미)
축약			오이	외(숙암)

나. 이병근 · 김봉국(2002)

음운 현상		내용
활음화	j계	(활용) 기-+-어두[계 : 두], 모이-+-어두[모예두] (곡용) 머리+에[머레~머리에~머리예] 꼭때기+에[꼭때게~꼭때기에~꼭때기예]
	w계	(활용) 뛰-+-어두[뛔 : 두], 쉬-+-어두[쉐 : 두][10](영동방언 특성), 주-+-어두[조 : 두], 누-+-어두[노 : 두],[11] 배우-+어두[배워두]
전설모음화		으 → 이 예 읎 : 쓰니~읎 : 씨니(無), 이쓰니~이씨니(有), 차지니(尋), 안지니(坐) (cf. 나즈~나즐, 나즈로(晝), 이우즈~이우즐(隣) 등)
		다른 방언과 마찬가지로 통시적인 전설모음화도 존재함 예 싱 : 미(性味), 실푸다(哀), 베실(爵) 등
모음조화 (부사형 어미 '-어/-아')		현대국어에서 모음조화의 영향력은 극히 일부 환경에만 엄격히 적용되는 것으로 논의되어 왔음. 정선 지역어의 경우도 예외가 아님. 예 차저~차자, 다머~다마, 꼬저~꼬자/ 몰 : 러~몰 : 라, 올러~올라, 달러~달라/ 노퍼~노파, 아퍼~아파 등
		ㅂ-불규칙 활용 어간의 경우 대체로 '-아'형 어미를 취함 예 짜구와(짜굽-+-아), 뚜구와(뚜굽-+-아), 무수와(무숩-+-아), 차구와(차굽-+-아) 등

모음 관련 음운 현상으로는 인접해 있는 분절음에 의해 동화되는 **• 전설모음화**, **• 움라우트**, 모음조화, **• 비음화** 현상이 보고되었다. 이 밖에 후설모음화, 고모음화, 저모음화 등의 현상도 흔하게 볼 수 있지만 그 변화의 방향을 쉽게 예측하기는 어렵다. 즉 음운적으로 비슷한 환경에 처해 있더라도 어떤 것은 저모음화가, 어떤 것은 고모음화가 발생한다. 또한 모음 충돌을 피하기 위한 **• 활음화**, 모음 축약, (반)모음 탈락 등도 볼 수 있다.

10 공시적으로는 ü+ə→we와 같은 특수한 교체로 보이며, 통시적으로 보면 'uy(ui)+ə > uyə(uiə) > ue > we : '의 과정을 추정할 수 있다.

11 '오-+-아두→와두'와 같은 예는 이에 해당하는 단모음으로서의 원순모음 즉 '아'의 원순적 대당음이 체계 속에 없기 때문에 축약을 경험하지 않는 것이다.

• 전설모음화
전설모음(혀가 앞쪽으로 나오면서 발음되는 모음)이 아니었던 것이 전설모음 'ㅣ, ㅟ, ㅔ, ㅚ, ㅐ' 등으로 바뀌는 현상이다.

• 움라우트
후설모음(혀가 뒤쪽으로 움츠러들면서 발음되는 모음)이 다음 음절에 오는 'ㅣ'나 'ㅣ'계 모음의 영향을 받아 전설모음 'ㅐ, ㅔ, ㅚ' 등으로 변하는 현상. '잡히다'가 '잽히다', '먹히다'가 '멕히다'로 변하는 것 따위이다. ≒ 'ㅣ' 모음 역행 동화

• 비음화
비음(공기가 비강을 통과하면서 나오는 소리)이 아니었던 것이 비음으로 바뀌는 현상. '십만'이 '[심만]', '먹는다'가 '[멍는다]'가 되는 것 따위이다.

• 활음화
단모음이 활음(모음에 가까운 성질을 지니지만 스스로 음절을 이루지 못하는 소리)으로 바뀌는 현상이다.

(7) 기타: 어간 재구조화

가. 이병근 · 김봉국(2002)

구분	내용
규칙 활용을 보이는 중앙어의 용언 어간이 불규칙 활용을 보이는 경우	① 마 : 나~마 : 내(多), 아나~아내(不), 시러~시래(嫌), 가타~가태(同) 등: 통시적인 관점에서 이들은 모두 어간 'ᄒᆞ-'와 관련됨. 때문에 'ᄒᆞ야>해'의 기본적인 변화에 의해 나타난 형태들로 이해할 수 있음. ② 몰 : 라~몰 : 래(不知), 골 : 라~골 : 래(均質), 마라~마래(捲) 등: 르-불규칙 활용형에서 수의적인 교체가 나타남.[12]
어간말 '이' 첨가형으로의 변화	① 수제(수저), 동세(同壻), 장개(장가), 도매(도마) /일고비(일곱), 비까리(빛깔) ② 건네다(건너다), 지내다(지나다), 만내다(만나다) ③ 맨두(만두), 매디(마디), 댄추(단추), 뚜디리다(두드리다), 개찹다(가깝다) * 예자(여자), 예 : 치(여치), 옌장(연장), 예펜네(여편네) 등: 이 같은 대응은 정선 이외의 지역에서도 발견됨

음운 현상에 대한 기술을 비교하면, 음운 현상 목록을 어느 정도로 자세하게 분류했는가나 예시를 얼마나 구체적으로 제시했는가 등에서 차이를 보이기는 하지만 대체적인 논의 내용은 비슷하다. 다만 이병근 · 김봉국(2002)의 경우 • 체언의 곡용, • 용언의 활용, 어간 재구조화 등 형태론적인 측면과 함께 음운 현상을 검토하고, 필요에 따라 통시적인 이해를 덧붙이고 있어 흥미롭다.

앞서 언급한 바와 같이 김유범(1991)과 이병근 · 김봉국(2002)는 동일하게 정선 지역어를 대상으로 한 조사 결과를 정리한 것이지만, 구체적인 조사 지역이나 조사 규모에는 다소 차이가 있다. 그렇기 때문에 두 연구의 내용을 직접적으로 비교하여 발견되는 차이가 전적으로 시간의 흐름에 따른 변화라고 말할 수는 없다. 그러나 두 연구는 보기 드물게 정선 지역어의 음운론적 특징을 독립적으로 다루었으며, 두 연구에서 보인 공통적인 관찰 내용은 정선 지역어의 음운론적 특징을 이해하는 데 많은 도움을 준다.

• 체언의 곡용
명사, 대명사 등의 체언에 주격 조사, 목적격 조사 등의 격 조사가 붙어 체언의 격이 바뀌는 현상. '사람'이라는 명사가 격 조사와 결합하여 '사람이(주격), 사람을(목적격), 사람에게(부사격)'로 되는 것 따위이다.

• 용언의 활용
동사, 형용사 등의 용언에 연결어미, 종결어미, 선어말어미 등의 어미가 붙어 여러 가지 형태로 바뀌는 현상. 어간 '먹-'이 어미와 결합하여 '먹다, 먹고, 먹었다'로 되는 것 따위이다.

12 이때 장음은 상승조와 관련된다. cf. 모ᄅᆞ-+-아 → :몰라.

• 음절
음소보다는 크고 단어보다는 작은 단위로 독립해서 발음할 수 있는 최소 단위. 몇 개의 음소로 이루어지며, 모음은 단독으로 한 음절이 되기도 한다. '아침'의 '아'와 '침' 따위이다.

3. 2013년 정선 지역어의 말소리

고려대 국어교육과의 2013년 조사는 아래와 같이 진행되었다.[13]

(8) 〈고려대2013〉의 조사 내용
가. 조사일정: 2013년 7월 21일~23일(가수리, 낙천리, 숙암리, 예미리, 용탄리, 유천리, 유평리, 직전리, 화암리)
나. 제보자: 전체 9개 조사 지역별로 60대 이상의 2~3명의 제보자 선정
다. 조사 항목: 어휘, 음운, 문법 항목 및 자유 발화 녹취

위의 내용 중 음운 특성을 파악하기 위해서 관찰하고자 하는 음소의 출현 환경을 고려하여 최소 2개 이상의 단어를 선정하였으며, 특히 •음절 위치에 민감한 이중모음의 경우 위치를 고려한 단어 쌍을 선정하였다.

3.1. 음운 목록

음운 목록은 선행 연구에서 밝힌 바와 크게 다르지 않다. 〈고려대2013〉에서도 19개의 자음과 10개의 단모음이 확인되었다. 그 목록은 다음과 같다.

(9) 음소 목록

구분	내용
자음	ㅂ, ㅃ, ㅍ, ㄷ, ㄸ, ㅌ, ㅅ, ㅆ, ㅈ, ㅉ, ㅊ, ㄱ, ㄲ, ㅋ, ㅎ, ㅁ, ㄴ, ㅇ, ㄹ (19개)
단모음	ㅣ, ㅔ, ㅐ, ㅟ, ㅚ, ㅡ, ㅓ, ㅏ, ㅜ, ㅗ (10개)
이중모음	ㅑ, ㅕ, ㅛ, ㅠ, ㅒ, ㅖ, ㆉ[jø], ㅘ, ㅝ, ㅙ, ㅞ, ㅢ (12개)

13 이하 2013년 고려대 조사는 〈고려대2013〉이라 함.

(9)에서 보는 바와 같이 자음 19개는 표준어 목록과 같다. 자음 목록 가운데 김유범(1991)과 차이를 보이는 것은 /ㆆ/이다. 김유범(1991)에서는 /ㆆ/를 포함하여 20개를 제시했으나, 〈고려대2013〉에서는 /ㆆ/를 음소로 설정하는 데에는 무리가 있다고 판단하였다.

김유범(1991)에서는 '걷다→걸찌(걷지), 듣다→들찌르(듣지를)'과 같은 예를 들어서 '걿-, 듫-'과 같은 어간을 설정하고 /ㆆ/를 음소로 기술하였으나, 공시적으로 /ㆆ/는 최소대립쌍을 이루는 음소를 찾을 수 없기 때문에 음소 목록에 포함하는 것은 더 신중하게 고려해야 한다.

단모음에서는 김유범(1991), 이병근·김봉국(2002)와 같이 10개의 목록이 확인되었다. 〈고려대2013〉에서도 /ㅔ/와 /ㅐ/의 변별이 일부 유지되고 있었으며, /ㅟ/, /ㅚ/가 단모음 형태로 남아 있었다. 이중모음에서는 김유범(1991)에서 보고되었던 특이 이중모음 /ㅙ/가 일부 관찰되었으나, /의/는 관찰되지 않았다.

운소의 경우 김유범(1991)에서와 같이 보상적 장음화를 보인 예들을 통해 음장의 존재를 확인할 수 있었다. 음장의 예는 다음에 제시하였다.

〈표 3-1〉 운소 특성이 반영된 단어 예시

표준형	방언형(지역)
딸(딸기) cf. 딸[女]	딸 : (직전, 용탄, 가수, 낙동) 딸 : 기(낙천, 화암)
밤(栗) cf. 밤[夜]	밤 : (栗)(화암, 낙동)
돌(石) cf. 돌[年]	돌 : (石)(용탄)
노을	놀 : (낙천, 화암, 예미, 낙동)

'딸기'는 직전리, 용탄리, 가수리, 낙동리에서 [딸 :]로, '노을'은 낙천리, 화암리, 예미리, 낙동리에서 [놀 :]로 관찰되었는데, 이는 김유범(1991)에서 보고되었던 보상적 장음화 현상이다. 한편 화암리, 낙동리에서 밤(栗)이 [밤 :]으로 관찰되었는데, 이는 운소로서의 음장이 최소대립쌍(밤(夜)[밤])을 이루는 예이다.

3.2. 음운 현상

〈고려대2013〉에서는 정선 지역어 음운 현상의 특징을 조사하기 위해 우선 기존 선행 연구에서 언급된 정선 지역어의 음운 현상을 중심으로 예측 가능한 음운 현상 목록을 구성하였다. 이후 구성된 목록을 중심으로 해당 음운 현상이 관찰되는 어휘들을 선별하였는데, 이때 선행 연구와의 연속성을 바탕으로 한 비교 연구를 위하여 고려대(1991)의 조사 어휘 목록에 있는 것을 우선으로 하였다.

음운 현상은 어떤 음운이 특정 환경에서 대치, 탈락, 축약, 첨가 등의 변화를 겪는 것인데, A라는 어형이 일련의 음운 현상을 겪어 B라는 어형이 되었다는 설명을 하기 위해서는 변화하기 이전의 어형인 기준 어형이 설정될 필요가 있다. 대부분의 지역어 연구에서는 표준 어형을 중심으로 해당 지역어의 어형을 설명해 왔지만, 이는 지역어 간의 공시적인 차이를 설명하기 위한 임시적인 처리일 뿐이며 실제 언어적 사실과는 다른 경우가 많다. 가령 A라는 정선 지역어의 어형은 통시적으로 보았을 때 B라는 표준 어형보다 먼저 형성된 것이지만, 공시적인 관점에서 표준 어형을 기준으로 했을 때는 오히려 표준 어형 B가 일련의 음운 변화를 겪어 A라는 정선 지역어의 어형이 만들어진 것처럼 설명되는 것이다. 이와 같은 문제점에 대해서 인식하지 못한 것은 아니나, 이 글에서는 일반적인 방언 연구의 음운 현상 기술 방식과 동일하게 표준 어형과의 차이를 기술하는 형식을 택하도록 한다.

〈표 3-2〉 자음 관련 음운 현상

	음운 현상		표준형	방언형(지역)
대치	구개음화	ㄱ→ㅈ	김매다 김치 기저귀	짐매다(유천, 화암, 용탄, 낙동) 짐치(화암) 지저구(낙천, 용탄, 가수, 낙동)
		ㅋ→ㅊ	키	치(전지역)
		ㅎ→ㅅ	언니(古: 형)	성, 성님(낙천, 예미, 가수)

	경음화	어두	주름살	쭈그름살(예미)
	격음화	어두	떫다	턻다(직전, 낙천, 유평, 화암, 예미, 용탄, 숙암, 가수, 낙동)
		비어두	대게	대케(화암)
탈락	ㅎ탈락 현상		올케	올게(낙천, 화암, 예미, 용탄, 낙동)
첨가	어중 ㄱ개재		상추	(부루, 부리) 불기(직전, 유천, 유평, 용탄, 숙암)
			반딧불	(개똥벌레)개똥벌기(유평, 가수), 개똥벌개(예미)

〈표 3-2〉에서 보듯이 정선 지역어의 음운 현상 중에는 표준어와 다른 현상들이 다수 나타난다. 구개음화는 서울 지역어에서 ㄷ구개음화만 관찰되는데, 정선 지역어에서는 '지저구', '치', '성'과 같이 'ㄱ, ㅋ, ㅎ'이 'ㅈ, ㅊ, ㅅ'으로 바뀌는 구개음화 현상이 나타난다. 또한 어두 격음화 현상이나 ㅎ탈락 현상도 매우 특이한데 '턻다', '대케'나 '올게'와 같은 현상은 서울 지역어에서 관찰되지 않는 현상이다. 한편 '쭈그름살'과 같은 어두 경음화 현상은 비표준 발음이지만 서울 지역어에서도 '자르다[짜르다]', '세다[쎄다]'와 같은 발음이 관찰되는 것과 같은 현상이다.

〈표 3-3〉 옛 음운을 재구할 수 있는 어휘

음운	표준형	방언형(지역)
ㅿ 재구 가능 어휘	까끄라기	까실치(직전, 예미, 가수), 가슬치(낙천), 까슬치(유평, 예미, 낙동)
	가위	까새(유천, 화암, 예미, 용탄), 가새(예미, 숙암, 가수, 낙동)
	회충	거시(직전, 유천, 유평, 화암, 예미, 용탄, 숙암, 가수, 낙동)
ㅸ 재구 가능 어휘	확	호박(직전, 낙천, 유천, 유평, 용탄, 숙암, 낙동), 방호박(유평, 낙동)
	똬리	따바리(낙천, 유평, 용탄, 사북), 또바리(직전, 유천, 유평, 화암, 예미, 용탄, 가수, 낙동)

정선 지역어에서는 옛 소리인 /ㅿ, ㅸ/을 재구할 수 있는 어휘가 관찰되는데, '가새'나 '따바리' 같은 것이 그 예이다. 그리고 '불기'나

'개똥벌기'도 공시적인 음운 규칙으로는 설명할 수 없는 음운 현상이다.

〈표 3-4〉 모음 관련 음운 현상

<table>
<tr><th></th><th colspan="2">음운 현상</th><th>표준형</th><th>방언형(지역)</th></tr>
<tr><td rowspan="9">대치</td><td colspan="2" rowspan="2">전설모음화</td><td>도개걸윷모</td><td>뙤'개걸윷모(용탄, 가수), 뙤'개걸윷모(숙암)</td></tr>
<tr><td>벼룩
며느리</td><td>베레기(직전, 낙천, 유평, 숙암, 가수)
메누리(낙천, 유천, 유평, 화암, 용탄, 숙암, 가수)</td></tr>
<tr><td colspan="2">후설모음화</td><td>지실물</td><td>지슬물(낙천, 예미)</td></tr>
<tr><td colspan="2">고모음화</td><td>주름살
없다
떫다</td><td>주럼(용탄)
읎다(용탄, 숙암, 가수)
뜳다(낙천, 화암), 틂다(예미), 듧다(유천)</td></tr>
<tr><td colspan="2">저모음화</td><td>다리미
글피</td><td>다래미(유평)
글패(직전, 낙천, 유천, 화암, 예미, 용탄, 숙암, 가수, 낙동)</td></tr>
<tr><td colspan="2">단모음화</td><td>왕겨
사위
추위
돌쩌귀

귀지</td><td>왕게(직전, 낙천, 용탄)
사우(화암, 예미, 용탄, 숙암, 가수)
추우(화암, 용탄)
돌쩌구(낙천, 유평, 화암, 용탄), 돌짜구(유평, 예미, 숙암, 가수, 낙동)
구채̃이̃(유평)</td></tr>
<tr><td>비모
음화</td><td>'ㅇ'이
약화
되며
전후
모음이
비모
음화
되는
경우</td><td>괭이
곡괭이
질경이
누룽지
산마루
다슬기

잠자리

귀지
달팽이
고양이</td><td>괘̃이̃(유평, 화암, 가수)
곡괘̃이̃(직전)
질게̃이̃(화암, 예미, 숙암, 가수, 낙동)
누룽게̃이̃(직전)
산등말레̃이̃(직전)
골베̃이̃(직전, 유천, 유평, 화암, 예미, 용탄, 가수, 낙동)
소금제̃이̃(직전, 낙천, 유평, 예미, 용탄, 가수, 낙동)
귀채̃이̃(직전, 낙천, 유평, 화암, 예미, 가수)
달패̃이̃(유평, 화암, 예미, 사북)
고내̃이̃(유평, 화암), 고애̃이̃(유평), 고 : 내̃이̃(용탄)</td></tr>
<tr><td colspan="2">ㅣ모음
역행 동화</td><td>꼴뚜기
누룽지
고양이
장끼
지느러미</td><td>꼴뛰기(유평, 화암, 예미), 꼴뛰'기(숙암)
누륑기, 누링기(화암, 용탄)
괴양이(예미)
쟁끼(용탄)
지느래미(용탄, 숙암)</td></tr>
</table>

	원순모음화	보늬	봄호물(숙암)
탈락	반모음 탈락 현상	달갿	달갈(화암)

모음과 관련된 음운 현상에서는 김유범(1991), 이병근·김봉국(2002)에서 보고했던 현상들이 대부분 관찰되었다. '메느리'와 같은 전설모음화, '지슬물'과 같은 후설모음화, '주림'과 같은 고모음화, '다래미'와 같은 저모음화, '왕제'와 같은 단모음화, '괭이[괘̃이̃]'와 같은 비모음화, '꼴뛰기'와 같은 ㅣ 모음 역행 동화, '봄호물'과 같은 원순모음화, '달갈'과 같은 반모음 탈락 현상들이 나타났다. 이 중에서 고모음화를 제외하면 대부분은 서울 지역어에서는 관찰되지 않는 현상들이다.[14]

4. 정선 지역어 말소리의 특징과 변화

4.1. 말소리의 특징

[1] 음운 목록의 특징

/ㅔ/, /ㅐ/의 변별

주지하다시피 서울 지역어에서는 /ㅔ/와 /ㅐ/가 변별되지 않는 방향으로 진행되고 있다. 정선 지역어 역시 유사한 방향의 변화를 보이지만 일부 /ㅔ/와 /ㅐ/의 변별이 유지되고 있는 모습을 관찰할 수 있다. 이러한 변별이 유지되는 지역은 직전리, 낙천리, 유평리, 화암리, 가수리 등이다.

14 '거짓말[그짓말]', '네개[니개]', '그리고[그리구]' 등의 예에서 볼 수 있듯이 고모음화 현상은 서울 지역어에서도 관찰된다.

〈표 3-5〉 /ㅔ/, /ㅐ/ 모음 단어 예시

	표준형	방언형
/ㅔ/	게 쟁기 벼룩	게'(직전, 낙천, 화암) 보구레'(가수) 베'레'기(직전)
/ㅐ/	도리깨	도리깨'(낙천, 유평)

/ㅚ/, /ㅟ/의 단모음 실현

/ㅚ/, /ㅟ/ 역시 서울 지역어에서는 더 이상 [y], [ø]처럼 단모음으로 발음되지 않고 [we], [wi]처럼 이중모음으로 발음되는 현상이 일반적이다. 그러나 정선 지역어에서는 이와 달리 /ㅚ/, /ㅟ/가 어두 음절에서뿐 아니라 비어두 음절에서도 단모음으로 실현되고 있음을 확인할 수 있다. 〈표 3-6〉에는 /ㅚ/가 단모음으로 발음된 예를 제시하였으며, 〈표 3-7〉에는 /ㅟ/가 단모음으로 발음된 예를 제시하였다.

〈표 3-6〉 /ㅚ/ 모음 단어 예시

표준형	방언형
오이	외'(직전, 낙천, 용탄, 가수)
참외	참외'(직전, 유평, 화암, 예미, 용탄, 숙암, 가수)
외숙모	외'숙모(예미, 용탄, 숙암, 낙동)
회	회'(직전, 낙천, 유천, 유평, 화암, 용탄, 숙암)
물회	물회'(낙천, 유평)
회오리바람	회'오리바람(화암, 사북), 회'올래바람(용탄)
도개걸윷모	뙤'개걸윷모(용탄, 가수), 퇴'개걸윷모(숙암)
쇠	쇠'(유천)
열쇠	열쇠'(낙동)
삼발이	아르쇠'/아리쇠'/아래쇠'(직전)
베	뵈'(화암)

〈표 3-7〉 /ㅟ/ 모음 단어 예시

표준형	방언형
도깨비바늘	귀'사리(가수)
뒤	뒤'(직전, 유평, 화암)
쥐	쥐'(직전, 낙천, 유평, 예미, 용탄, 숙암, 가수)

다람쥐 꼴뚜기 추위	다람쥐'(직전, 화암, 예미, 숙암) 꼴뛰'기(숙암) 추위'(유평, 예미)

/ㅚ/가 단모음으로 발음된 예들은 '외(오이), 참외, 외숙모' 등, /ㅟ/가 단모음으로 발음된 예들은 '뒤, 쥐, 사위' 등으로 다양하며, 전 지역에서 광범위하게 관찰되었다.

이중모음 /ㆉ/[jø]의 존재

정선 지역어의 모음 가운데 주목할 만한 것은 이중모음 /ㆉ/의 존재이다. 이 이중모음은 이익섭(1981)과 김유범(1991)에서도 보고된 것으로 영동 지역의 방언에서 발견된다. 이는 활음 /j/와 /ㅚ/[ø]가 결합하여 음성적으로 특수한 구조를 보인다. 〈표 3-8〉에서 보듯이 이 이중모음이 발견된 예로는 'ᅬ식[jøɕik]'이 있다.

〈표 3-8〉 /ㆉ/ 모음 단어 예시

표준형	방언형
요식	ᅬ식(화암)

[2] 음운 현상의 특징

정선 지역어의 음운 현상의 특징을 언급하기 위해서는 관찰된 음운 현상이 타 지역어에서도 관찰되는 음운 현상인지 그렇지 않은지를 구분해 볼 필요가 있다. 이를 기준으로 할 때 〈고려대2013〉에서 관찰된 '김매다[짐매다]', '키[치]', '형[성]'과 같은 구개음화는 호남 및 영남 방언에서도 보고된 음운 현상이며, '주름살[쭈그름쌀]'과 같은 어두 경음화 현상 역시 호남 및 영남 방언에서도 매우 빈번하게 관찰되는 음운 현상으로 정선 지역어의 특징이 아니라 방언 보편적인 특징이라 할 수 있다. 이 외에 비모음화, ㅣ 모음 역행 동화, 단모음화, 고모음화 등 대부분이 서울 지역어 외의 방언에서 보고되는 음운 현상이다. 정선 지역어만의 특수한 음운 현상으로는 어두 격음화(떫대[턻다]), ㅎ탈락 현상(올케[올게]) 정도를 들 수 있다.

4.2. 말소리의 변화

〈고려대2013〉 조사 결과와 선행 연구의 조사 결과를 비교했을 때, 정선 지역어 음운 목록의 큰 변화는 발견되지 않는다. 다만, 조사 대상 집단 중 비교적 낮은 연령의 제보자에게서 단모음 /ㅟ/, /ㅚ/가 이중모음으로 발음되는 현상이나, 이중모음 /ㅙ/가 /ㅛ/로 발음되는 등의 현상이 관찰되어 중앙 지역어의 음운 목록과 유사해지는 방향의 변화가 예상된다.

음운 현상에서는 선행 체언에 의한 후행 조사의 모음조화 등 이전 조사 자료에서 관찰되었던 음운 현상은 확인이 어렵거나 관찰되더라도 낮은 빈도임을 알 수 있었다. 이는 음운 현상 자체의 변화라기보다 해당 단어의 소멸로 인해 음운 현상의 빈도가 낮아지는 것이 아닐까 한다. 이와 같은 음운 현상 변화와 관련하여 고려대(1991)과 〈고려대2013〉의 조사 결과에서 흥미로운 점이 발견된다. 고려대(1991)의 정의석 제보자와 〈고려대2013〉의 정태수 제보자는 부자(父子) 관계로 이 둘의 결과를 대조하여 세대 간 음운 현상의 변화를 관찰할 수 있는 것이다.

〈표 3-9〉 세대 간 음운 현상의 변화

음운 현상		표준어	1990 · 91년 자료 (제보자: 정의석(父))	2013년 자료 (제보자: 정태수(子))
			지역어	지역어
자음	경음화	주름살	주름살	쭈름살
	탈락[15]	상추	불기	부루
		입술	입술(ㄱ)	입술
		질경이	뺍짱구	뺍짱우

모음	원순모음화	새벽	새벽	새복
	전설모음화	대님	단님	댄님
		포대기	포데기	퍼데기
	후설모음화	두레박	뜨레박	뜨르박
		벼룩	베레기	베루기
		장끼	쟁끼	장끼
		턱	택	턱
	고모음화	벼슬	베실	비실
		왕겨	왕게	왕기
	단모음화	회충	거위	거이
		기저귀	지저귀	지저구
	이중모음화	사위	사우	사위
		환갑	한갑	환갑
	모음동화	고모	고무	고모
표준어화		가볍다	게겁다	가볍다
		가위	가새	가위
		김치	짐치	김치
		누룽지	누룽기	누룽지
		달팽이	뜰펭이	달팽이
		도토리	꿀밤	도토리
		딸기	딸 :	딸기
		수수잎	쉬끼잎	수수잎
		졸음	자부름	졸음(옛; 자부름)
		호미	호멩이	호미
지역어 유지		진눈깨비	진갈피	진갈피
		키	치	치
		튀밥	박산	박산

15 탈락의 예시 중 '불기>부루', '입술(ㄱ)>입술'은 표면적으로 드러난 형태 변화에 초점을 두어 분류한 것이다. 이를 공시적인 음운 현상에 의한 변화가 아닌, 이전 세대의 정선 지역어에서 나타나던 'ㄱ첨가'라는 음운 현상 자체가 약화된 결과로도 해석할 수 있다.

• **연구개음**
혀의 뒷부분이 연구개(경구개 뒤에 위치한 부드러운 입천장)에 닿아서 나는 소리. 'ㅇ, ㄱ, ㅋ, ㄲ' 따위가 있다.

자음의 경우 어두 자음의 경음화 현상과 •연구개음이 탈락하는 현상이 주로 관찰된다. 모음은 자음에 비해 전·후설모음화, 고모음화, 단·이중모음화, 모음동화 등 비교적 다양한 음운 변화가 관찰되는데, 그 중에서도 후설모음화의 경향이 강하게 나타난다. 한 가지 언급해 둘 것은 상당수의 단어가 표준어화된 탓에 음운 현상의 변화를 비교할 수 있는 샘플의 수 자체가 적었다는 점이다. 〈표 3-9〉에서 볼 수 있듯이 음운의 변화에 따른 단어 교체가 아닌 표준어화에 따른 단어 교체가 다수 관찰된다. '졸음'의 경우에는 현재는 '졸음'이라고 하고 옛날에는 '자부름'이라고 했다는 추가 제보도 함께 나왔다.

또한 〈고려대2013〉의 이용성 제보자는 고려대(1991)의 조사 때도 참여했던 제보자로 두 조사의 결과를 비교하면 시간의 흐름에 따른 음운 현상의 변화를 관찰할 수 있다.

〈표 3-10〉 시간 흐름에 따른 음운 현상의 변화

음운 현상		표준어	1990·91년 자료 (제보자: 이용성)	2013년 자료 (제보자: 이용성)
			지역어	지역어
자음	탈락	우물	움물	우물
모음	전설모음화	시래기	쓰래기	씨래기
	후설모음화	다리미	대래미	다래미
		대님	대님	다님
		뒤꼍	뒤앤	뒤안
		호미씻이	호미놀이	호무놀이
	저모음화	삼촌	삼촌	삼춘
	단모음화	환갑	환갑	한갑
	이중모음화	버마재비	사마구	사마귀
표준어화		가볍다	가붑다	가볍다
		가위	가새	가위
		갓난아기	햇아기	갓난애기
		거울	색경	거울(옛; 색경)
		곤지곤지	장게장게	곤지곤지

	그저께	그제	그저께
	글피	글패	글피
	도토리	꿀밤 참나무	도토리 참나무(옛; 꿀밤나무)
	며느리	메누리	며느리
	메아리	산울림	메아리
	상추	부루	상추
	자두	꽤	자두
	잠자리	소금젱이	잠자리
지역어화	반딧불	개똥벌레	개똥벌기
	벼룩	벼룩	베루기/벼루기
	진눈깨비	진눈깨비	진갈뻬

자음의 경우 동일한 자음의 중첩 구조에서 한쪽이 탈락하는 현상이 관찰된다. 세대 간 비교와 마찬가지로 모음은 자음에 비해 전·후설모음화, 저모음화, 단·이중모음화 등 비교적 다양한 음운 변화가 관찰된다. 흥미로운 사실은 세대 간 비교 결과에서도 보이는 것처럼 후설모음화의 경향이 강하게 나타난다는 것이다. 이용성 제보자의 경우 1990·91년의 조사에 비해 2013년 조사에서는 지역어가 아닌 표준어로 대답하는 단어의 비율이 높았다. '거울'의 경우에는 현재는 '거울'이라고 하고 옛날에는 '색경'이라고 했다는 추가 제보와 도토리가 열리는 참나무를 옛날에는 '꿀밤나무'라고 했다는 추가 제보도 함께 나왔다. 한편 이와 반대로 1990·91년 조사에서는 표준어로 대답했던 항목을 2013년 조사에서는 지역어 또는 지역어에 가까운 어형으로 대답하기도 하여 흥미롭다.

종합적으로 보았을 때, 2013년 정선 지역 노년층 토박이 방언에서는 20년 사이 큰 변화는 없다. 다만 50대 화자의 언어 사용 양상을 비추어 보았을 때, 방언 어휘의 사용 빈도가 낮아짐에 따라 점차 중앙 지역어와 유사한 방향으로 변화할 것으로 예상된다.

5. 말소리의 보고(寶庫), 정선 지역어

지금까지 '2013년 고려대 국어교육과 지역어 답사' 조사 결과를 토대로, 현재 정선 지역어의 말소리의 특징과 변화를 살펴보았다. 1991년 정선 지역어 조사 결과 및 2002년 정선 지역어 조사 결과와 비교했을 때, 음운론적 측면의 변화는 크게 나타나지 않은 것으로 파악된다. 대체로 이전 조사에서 얻을 수 있었던 방언형이 아닌 표준어형을 대답하는 경우가 다수였으며, '옛날 말로는'이라는 말을 덧붙이며 제보해 준 어휘들의 경우 음운적으로 이전 조사들에서 보고하고 있는 바와 큰 차이가 없는 것이다. 다만 단모음 /ㅟ/, /ㅚ/가 단모음이 아닌 이중모음으로 실현되는 것, 특수한 모음 /ㆉ/(외식)가 일반적인 이중모음 /ㅛ/로 나타나는 것 등 정선 지역어의 음운론적 특징이 변화의 조짐을 보이고 있음을 언급해 둔다.

이 글에서 미처 살피지 못한 정선 지역어의 음운적 특성들을 면밀히 고찰한다면 그 변화나 특성에 대해 보다 풍성한 이야기를 할 수 있을 것이다. 가령 모음에 관하여서는 /ㆉ/와 같은 특수한 모음에 대해 그 성격을 파악하거나 모음 /ㅐ/, /ㅔ/를 음성적으로 검토하여 그 실현 양상을 보다 객관적으로 정리할 수 있을 것이다. 또한 자음과 관련해서는 비모음화에 관여하는 종성 /ㅇ/에 관한 것 등을 하나하나 살필 필요가 있다. 이처럼 정선 지역어는 우리의 독특한 말소리를 다양하게 보여 주는 말소리의 보고(寶庫)라 할 수 있다. 교통과 통신의 발달은 우리의 생활에 큰 편의를 주었지만, 한편으로는 각 지역의 고유한 문화나 언어의 모습을 획일화시키는 결과도 가져왔다. 정선 지역어에 대한 지속적인 연구와 보존을 위한 노력은 소중한 우리 말소리의 일면과 언어의 다양성을 지키는 길이 될 것이다.

제4장

정선 지역어의 어휘

고경재

1. 정선이 간직해 온 어휘

어휘는 언어의 일상적 사용에서 기초를 이룬다.[1] 그러므로 어휘에는 그것을 사용하는 사람들의 삶이나 문화가 담겨 있다. 가령 우리는 눈이 많이 오는 지역의 언어가 눈이 적게 오는 지역의 언어에 비해 눈에 관한 어휘를 많이 지니고 있음을 확인할 수 있다. 말소리 체계나 문장의 규칙은 언어를 이루는 형식과 관련이 있으므로 언어 사용자의 일상적 삶이 깊이 개입하기 어려움에 비해, 어휘는 언어를 이루는 내용과 관련이 있으므로 언어 사용자의 문화가 개입될 여지가 크다.

지역어는 문헌자료가 보여주지 못하는 다양한 어형들을 보여주는데, 이렇게 다양한 어형을 통해서 우리는 그 지역의 문화를 엿볼 수

1 이를 뒷받침해주는 몇 가지 경험적인 근거를 장충덕(2012)를 통해 확인할 수 있다. 첫째, 음운 체계나 문법의 구조는 학습을 통해서 이해되어야 하지만 어휘는 개별적으로 의미만 파악해도 사용이 가능하고 이해할 수 있으므로 어휘는 언어 사용에 있어 기본적인 단위가 된다. 둘째, 우리는 다른 사람들과 의사소통할 때 매 순간 개별 음운이나 통사구조를 분석하지 않는다. 오히려 개별 어휘를 통해서 의미를 전달하거나 파악한다고 생각한다. 셋째, 우리는 어휘가 변화할 때 언어가 변화한다고 느끼며, 음운 체계나 문법범주의 변화는 쉽게 인지되지 않는다.

있다. 이 글에서 다루고 있는 정선 지역어의 어휘에서도 정선 문화의 일면을 엿볼 수 있다. 가령 표준어형 '이끼'에 대해 정선 지역 사람들은 '바우옷/돌옷'과 같은 어형을 사용하는데, 이를 통해 정선 지역 사람들이 '이끼'를 '어떤 대상이 입고 있는 옷'과 같은 것으로 생각한다는 것을 알 수 있으며, 이 같은 인식은 크게 보아 정선의 문화라 볼 수 있는 것이다. 이처럼 어휘에는 문화가 담겨 있으므로 독자들은 이 글을 읽으면서 정선 지역 사람들의 인식의 양상이나 삶의 방식이 어휘에 어떻게 반영되어 있는지를 파악할 수 있을 것이다.

정선의 어휘와 관련된 지금까지의 선행 연구들을 나누어 보면, 이익섭(1981)과 같이 언어지리학적 관점을 바탕으로 언어 지도를 활용하여 어휘를 설명하거나, 전혜숙(2008)과 같이 사회언어학적 관점에서 지역어의 사용 양상을 분석한 것이 있으며, 원훈의(1980)과 같이 개별 어휘의 내부 구조를 밝힌 부류도 있다.

이들 중 정선 지역의 어휘만 다룬 연구는 많지 않았으며, 어휘를 통해 볼 수 있는 정선의 문화적 특징을 서술하는 경우도 많지 않았다. 대부분의 연구는 주변의 다른 지역의 언어들을 함께 다루면서 정선 지역어가 주변 지역어와 어떤 영향을 주고받았는지를 서술하였다.

그러나 이 글은 정선 지역의 어휘만을 깊이 있게 다룰 것이므로 선행 연구에서처럼 정선 지역어를 다른 지역어와 비교하지 않았으며, 정선의 문화를 볼 수 있는 경우에는 그것을 언급하여 어휘가 문화를 어떻게 담을 수 있는지를 보이기도 하였다.

구체적으로, 이 글의 2절에서는 2013년 조사 어휘를 공시적인 측면에서 의미와 형태를 중심으로 살펴보고,[2] 3절에서는 2013년 조사

2 심재기(1982:10)에서도 어휘론 연구의 영역을 어휘자료론 · 어휘의미론 · 어휘형성론 세 가지로 나누고 '어휘론의 얼개는 이 정도면 만족할 만한 것'이라고 하였다. 어휘자료론은 대상 언어의 어휘 자료를 온전하게 기록 보존하고자 하며 어휘의 '증감상'을 파악하려고 한다. 어휘의미론은 어휘의 공시적 의미와 통시적인 의미 변화를 연구한다. 어휘형성론은 어휘가 만들어지는 방법—파생법 · 복합법—에 대해 연구한다.

결과를 1990 · 91년 조사와 비교하여 어휘가 어떻게 변화하였는지를 분석할 것이다. 특히 변화의 양상을 살피는 3절에서는 조사 대상 어휘가 지속되고 있는지, 소멸해 가는 과정에 있는지, 소멸했는지를 중심으로 살펴보고,[3] 정선 지역 내에서 방언권의 구획이 어떤 식으로 변화하였는지를 보일 것이다. 이를 통해 정선 지역 어휘의 전반적인 양상을 알 수 있을 것이며, 후일 정선 지역의 어휘를 연구하는 데에 도움을 받을 수 있을 것이다.

• **접사**
어근의 앞이나 뒤에 결합하여 단어의 부차적인 의미를 나타내는 부분을 이르는 말

2. 정선 지역어 어휘의 특징[4]

이 장에서는 어휘를 이루는 내용과 형식, 즉 어휘의 의미와 형태에 대해 다루고자 한다. 의미를 다룸으로써 지역어가 표준어에 비해 세밀한 의미를 표현할 수 있다는 것을 알 수가 있으며, 언어 사용자의 삶의 양식에 따른 의미의 지역적 변용을 살필 수 있을 것으로 기대한다. 그리고 어휘의 형태를 다룸으로써 표준어에서 발견하기 어려운 단어와 • **접사**의 목록을 확보할 수가 있다. 그러므로 2절을 통해 우리는 지역어가 국어학의 관점에서 큰 가치를 갖고 있다는 점을 알 수 있을 것이다.

정선 지역어의 의미를 다루는 2.1.에서는 표준어의 의미와 비교하여 주목해 볼 만한 어휘들을 대상으로 논의할 것이며, 정선 지역어의 형태를 다루는 2.2.에서는 합성어와 파생어를 대상으로 어휘의 구성을 분석할 것이다.

---

3 이 글에서는 이들 각 유형을 '지속형', '점멸형', '소멸형'으로 칭할 것이다.

4 이 글에서는 정선 지역어 어휘의 전반적인 특징에 대해서는 서술하지 않고, 개별 어휘의 의미나 형태를 설명하는 데 초점을 맞추었다. 음운은 음운 체계로서 종합될 수 있지만 어휘는 의미나 형태에 있어 개별 어휘마다 갖는 특징이 다르기 때문에 '전반적으로 정선 지역의 어휘적 특징이 무엇이다' 하는 식의 결론을 도출하기 어렵다고 생각한다.

2.1. 의미적 특징

어휘는 문화와 밀접한 관련을 맺고 있어서 지역사회의 문화적 특징에 따라 같은 단어라도 내포하는 의미에서 차이를 보일 수 있다.[5] 이 절에서는 정선 지역의 어휘 중 표준어와 의미상 차이를 보이는 것을 중심으로 논의해 보려고 한다.

그러나 2.1.이 의미적 특징을 살피는 장이기는 하지만, 의미적 특징을 살필 때 표준어와 동일한 어형을 가지고 있는지의 여부를 함께 고려하였다. 의미를 살피는 장에서 어형을 함께 고려한 이유는 형태와 의미가 불가분의 관계를 맺고 있는 어휘의 본질적 속성을 고려하였기 때문이다. 어휘의 형태와 의미를 비교하다 보면, 어형이 동일하지만 의미가 다른 경우가 있으며,[6] 의미는 동일하지만 어형이 다른 경우도 있고, 어형이 다르면서 의미도 다른 경우가 있다. 이 절이 기본적으로 의미에 초점을 두고 있지만 어형을 함께 고려한 이유가 여기에 있다.

의미는 다음과 같이 유형을 나누어 살펴볼 것이다. 첫째, 표준어와 의미가 완전히 다른 것. 둘째, 표준어에 비해 의미가 구체적인 것.[7] 그리고 이 유형에 따라, 표준어와 의미 차이를 보이는 어휘들을 분류하여 표로 정리하였다.

---

5 구본관(2008)에서는 '모든 어휘는 현재 이전에 만들어진 것이며, 많든 적든 만들어진 순간부터 현재까지의 사회문화적인 요소를 포함하고 있다.'고 하였다.

6 어형이 동일하지만 의미가 다른 것은 Leech(1981)의 '사회적 의미'를 통해서 설명될 수 있다. '사회적 의미'란 동일한 형태가 지역에 따라 다른 의미로 사용되는 경우를 지칭하는데, 이는 생활양식과 같은 문화적 차이에 기반한다.

7 표준어에 비해 의미가 구체적이라는 것은, 표준어와 동일한 기본적 의미(사전적 의미) 안에서 좀 더 구체적인 의미로 사용되었음을 뜻한다. 표준어와 의미가 다르다는 것은, 표준어와 기본적 의미가 다름을 뜻한다.

[1] 표준어와 의미가 다른 어휘

〈표 4-1〉에는 표준어와 의미가 다른 정선 지역어를 보였는데, 해당 지역어가 도출된 지역과 그것이 대응하는 표준어를 함께 제시하였다. 상세한 설명은 표 아래에 제시하였다.

〈표 4-1〉 표준어와 의미가 다른 어휘

	표준어	지역어	지역어의 의미	사용 지역[8]
①	김치	김치	배추와 고춧가루를 쓰지 않고 만든 것	낙동리
②	외숙모	외숙모	5촌 이상의 먼 친척에게 사용하는 호칭	낙천리, 유천리
③	요식	요식	타지에 나가 함께 밥을 먹지 못하는 식구를 위해 떠놓은 밥	낙동리, 예미리

〈표 4-1〉에서 제시한 지역어들은 표준어와 어형이 동일함에도 불구하고 다른 의미를 보여주고 있다. 이렇게 어형이 동일함에도 의미가 다른 이유는 〈표 4-1〉의 지역어들이 정선 나름의 문화를 반영하고 있기 때문일 것이다.(각주6 참고) 다음은 구체적인 의미의 차이를 서술한 것이다.

① 표준어 '김치'는 배추와 고춧가루를 사용한 것을 가리키는데 낙동리의 '김치'는 배추와 고춧가루를 사용하지 않고 만든 것이므로 표준어와 의미가 다르다.[9]

② 표준어 '외숙모'는 '외삼촌의 아내'를 가리키는데, 낙동리와 유천리에서 쓰이는 '외숙모'는 5촌 이상의 '먼 친척'에게 사용하는 호칭으로 표준어와 의미가 다르다.

③ 표준어 '요식'의 의미는 '몫몫으로 나눈 밥에서, 그 한몫이 되는

8 '사용 지역'은 해당 지역어가 나타난 지역 전부를 제시한 것이 아니라, 표준어와 비교하여 다른 의미를 파악할 수 있는 어형을 제보해 준 지역을 제시한 것이다.
9 참고로 낙동리에서는 '배추와 고춧가루를 써서 만든 김치'를 '배차짠지'라고 한다.

분량의 밥'이라는 의미인데, 낙동리와 예미리의 '요식'은 '타지에 나가 함께 밥을 먹지 못하는 식구를 위해 떠놓은 밥'이라는 의미이므로 표준어와 의미가 다르다.[10]

[2] 표준어보다 의미가 구체적인 어휘

〈표 4-2〉와 〈표 4-3〉에는 표준어보다 의미가 구체적인 지역어를 제시하였다. 〈표 4-2〉에서는 표준어형이 하나임에 비해 지역어형은 두 개 이상임을 확인할 수 있다. 표준어는 여러 대상을 통합하여 하나의 어형으로 나타내고 있지만, 정선 지역어는 대상을 세분하여 두 개 이상의 어형을 사용하고 있다. 정선 지역어의 한 특징으로, 비슷한 대상을 통칭하기보다는 따로 단어를 만들어서 각각의 대상을 지칭하고 있다는 것을 제시할 수 있다.

〈표 4-2〉 하나의 표준어형에 여러 개의 지역어형 대응

	표준어	지역어	지역어의 의미	사용 지역[11]
①	고들빼기	꼬들빼기	집에서 재배한 고들빼기	직전리
		산꼬들빼기	산에서 자생한 고들빼기	
②	딸기	딸기	집에서 재배한 것	낙동리
		딸 :	자연에서 자생한 것	
③	버마재비	황개미	죽기 전 노랗게 변한 사마귀	가수리, 낙동리, 예미리
		사마귀/사마구	노랗지 않은 사마귀	
④	솔가리	솔갈비	솔가리 중에서 나무 밑에 떨어져 있는 것	화암리
		솔까바리	땔감용으로 따로 모아둔 것	

10 이는 독자에 따라 다르게 파악될 여지도 있는데, 가령 표준어에서는 '한몫이 되는 밥'을 의미하는 것이고 정선 지역어에서는 '한몫이 되는 밥'을 더 구체화하여 '밥을 먹지 못한 식구를 위해 떠 놓은 밥'을 의미하는 것으로 본다면, 〈표 4-3〉에 포함될 여지가 있다.

11 '사용 지역'은 해당 지역어가 나타난 지역 전부를 제시한 것이 아니라, 표준어와 비교하여 구체적인 의미를 파악할 수 있는 어형을 제보해 준 지역을 제시한 것이다. 〈표 4-3〉도 동일하다.

12 이익섭(1973)에서 '아재'라는 어휘를 살펴야 한다고 강조하고 있어서 '아재'를 조사

<table>
<tr><td rowspan="10">⑤</td><td rowspan="10">이끼</td><td>바우옷</td><td>바위에 낀 이끼</td><td rowspan="3">낙동리</td></tr>
<tr><td>바우나리</td><td>절벽에 낀 이끼</td></tr>
<tr><td>물청때</td><td>수면에 떠 있는 이끼</td></tr>
<tr><td>돌옷, 돌찌기, 돌이끼</td><td>물 밖에 있는 이끼</td><td rowspan="2">사북리</td></tr>
<tr><td>청태</td><td>물속에 있는 이끼</td></tr>
<tr><td>돌풀</td><td>돌에 낀 이끼</td><td rowspan="3">예미리</td></tr>
<tr><td>바우옷</td><td>바위에 낀 이끼</td></tr>
<tr><td>물청때</td><td>물속에 있는 이끼</td></tr>
<tr><td>바우옷</td><td>물 밖에 있는 이끼</td><td rowspan="2">직전리, 유평리</td></tr>
<tr><td>물청때</td><td>물속에 있는 이끼</td></tr>
<tr><td rowspan="2">⑥</td><td rowspan="2">진눈깨비</td><td>진갈눈</td><td>눈이 비보다 더 많이 섞인 진눈깨비</td><td rowspan="2">예미리</td></tr>
<tr><td>진갈비</td><td>비가 눈보다 더 많이 섞인 진눈깨비</td></tr>
<tr><td rowspan="2">⑦</td><td rowspan="2">자두</td><td>자두</td><td>개량종</td><td rowspan="2">숙암리</td></tr>
<tr><td>꽤</td><td>재래종</td></tr>
<tr><td rowspan="2">⑧</td><td rowspan="2">아재[12]
(아저씨)</td><td>아저씨</td><td>자신과 5촌 이상이 되는 사람' 혹은 '친인척이 아닌 동네의 아저씨뻘 되는 어른</td><td rowspan="2">낙동리</td></tr>
<tr><td>아재</td><td>자신보다 나이는 어리나 촌수로는 높은 친인척</td></tr>
</table>

〈표 4-2〉의 '고들빼기(①)'를 살펴보면, 표준어에서 '고들빼기'는 자생하는 것과 재배하는 것을 구분하지 않지만 직전리에서는 집에서 재배한 것만을 '고들빼기'라고 하므로, 표준어에 비해 대상을 구체적으로 인식하고 있다고 할 수 있다.[13] 나머지도 모두 같은 방식으로 설명될 수 있다.

대상 어휘에 넣었으나, 2013년에 조사하고 싶었던 것은 표준어에서 규정하고 있는 '아재'('아저씨를 낮추어 부르는 말')가 아니라, 표준어 '아저씨'에 해당하는 말을 조사하려고 했던 것이므로, 조사 대상 어휘 '아재'는 '아저씨'로 보고 기술하였다.

13 '산고들빼기'는 하나의 단어가 아닐 수 있기 때문에 비교 대상에 포함된 것이 문제로 제기될 수도 있다. 그러나 여기서 주목할 것은 '고들빼기'의 의미가 표준어와 달리 집에서 재배한 것만을 가리킨다는 점에서 의미가 구체적이라는 사실이며, '산고들빼기' 역시 표준어 '고들빼기'가 가진 의미를 특정화한 말로서 제시된 것이다. 따라서 '산고들빼기'가 단어이냐 아니냐 하는 문제는 여기서 논의될 필요가 없으며, 이렇게 의미를 변별해서 사용하고 있다면, '산고들빼기'를 합성어로 처리해도 문제가 없을 것이다.

이에 비해 〈표 4-3〉에서는 조사 시 표준어형과 전혀 다른 어형으로 표준어형이 가리키는 의미를 좀 더 구체화시킨 경우를 볼 수도 있고, 표준어형과 동일한 어형이지만 표준어형이 가리키는 의미를 구체화시킨 경우도 볼 수 있다. 그러나 어떤 경우이든 어형이 일대일 대응을 보이므로 〈표 4-2〉의 유형과는 다르다고 하겠다.

〈표 4-3〉 하나의 표준어형에 하나의 지역어형 대응

	표준어	지역어	지역어의 의미	사용 지역
①	자두[14]	꽤	자두와 닮았으나 자두보다 작은 야생 과일	낙동리
		꽤/꼬야	작은 자두	용탄리
		통꽤/통깨	빨간 자두	직전리
②	아재 (아저씨)	아저씨	자신과 10촌 이상이 되는 사람	직전리
③	갓난아기	햇언나	태어나서 한 해가 되지 않은 아이	화암리
④	김치	짠지	봄배추로 만든 김치	예미리
⑤	왕겨	왕게	벼의 겉껍질을 벗긴 것	직전리
		등게	벼의 속껍질을 벗긴 것	

〈표 4-3〉에 제시된 어휘 중 설명이 필요한 것들을 살펴보겠다.

② 표준어 '아저씨'가 '혈연관계가 없는 남자 어른을 친근하게 이르는 말' 혹은 '부모와 같은 항렬에 있는, 아버지의 친형제를 제외한 남자를 이르는 말'이므로 직전리에서의 의미가 더 구체적이다.

③ 표준어에서 '갓난아기'는 '태어난 지 얼마 안 되는' 아이를 귀엽게 이르는 말인데 화암리의 '햇언나'는 '한 해가 되지 않은' 경우에 사용되므로, 의미가 표준어에 비해 좀 더 구체적이다.

④ 표준어에서 '김치'는 단순히 '배추'로 만든다고 되어 있는 것을 보면 예미리의 '짠지'의 의미가 좀 더 구체적이다.

⑤ 직전리에서는 표준어 '왕겨'에 대해 '왕게 / 등게'로 부르고 있

14 언뜻 보면 하나의 표준어형에 여러 개의 지역어형이 대응하는 것처럼 보이지만 사용지역이 각각 다르므로 1:1 대응을 보이는 것으로 보았다.

는데, '왕게'는 벼의 겉껍질을 벗긴 것을 가리키며, '등게'는 벼의 속껍질을 벗긴 것을 가리킨다고 하였다. 표준어 '왕겨'의 의미가 '벼의 겉에서 맨 처음 벗긴 굵은 겨'인 것을 고려하면 사실 표준어 '왕겨'에 대응하는 것은 '왕게'인 것 같으며, '등게'는 표준어 '등겨'에 대응하는 것으로 보인다. 그런데 표준어 '등겨'는 단순히 '벼의 껍질'이라는 의미이다. 따라서 직전리에서 쓰이는 '등게'의 의미가 더 구체적이라고 할 수 있다.

• 복합어
파생어와 합성어를 함께 이르는 말

지금까지 표준어와 의미가 다른 양상을 분류하여 제시하였다. 표준어와 의미가 완전히 다른 어휘에 비해, 표준어보다 의미가 구체적인 경우가 많은 것을 볼 수 있다. 그리고 표준어에서는 하나의 어형으로 비슷한 대상을 통칭하지만 정선 지역어에서는 비슷한 대상을 서로 다른 어형을 사용하여 지칭함도 알 수 있었다. 표준어에 비해 대상을 세밀히 볼 수 있다는 것이 지역어가 지닌 가치라는 것을 알 수 있다.

2.2. 형태적 특징

이 글의 1절 각주2에서 언급한 바와 같이 어휘형성론은 합성법과 파생법에 대해 다루며, 이것은 어휘론 연구 영역에서 중요한 부분을 차지하고 있으므로 2.2.에서도 제보된 어휘 중에서 합성어와 파생어를 살펴보았다. 이를 통해 표준어에서 볼 수 없는 단어와 접사를 얻을 수 있다.

이 글에서는 학교 문법에 따라 다음과 같이 단어의 유형을 분류하였다.[15]

15 그러므로 • 복합어를 다룰 때 '어기' 개념을 사용하지 않았다.

• **합성어**
두 개 이상의 어근으로 이루어진 단어

• **파생어**
어근에 접사가 결합하여 이루어진 단어

단어 { 단일어 / 복합어 { 합성어 / 파생어 } }

다음에 제시되는 표들은 •**합성어** · •**파생어**의 예와 그 구조의 분석을 보인 것이다.[16] 〈표 4-4〉는 합성어를 보인 것이고, 〈표 4-5〉는 파생어를 보인 것이다. 이해를 돕기 위해 각 지역어 옆에 괄호를 만들어 표준어를 병기하였다(표는 표준어를 의미함). '단어의 구조' 부분에서도 괄호 안에 표준어를 제시하였다. 이에 대한 상세한 설명은 표 아래에 제시하였다. 먼저 합성어에 대한 분석은 아래 〈표 4-4〉와 같다.

〈표 4-4〉 정선 지역어의 합성어

	지역어	단어의 구조
①	보구레 (표 쟁기)	보(쟁기) + 구레(굴레)
②	밭갈애비 (표 쟁기꾼)	밭갈(밭을 갈다)+애비(아비)
③	가달보구레 (표 극젱이)	가달(가닥) + 보구레(쟁기)
④	바우옷 (표 이끼)	바우(바위) + 옷
⑤	물청때/물청떼 (표 이끼)	물 + 청때/청떼(이끼)
⑥	통깨/통꽤 (표 자두)	통(속이 차게 자란 배추나 박 따위의 몸피) + 꽤(자두)
⑦	꿀밤 (표 도토리)	꿀 + 밤
⑧	전노리/젠노리 (표 곁두리)	전(가장자리) + 노리(놀이)
⑨	박죽 (표 주걱)	박(밥) + 죽(주걱)
⑩	벳등게 (표 왕겨)	베(벼) + 등게(등겨)
⑪	지싯물/지슬물/지실물/지숫물 (표 낙숫물)	짓을 + 물
⑫	날개틀 (표 자리틀)	날개 + 틀
⑬	드레박 (표 두레박)	드레 + 박
⑭	쌀름박/쌀러박 (표 이남박)	쌀 + 름/러 + 박

16 표에 제시된 '단어의 구조' 중 일부는 분석하는 이의 관점에 따라 달리 해석될 가능성이 있다.

위에 제시된 예시들은 모두 • 어근과 어근의 결합으로 이루어진 합성어이다. 이들 중에서 '밭갈애비', '쌀름박', '지싯물', '날개틀', '드레박'에 대해서 살펴볼 것이다.

• 어근
어형성에서 중심 의미를 나타내는 부분을 이르는 말

② '밭갈애비'는 '밭(을) 갈-'이라는 문장에 관형형어미가 결합한 관형절이 '애비'를 수식하는 통사적 구성이 어휘화한 것으로 볼 수도 있다. 그러나 '밭갈이', '밭갈이하다' 등이 표준어로 등재되어 있기 때문에, '밭갈'을 '밭갈이'의 어근으로 보고 여기에 어근 '아비'가 결합하여 '밭갈애비'가 형성된 것으로 볼 가능성도 있다.[17]

⑪ '지슬물'은 '낙숫물' 즉 '떨어지는 물'이다. 옛말에 '딯다'라는 어형이 '찧다'의 의미로 사용되었는데, 먼저 받침 'ㅎ'이 음절 말에서 'ㅅ'으로 표기되고 여기에 관형형어미가 연결되어 '디슬물'이 되었다.[18] 그리고 이후에 '디'가 구개음화하여 '지슬물'이 된 것으로 생각된다. 이 경우는 확실히 'ㄹ'이 관형형 어미로밖에는 판단되지 않으므로, 통사적 구성이 어휘화한 것으로 해석할 수 있다.[19]

⑫ '날개틀'은 '날개'와 '틀'이 결합한 말인데, '날개'가 어근으로 쓰인 이유는 '자리틀'의 모양 때문인 것으로 보인다. 자리틀은 'Y'자 모양으로 가랑이가 벌어진 두 개의 나무를 마주 세우고 그 끝에 둥근 나무를 가로질러 놓은 모양을 갖고 있다.

⑬ '드레박'은 어근 '들-(擧)'에 도구를 파생시키는 접사 '-에'가 결합하여 '드레'가 형성된 이후에 다시 어근 '박'이 결합하여 만들어진 합성어이다.

⑭ '이남박'은 쌀을 일 때 쓰는 것이므로, '쌀름박/쌀러박'이라는 형태에는 기본적으로 '쌀'과 '박'이 있을 것을 예상할 수 있다. 문제는 중간에 있는 '름/러'라는 형태이다. 조사를 통해 확인된 '름/러'의 의

17 여기서는 '밭갈이'가 '밭갈-'에 '-이'가 결합한 것으로 분석하였는데, '밭갈다'는 표준어로 등재되어 있지 않으므로, '밭갈-'을 가지고 새로운 어휘인 '밭갈애비'를 만든 것은 역형성에 의한 어형성으로 설명될 수 있다.

18 낙숫물이 위에서 아래로 떨어져 땅을 찧는다고 생각하여 '딯다'를 사용한 것으로 보인다.

19 황화상(2014)에서는 이 같은 구성에 사용되는 'ㄹ'을 통사적 접사라고 불렀다.

미와 기원에 대해서는 추후 연구가 더 필요한 것으로 판단된다.

어근과 접사로 분석할 수 있는 파생어는 다음과 같다.[20] 괄호 안에는 표준어를 제시하였다.

〈표 4-5〉 정선 지역어의 파생어

	지역어	단어의 구조
①	찍게 (표 도리깨)	찍- + -게
②	어우름 (표 두레)	어우르- + -ㅁ
③	처막 (표 토방)	처마 + -ㄱ
④	깎개 (표 가위)	깎- + -개
⑤	거시 (표 회충)	것 + -이
⑥	귀챙이 (표 귀지)	귀채(귀지) + -ㅇ이
⑦	호멩이 (표 호미)	호미 + -엥이
⑧	누룽겡이 (표 누룽지)	누룽기(누룽지) + -엥이
⑨	깔따구 (표 딸꾹질)	껄떡 + -우
⑩	뿌래기 (표 뿌리)	뿌리 + -애기
⑪	빼닫이 (표 서랍)	빼닫- + -이
⑫	태쿠다 (표 태우다)	타- + -이쿠-
⑬	참밤 (표 밤)	참- + 밤
⑭	참배 (표 배)	참- + 배
⑮	그눌 (표 그네)	그누 + -ㄹ
⑯	말루다 (표 말리다)	말- + -우-

⑫의 '태쿠다'에서는 '-이쿠-'라는 접사를 볼 수 있는데, 이는 표준어에는 없는 접사이다. '태쿠다'에 대해 표준어에는 '태우다'라는 형태가 있으며 여기서 도출되는 접사는 '-이우-'이므로, '-이쿠-'는 표준어의 '-이우-'에 대응하는 형태이다. 이와 관련하여 ⑯ '말루다'도 '말리다'의 지역어형인데, 표준어 사동 접사 '-이-'가 정선에서는 '-우-'라는 형태로 쓰임을 볼 수 있다.

⑬ · ⑭의 접두사 '참-'은 '품질이 우수한', '먹을 수 있는' 등의 의미를 더할 수 있다. 정선에서는 일반적인 '밤'과 '배'를 '참밤'과 '참배'로

20 파생어 논의에 사용된 접사 중 일부는 원훈의(1980)의 논의에서 가져온 것이다.

칭하는 것으로 보아, '참밤, 참배'의 '참-'은 '먹을 수 있는'의 의미를 더하는 것으로 보아야 한다.

원훈의(1980)에 따르면, ⑮의 '그눌'에서 접미사 '-ㄹ'을 도출할 수 있다. '볏', '비누', '그네'에 접사 '-ㄹ'이 결합함으로써 '벼슬', '비눌', '그늘(그눌)'이 형성된 것으로 보면 접미사 '-ㄹ'을 추출할 수 있을 것으로 보인다. '그네'에 '-ㄹ'이 결합할 때 '*그넬'이 되지 않고 '그눌/그늘'이 되는 것이 특이하나, 여기서는 '-ㄹ'이 접사라는 사실에 주목할 수 있다.

지금까지의 단어 분석을 보면, 표준어와 다른 어형 '보'(쟁기), '가달'(가닥), '바우'(바위), '청때/청떼'(이끼), '죽'(주걱) 등과, 표준어에서 볼 수 없는 파생 접사 '-ㄱ, -앵이/ㅇ이, -우, -애기, -ㄹ' 등을 얻을 수 있었다. 지역어가 국어 형태부의 단어와 접사 목록 확대에 기여함을 알 수 있다.

3. 정선 지역어 어휘의 변화 양상

이 장에서는 1990 · 91년 조사 이후 정선 지역의 어휘가 어떻게 변화해 왔는지, 그리고 앞으로 어떻게 변화해 갈 것인지를 서술할 것이다. 2절이 공시적인 측면에 주목한 것이었다면, 3절은 통시적 측면에 주목한 것이다.

변화의 양상을 서술하기 위해서 '지속형 · 점멸형 · 소멸형'이라는 새로운 용어를 도입하였다. 이 같은 용어의 사용은 2013년 조사[21]의 질문의 방식과 밀접한 관련을 갖는다. 〈고려대2013〉에서는 질문에 대한 대답이 한 번에 나오지 않을 경우를 대비하여 질문의 수준을 단계적으로 구분하였다(이 책의 제2장 참고). 이에 따라 도출된 어형을 질문과 관련하여 유형을 나누어 보면 다음과 같다.

21 이후에는 고려대학교에서 행한 2013년 조사를 〈고려대2013〉이라고 칭할 것이다.

(1) 제보된 어형의 유형

첫째, 질문지에 제시된 질문을 통해서 바로 지역어를 획득한 경우

둘째, 위의 방법으로 지역어가 나오지 않아 '다른 표현은 없으십니까?' 등과 같은 질문을 통해 지역어를 획득한 경우

셋째, 위의 두 가지 방법으로도 지역어가 나오지 않아, '옛날 분들은 어떻게 말씀하셨습니까?'와 같은 질문을 통해 지역어를 획득한 경우

넷째, 1990・91년 조사된 지역어를 직접 제시하여 지역어를 획득한 경우

다섯째, 위의 방식을 모두 동원하였지만 지역어를 획득하지 못한 경우

위 질문을 바탕으로 획득된 어형을 지속형・점멸형・소멸형으로 분류할 수 있다. '지속형'은 '지금 활발히 사용되고 있으면서, 예전(1990・91년 조사에서 도출된 어형)과 동일한 어형'을 의미한다. 첫째 질문으로 도출된 어형을 1990・91년 어형과 비교했을 때 동일하다면 지속형으로 분류된다. 둘째 질문은 문제의 어형을 바로 얻지는 못하였지만, 어떻든 제보자가 '자신이 현재 사용하고 있는 말' 중에서 해당되는 어형을 제시한 경우이므로, 이 경우도 1990・91년 어형과 비교해 형태가 동일하면 '지속형'으로 분류될 수 있다.

그러나 셋째・넷째 질문으로 도출된 어형은 질문을 통해 옛날에 사용되었던 어형임이 입증되므로, 현재 활발히 사용된다고 볼 수 없다. 그러나 옛날에 사용했던 어형이라고 하더라도 해당 어형이 완전히 소멸된 것으로 볼 수는 없다. 왜냐하면 문제의 어형이 옛말이기는 하지만 정선 사람들의 의식 속에 남아 있는 어형이기 때문이다.[22] 게다가 조사 결과, 특정 지역에서는 셋째・넷째 질문을 통해 도출된 어형을, 2013년 당시에 사용하는 어형과 의미를 변별해서 사용하고 있기도 하였다.(낙동리 '자두', '꽤/꼬야[23]) 이러한 예는 특이하지만,

---

22 만약 완전히 소멸된 어형이면 전혀 도출이 되지 않는다고 보아야 한다.

23 〈표 4-2〉의 ⑧을 참고.

옛말을 '지금의 말'과 변별해서 사용하고 있다는 사실은, 아직 해당 어형이 소멸되지 않은 것으로 판단할 만한 근거가 된다고 생각한다. 따라서 셋째 · 넷째 방식으로 도출된 어형은 '점멸형'으로 분류된다. 여기서 염두에 둘 것은, 점멸형으로 판단된 어형이 1990 · 91년 어형과 동일하다고 하더라도 지속형이 될 수는 없다는 것이다. 왜냐하면 지속형은 '활발히 사용되는 어형 중에서' 1990 · 91년 어형과 동일한 것들을 대상으로 하기 때문이다. 다섯째의 경우는 '소멸형'으로 분류된다. 지금까지의 내용을 표로 간단히 보이면 다음과 같다.

〈표 4-6〉 질문 유형에 따른 '지속형 · 점멸형 · 소멸형'

	질문 유형	설명
지속형	첫째, 둘째	현재[24] 활발히 사용하고 있으면서 예전[25]과 어형이 동일한 경우
점멸형	셋째, 넷째	현재 활발히 사용하지는 않지만 예전에 사용했던 말로 기억하는 경우
소멸형	다섯째	현재 사용되지도 않고 예전에 사용했던 사실도 기억하지 못하는 경우

이 같은 분류는 정선 지역어의 변화 양상을 살피는 데에 유용하게 활용될 수 있다. 이제부터는 '지속형 · 점멸형 · 소멸형'을 바탕으로 하여 표준어의 확산을 더불어 논하고, 정선 지역의 어휘가 어떻게 분화하였는지를 김유범(1991)과 비교하여 언어 지도로 제시할 것이다.

3.1. 지속형 · 점멸형 · 소멸형

3.1.에서는 1990 · 91년 조사 결과를 바탕으로 어휘의 전반적인 변화 양상을 제시하려고 한다. 이 과정에서 '지속형 · 점멸형 · 소멸

24 2013년 조사 당시를 의미한다.
25 1990 · 91년 조사 당시를 의미한다.

형'이라는 용어를 사용할 것이다.

[1] 지속형

첫째 · 둘째 질문을 통해 도출된 어형들을 1990 · 91년 조사와 비교해 볼 것이다. 먼저 지역별로 첫째 · 둘째 질문을 통해 도출된 어휘의 개수를 보이면 <표 4-7>과 같다. 즉, <표 4-7>은 지속형의 개수를 보여 준다.

<표 4-7> 첫째 · 둘째 질문을 통해 도출된 어휘의 개수

조사 지역	개수	조사 지역	개수
가수리	197	용탄리	200
낙동리	211	유천리	199
낙천리	209	유평리	189
사북리	36	예미리	206
숙암리	201	직전리	164
화암리	194	-	-

비교 결과 거의 1990 · 91년 조사 때의 어형과 동일한 모습을 보여 주고 있었다. 따라서 이들은 지속형으로 분류된다.[26] 지속형이 이렇게 많은 이유는 정선 지역의 생활패턴이 큰 변화를 겪지 않았기 때문으로 생각된다. 이들은 예로부터 계속 농사를 지어왔기 때문에 농경과 관련된 어휘에 큰 변화가 일어나지 않았으며, 농경과 관련되지 않는 어휘라고 하더라도 조사 대상 어휘는 대부분 일상생활에서 많이 사용되는 어휘이기 때문에 1990 · 91년 어형과 비교했을 때 큰 변화가 없었던 것으로 보인다.

지속형 중에서 옛말과 동일한 어형을 간직하고 있는 어휘들도 있다. 이들은 개수가 많지 않으므로 전부 제시하여 설명할 수 있다. 어휘에는 문화가 담겨 있기 때문에 이들이 옛말의 형태를 보존하고

26 개수가 너무 많아서 여기에 지역별 어형들을 전부 제시하지는 않았다.

있다는 것은 정선 지역이 위의 말과 관련된 문화를 오래전부터 보존해 왔다는 것을 알려주는 것이다.

다음 〈표 4-8〉의 지역어는 옛 문헌에서의 형태와 관련해 설명될 수 있는 것들인데, 이들은 정선 지역이 다음의 어휘에 담겨 있는 문화를 이어 왔음을 알려 준다. 지역어를 제시할 때에는 〈표 4-4, 4-5〉에서와 같이 괄호 안에 표준어를 제시하였다.

〈표 4-8〉 옛 문헌에서의 쓰임

	지역어	옛 문헌에서의 쓰임
①	호박 (㊣ 확)	臼 호왁 구 (訓蒙字會 6b) 호왁 구 臼[27] (類合 17a) 호박 春臼 (國韓會語 358)
②	아리쇠 (㊣ 삼발이)	블근 칠 ᄒᆞᆫ 져 아리쇠 (飜譯老乞大 下, 32b) 鍋撑子 아리쇠 (蒙喩篇 10a)
③	개똥벌기/개똥벌게 (㊣ 개똥벌레)	아릐 양으로 다시 가얌벌게과 모기 등의 되요매 (禪家龜鑑諺解 60a) 蠋[28] 벌기 쵹 (歷代千字文 9a)
④	입술ㄱ (㊣ 입술)	입시울기 븕고 아릐 입시올이(馬經抄集諺解 上 31a)
⑤	물갈낭기 (㊣ 떡갈나무)	이 東山ᄋᆞᆫ 남기 됴ᄒᆞᆯ씨 노니논 ᄯᅡ히라 (釋譜詳節 6:24a)
⑥	드레박 (㊣ 두레박)	죠고맛간 드레바가 네 마리라 호리라 더러둥셩 다리러디러 다리러디러 다로러거디러(樂章歌詞 上 7b)

① '호박'은 '호왁'을 거치면서 지금의 '확'이 된 것이다. 'ㅂ'이 'w'로 바로 변화할 수 없기 때문에 변화 과정을 설명하기 위해서는 'ㅸ'을 상정해야 한다. 'ㅸ'은 'ㅏ' 앞에서 'w'로 변화하므로 변화를 적절히 설명할 수 있다. 즉, 우리는 '호박'을 통해 '호ᄫᅡᆨ'이라는 어형이 있었음을 재구해 볼 수 있다.

2013년 조사에서 '똬리'는 '또바리'의 형태로 도출되었는데, '또바리'도 '또ᄫᅡ리'의 어형을 가정해 볼 수 있다.[29] '또ᄫᅡ리'가 '똬리'로 변

27 '臼'(구)는 '절구 / 확'을 의미하는 한자이다.
28 '蠋'(촉)은 '나비 애벌레'를 의미하는 한자이다.
29 이를 〈표 4-8〉에 제시하지 않은 것은 문헌에서의 쓰임을 발견하지 못했기 때문이다.

• 곡용
체언의 격 변화를 이르는 말

화하기 위해서는 'ㅂ'이 'w'로 바뀌어야 하기 때문이다.

중세국어의 체언 중에서 자음으로 시작하는 조사 앞에서는 'ㄱ'이 나타나지 않는데 모음으로 시작하는 조사 앞에서 'ㄱ'이 나타나는 부류가 있다. 이들을 보통 'ㄱ' •곡용어라 한다. 〈표 4-8〉에서 모음이 연결될 때 'ㄱ'이 나타나는 어휘는 ④의 '입술ㄱ'과 ⑤의 '낭ㄱ'이다.[30] 이 중에서 ⑤의 '낭ㄱ'은 중세국어의 '나모~남ㄱ' 교체와 유사하므로 'ㄱ' 곡용어라 할 수 있다. 그러나 ④의 '입술ㄱ'은 단순히 '입술~입술ㄱ'과 같은 교체를 보이므로 일반적인 'ㄱ' 곡용어와는 양상이 다르다. 이를 'ㄱ' 보유 체언으로 부를 수 있을 것이다.[31]

[2] 점멸형과 소멸형

조사 대상 어휘 중에서 지속형의 개수가 많기 때문에, 점멸형과 소멸형의 개수는 적어질 수밖에 없다. 점멸형은, 질문자가 직접 옛날 사람들은 어떤 어형을 썼는지를 물어서 도출한 것도 있지만,[32] 제보자가 답변 과정에서 스스로 '옛날 사람들은 어떤 어형을 썼는데, 지금은 그것을 쓰지 않는다'는 식으로 밝혀준 경우도 있었다.

그런데 특정 어형을 옛말로 인식하는 정도가 지역에 따라 다르게 나타났다는 것이 문제가 된다. 이를테면, 어떤 지역에서는 A라는 어형을 옛말로 인식하고 있으나, 다른 지역에서는 A라는 어형을 지금도 여전히 사용되는 것으로 인식하는 경우가 있다. 모든 지역에서 특정 어형을 옛말로 인식한다는 답변이 나오면 쉽게 '점멸형'으로 판단이 가능하나, 2013년 조사에서 이런 경우는 확인되지 않았다.

이 글에서는 일부 지역에서만 옛말로 인식한다는 답변이 나와도

30 실제로 2013년 당시 제보자들은 '입술기~', '낭그로~', '낭글~'과 같은 식으로 발화하였었다.

31 이들 외에 '가을ㄱ'(秋)과 '겨울ㄱ'(겨울 冬), '지붕ㄱ'의 예도 있었다. 이들도 문헌에서의 쓰임을 발견하지는 못하였지만, 제보자들의 '가을게~', '겨울기면', '지붕기~' 등의 발화로부터 'ㄱ' 보유 체언임을 알 수 있다.

32 (1)의 셋째 · 넷째 질문이 여기에 해당된다.

점멸형으로 판단하였다. 언어 변화의 속도는 지역에 따라 다르며, 특정 지역에서 옛말로 인식되어 잘 사용되지 않는다면 인접한 다른 지역에서도 점차 그와 같은 현상이 나타나게 될 가능성이 크다고 보기 때문이다. 다만 한 지역의 한 제보자만 옛말로 인식하는 경우는 개인의 판단에 따른 것일 수도 있다고 생각되므로, 적어도 두 지역 이상에서 옛말로 인식하면 점멸형으로 판단하였다. 두 지역 이상에서 옛말로 인식되어 점멸형으로 판단된 어휘는 〈표 4-9〉와 같다. 상세한 설명은 표 아래에 제시하였다.

〈표 4-9〉 정선 지역어의 점멸형

지역어	옛말로 인식되는 지역
① 부루/불기 (표 상추)	낙천리 · 예미리 · 사북리
② 꽤/꼬야 (표 자두)	낙천리 · 유천리 · 낙동리
③ 딸 (표 딸기)	유평리 · 낙동리
④ 꿀밤/밤 (표 도토리)	낙천리 · 유천리 · 유평리 · 숙암리
⑤ 실광 (표 선반)	낙천리 · 숙암리
⑥ 날개틀 (표 자리틀)	직전리 · 낙천리
⑦ 색경 (표 거울)	낙천리 · 유천리 · 유평리 · 화암리 · 가수리 · 낙동리
⑧ 홍수 (표 홍수)	직전리 · 낙천리 · 유천리 · 용탄리[33]
⑨ 소금젱이 (표 잠자리)[34]	낙천리 · 예미리 · 가수리
⑩ 자부름 (표 졸음)	낙천리 · 예미리
⑪ 햇애기 (표 갓난아기)	직전리 · 예미리
⑫ 춘천 (표 그네)	낙천리 · 가수리
⑬ 성/형 (표 언니)	낙천리 · 예미리 · 가수리 · 숙암리 · 낙동리

〈표 4-9〉에서는 각 지역어마다 옛말로 인식되는 지역이 두 곳 이상 나타남을 볼 수 있으므로, 이들은 모두 점멸형에 속한다. 여기서 특이하다고 생각되는 예는 '홍수'이다. 지역어형과 표준어형이 동일함에도 불구하고 옛말로 인식되고 있기 때문이다. 그런데 '홍수'는

33 '용탄리(제보자1), 숙암리(제보자1) · 가수리(제보자3)'에서는 어떤 어형도 도출되지 않았다.

34 '잠자리'의 지역어인 '소금젱이'는 '직전리(제보자4)'에서는 아무런 어형을 얻지 못하였다. 이 제보자에 따르면 '소멸형'이 된다.

본래 표준어로 사용되고 있는 어형이기 때문에, 점멸형에 속한다고 말하기 어려울 것 같다. 따라서 이 글에서는 '홍수'를 제외한 12개의 어형을 점멸형으로 보았다.

위의 어형이 '점멸형'이 된 이유는 몇 가지로 나누어 살펴볼 수 있다. 첫째, 생활의 변경이다. '자리틀'의 지역어형인 '날개틀'은 별로 사용될 일이 없기 때문에 소멸된 것으로 볼 수 있다. 둘째, 농산물의 교류이다. 정선은 농경생활이 주가 되는 지역이므로 농산물을 통해 외부인들과 교류할 것이다. 이때 많이 거래되는 농산물을 지칭하는 어휘는 외부인들과의 교류 과정에서 점차 표준어화 될 것이다. 위의 예시들에서는 '부루/불기', '꽤/꼬야', '딸', '꿀밤/밤'이 여기에 해당한다. 셋째, 단순한 지역 간 교류의 증가이다. 반드시 농산물을 거래하기 위한 목적이 아니라 하더라도 교통의 발달로 교류가 증가할 텐데, 이에 따라 표준어가 유입되어 지역어형이 사라지게 될 수 있다. 위의 예시에서는 '실광', '색경', '소금쟁이', '자부름', '햇언나', '춘천', '성/형' 등이 이에 해당한다고 하겠다.

점멸형을 판단하는 과정에서, 점멸형이 낙천리와 유천리에서 많이 발견된다는 것을 알게 되었다. 여기에 적지는 않았지만, 낙천리 혹은 유천리 어느 한 곳에서만 옛말로 인식되는 말도 있었다. 두 개 이상의 지역에 나타나지 않았기 때문에 이들을 점멸형으로 판단하지는 못했지만, 이런 예들까지 합하면 낙천리나 유천리에서 옛말로 인식되는 지역어가 더 많이 나오게 된다. 원인이 무엇인지 명확하게 밝히기는 어렵겠지만, 다른 지역보다 이들 지역에서 지역어의 소멸이 좀 더 빠르게 진행된다고 볼 수 있다.

다음으로는 소멸형에 대해 살펴볼 것이다. 앞서 (1)의 다섯째 경우는 소멸형으로 볼 수 있다고 하였다. 그러나 지역마다 소멸된 어형으로 판단한 것이 일치하지 않고, 모든 지역에서 소멸되었다고 판단한 어형도 존재하지 않았다. 그러므로 정선 지역 전체를 두고 특정 어형이 완전히 소멸된 경우는 없다고 할 수 있다. 하지만 다음의 두 경우는 문제의 어형이 유지된 지역이 거의 없는 경우로, 이런 정도면 점멸의 단계를 지났다고 판단해도 될 것이다.

① '극젱이'에 해당되는 지역어 '흙젱이'는 낙천리와 유천리에서만 사용되며 나머지 지역은 '보구레'를 사용하였고 '흙젱이'가 옛말이라는 인식조차 찾아볼 수 없다. 따라서 '흙젱이'는 소멸형일 가능성이 크다.

② '탯상'은 1990・91년 조사에서는 화암리를 제외한 전 지역에 나타났었는데 이번 조사에서는 낙천리에서만 나타났으며, 낙천리도 제보자 두 명 중에서 한 명만 '탯상'을 제시하였고, 나머지 한 명은 어떠한 어형도 제시하지 못했다. 따라서 '탯상'은 거의 소멸한 것으로 보아도 무방할 것이다.

지금까지 점멸형과 소멸형을 제시하였다. '[1]지속형'에서 옛말의 형태를 그대로 유지하고 있는 어휘를 보았지만, 모든 어휘가 오랜 시간 동안 형태나 의미의 일관성을 유지하는 것은 아니다. 대부분의 어휘는 시간이 지남에 따라 변화해 간다.

이렇듯 어휘의 변화는 순리라 하겠지만, 정선에서의 어휘의 변화는 단지 언어 내적인 이유 때문만은 아닌 듯하다. 정선이 전통을 간직한 지역이기는 하지만 표준어가 계속 유입되고 있을 것이라고 추측하는 것은 어렵지 않은데, 이런 데서도 어휘 변화의 원인을 찾을 수 있을 것이다.[35] 정선에 표준어가 유입되는 이유는 교통・통신수단의 발달에 있을 것이다. 교통・통신수단이 발달하면 방언권을 구획하기 어려워지게 될 뿐만 아니라(3.2. 참조), 지역어가 사라지고 표준어가 증가한다. 2013년 조사에서도 아래 표에서 볼 수 있는 것처럼 조사 대상 어휘 중에서 표준어와 동일한 어형의 개수가 상당히 많이 발견된다.

---

35 그밖에 특정 지역어가 가리키는 대상 자체가 사라졌기 때문에 지역어가 변화할 수도 있다.

〈표 4-10〉 표준어와 동일한 어형의 개수

조사 지역	개수	조사 지역	개수
가수리	121	용탄리	106
낙동리	149	유천리	122
낙천리	159	유평리	144
사북리	23	예미리	146
숙암리	122	직전리	129
화암리	113	-	

1990 · 91년 조사 이후로 20년이 넘게 지났고, 이 사이에 교통수단이 괄목할 정도로 발달하여 다른 지역과의 소통이 용이해졌다. 교통이 덜 발달되어 있던 옛날에는 부모 · 자식이 한 지역에서 평생을 사는 것이 일반적이었겠지만, 요즘에는 농촌에서 평생을 보내는 사람들이 많지 않다. 요즘 세대들은 도시에서 생활하는 경우가 많으며, 이들을 자녀로 둔 부모는 도시의 언어를 쉽게 접할 수 있게 되었다.[36] 이런 상황에서 농촌의 언어는 쉽게 변화하게 된다. 그리고 통신수단이 발달하여 다른 지역 사람들과의 원거리 소통이 원활해졌고, TV · 컴퓨터와 같은 매체의 발달로 인해 표준어와 접촉할 기회가 많아졌다. 이 같은 경향은 앞으로 정선에서 표준어를 증가시킬 것이다.

3.2. 어휘의 분화 양상

언어지도는 어형의 지리적인 분포를 보여주는 지도이다. 언어지도는 크게 진열지도와 해석지도로 나뉜다.[37] 진열지도는 각 지역에 해당 방언형을 기재하는 방식으로 만들어진 지도로, 음성기호 · 도형 · 색 · 점 · 선 등을 사용하여 표시할 수 있다. 이들 중 도형을 이용하는 방식이 많이 사용되므로 이 글에서도 도형을 이용해 언어지

36 실제로 낙천리의 한 제보자는 자녀 5명이 모두 수도권에서 생활하고 있다고 하였다.

37 언어지도에 대한 설명은 이익섭(2006)을 참고하였다.

도를 만들어 보았다. 도형을 사용할 때에는 언어적으로 서로 유사하면 모양도 유사하게 하는 것이 좋다. 그러나 이 글에서는 비교를 용이하게 하기 위해 김유범(1991)에서 사용한 도형을 되도록 그대로 사용하였다.

해석지도란 진열지도를 바탕으로 하여 동일한 방언형을 지닌 지역을 묶어서 표시한 지도이다. 따라서 해석지도는 각 지역마다 기호로 지역어형을 표시하는 진열지도에 비해서 동일한 방언형을 사용하는 지역을 한 눈에 파악하기가 용이하다는 장점이 있다. 대신 구획을 나눌 때 모든 지역을 샅샅이 조사해서 나눈 것은 아니기 때문에 지도에 표시된 분계선이 실제 분계선과 정확히 일치하지 않는다고 할 수 있으며, 미조사 지역에 대해서는 어떤 어형을 사용할 것이라는 해석을 전제하게 된다. 김유범(1991:18)에 제시된 〈그림 4-1〉은 지도상에 분계선을 표시하지는 않았지만, 지역을 나누었기 때문에 해석지도로 볼 수 있다.

이 글에서는 지도에 도형을 사용하여 방언형을 기입할 것이며, 김유범(1991:16-18)에 제시된 어형들이 2013년에는 어떻게 분포하는지를 비교함으로써 정선 지역의 방언권 구획이 어떻게 변화하였는지를 살펴볼 것이다.

김유범(1991:16-18)에서는 '씨(쓰)레기-건추', '저글패-그글패', '우물(움물)-웅굴(움굴)', '벳등게(기)-왕게'의 대립을 통해 정선군의 언어 분화의 모습을 다음과 같이 나눈 바 있다.

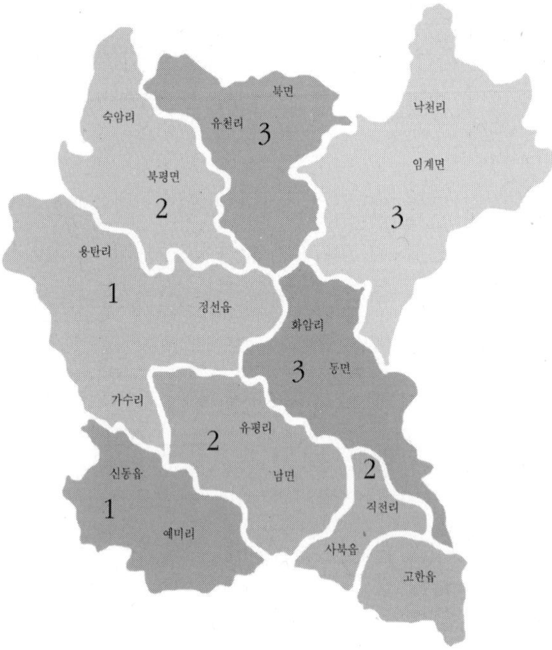

1…제1지역 (정선읍, 신동읍)
2…제2지역 (북평면, 남면, 사북읍)
3…제3지역 (북면, 임계면, 동면)

〈그림 4-1〉 정선군의 언어 분화(김유범 1991:18)

위의 그림을 통해 구획의 설정에서 공간의 인접이 중요하게 작용하였을 것임을 짐작할 수 있다. 그러나 앞으로의 검토를 통해 이제는 지리적 인접이 더 이상 방언권 구획에서 중요한 요인으로 작용하지 않음을 볼 수 있을 것이다. 정선군의 언어 분화 양상이 어떻게 바뀌었는지를 알아보기 위해 김유범(1991)에서 검토한 것과 동일한 어형을 대상으로 분석해 보았다. 구체적인 비교 양상은 다음을 통해 확인할 수 있다.

[1] 건추-씨래기/쓰래기

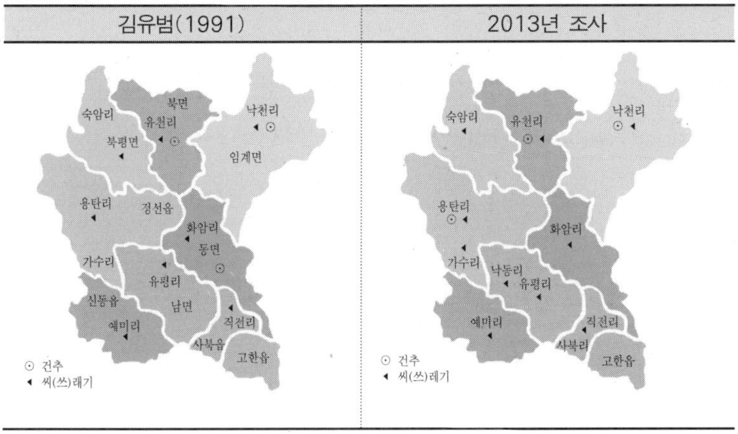

〈그림 4-2〉 '건추-씨래기/쓰레기' 비교

김유범(1991)을 보면 '건추' 어형이 나타나는 '낙천리, 유천리, 화암리'와 '건추'가 나타나지 않는 기타의 지역이 구분되어 있음을 볼 수 있다. 그러나 2013 조사에서는 '용탄리'에서도 '건추'가 나타나고 '화암리'에서는 '건추'가 나타나지 않아서 김유범(1991)에서의 결과와 다르다.

[2] 그글패-저글패

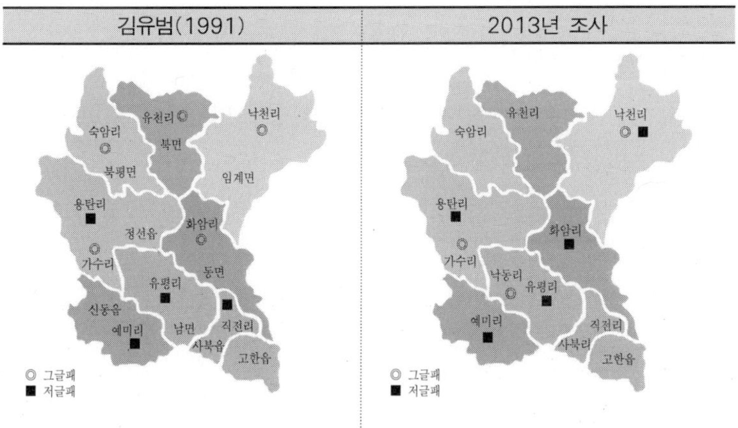

〈그림 4-3〉 '그글패-저글패' 비교[38]

김유범(1991)에서는 '저글패'라는 어형을 지니고 있는 '예미리, 유평리'와 '그글패'라는 어형을 지닌 '화암리'가 다르게 구획되었지만, 2013년 조사에서는 '예미리, 유평리, 화암리'가 동일한 어형을 공유한다. 그리고 김유범(1991)에서는 서로 다른 어형을 지니고 있어서 다르게 구획되었던, 멀리 떨어져 있는 '낙천리, 예미리'가 2013년에는 동일한 어형을 공유하고 있다는 점도 주목해 볼 수 있다.

[3] 우물(움물)-웅굴(움굴)-드레박물(뜨레물, 드릿물)

김유범(1991)	2013년 조사

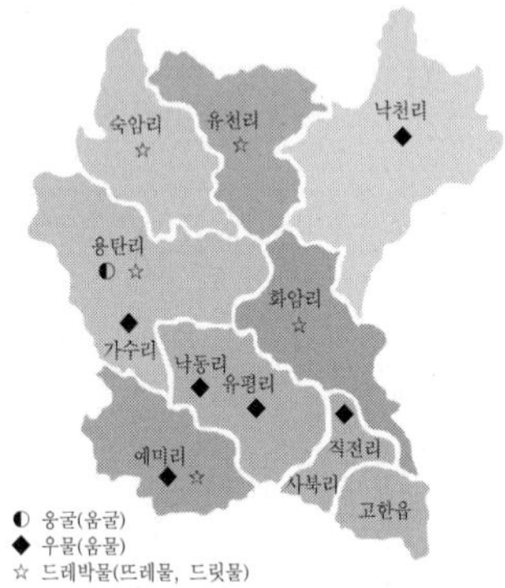

〈그림 4-4〉 '우물(움물)-웅굴(움굴)-드레박물(뜨레물, 드릿물)' 비교

'숙암리와 화암리', '낙천리와 예미리'는 김유범(1991)에서 볼 수 있듯이 서로 다른 어형을 가졌기 때문에 서로 다르게 구획되었었다. 그러나 2013년 조사에서 '숙암리, 화암리'가 동일한 어형을 공유하고 있고, '낙천리, 예미리' 또한 동일한 어형을 공유하고 있음을 볼 수 있다.

38 2013년 조사에서 유천리는 어형이 도출되지 않았고, 숙암리는 '글패'로 도출되었다.

[4] 왕게(왕제)-벳등게(벳등기)

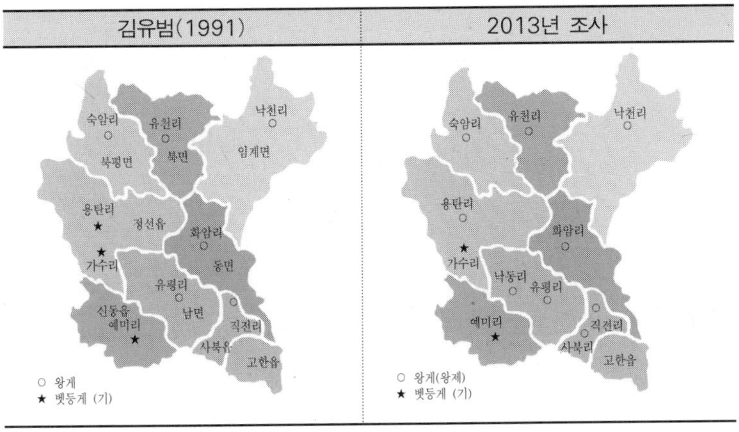

〈그림 4-5〉 '왕게-벳등게(벳등기)' 비교

'왕게-벳등기'는 1990 · 91년 조사와 2013년 조사 사이에 큰 차이가 없다.[39] '용탄리'에서 '벳등기'가 '왕게'로 바뀌었을 뿐이다.

그리고 이 글에서는 다음의 예시를 추가하였다.

[5] 잠자리-소금젱이

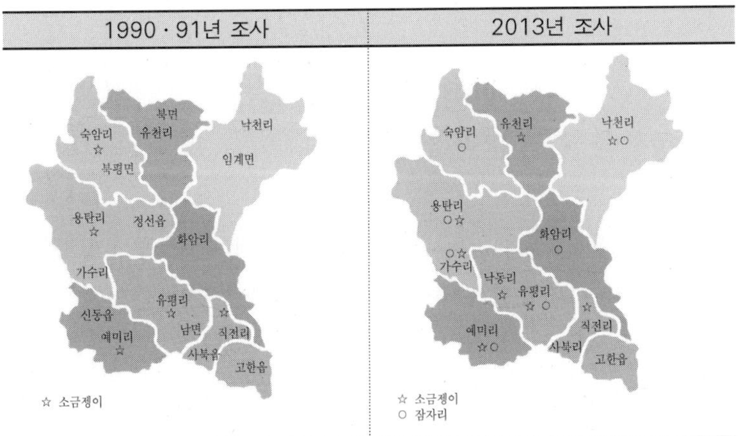

〈그림 4-6〉 '잠자리-소금젱이' 비교

39 2013년 조사에서 '게'나 '제'라는 형태도 나타났는데 이는 각각 '왕게 · 왕제'에 속하는 것으로 보고 기술하였다. '게 · 제'에 해당하는 1990 · 91년 어형은 '왕겨' 혹은 '왕게'였기 때문이다.

1990 · 91년 조사에서는 '낙천리, 유천리, 화암리, 가수리'는 조사되지 않았고, '숙암리, 용탄리, 예미리, 유평리, 직전리'는 '소금쟁이'로 도출되었다. 하지만 2013년 조사에서는 '숙암리, 용탄리, 예미리, 유평리'에서 모두 표준어형 '잠자리'가 도출되었다. 표준어의 확산을 엿볼 수 있다. 그리고 김유범(1991)에서 구분되었던 '낙천리, 예미리'가 동일한 어형을 갖고 있다는 점도 주목해 볼 수 있다.

[1]부터 [5]까지의 그림을 보면, 김유범(1991:18)에서와 같은 구획 설정이 유지되지 않고 있음을 볼 수 있다. 김유범(1991:16-17)에 제시된 지도에서는 서로 멀리 떨어진 지역인 '낙천리'와 '예미리'가 서로 다른 언어권으로 구분되기에 충분한 양상을 보이지만, 2013년 조사에서는 동일한 어형으로 나타남을 알 수 있다. 그리고 김유범(1991)에서 영서 방언의 특징을 많이 보인다는 용탄리와 예미리도 다른 지역과 비슷한 모습을 보이고 있다. 이 같은 현상이 발생한 원인은 앞서 지적했듯이 교통 · 통신수단의 발달로 인한 교류의 증가 때문일 것이다. 정선 지역은 내부적으로 점차 어형이 뒤섞이면서 언어적으로 유사한 모습을 보이게 되었고, 이에 따라 방언권을 구획할 수 없게 되었다고 결론 내릴 수 있다.

4. 정선을 간직할 어휘

이 글에서는 정선의 어휘에 관해 다루었는데, 먼저 공시적 측면에서 어휘의 의미적 특징과 형태적 특징에 대해 살폈다. '의미적 특징'에서는 표준어의 의미와 비교해 특이하다고 여겨지는 어휘들을 대상으로 논하였으며, '형태적 특징'에서는 합성이나 파생과 관련하여 주목해 볼 만한 내적 구조를 지닌 어휘를 대상으로 논하였다.

또한 통시적 측면에서 어휘의 변화 양상에 대해서도 살펴보았다. 어휘의 변화는 지속형 · 점멸형 · 소멸형이라는 용어를 도입하여 설명하였으며, 1990 · 91년 조사 때와 비교하여 2013년 정선 지역의 방언권이 어떤 식으로 구획될 수 있는지를 살피기 위해 김유범(1991)에 제시된 어휘를 대상으로 언어지도를 비교하여 제시하였다.

최근에는 표준어의 확산으로 의미적 · 형태적 · 역사적 측면에서 큰 가치를 갖고 있는 정선 지역어가 점차 사라지고 있다. 지역어형의 소멸은 지역어형에 담겨 있는 문화마저 소멸시킬 것이다. 이 연구가 정선 지역어와 정선의 문화를 보존하는 데 기여할 수 있기를 희망한다.

제5장

정선 지역어의 문장

오민석

1. '-래요'만 넣으면 정선 지역어의 문장?

이장: 아 거기 영순이 엄마… 조용히 좀 하래요… 에… 다들 오셨드래요?
노인: 최씨만 빼고 다 왔어.
이장: 그 영감님 내가 꼭 오시라구 했는데도 안 오시네 참나…
노인: 내 얼릉 댕겨오까?
이장: 됐어요… 오래두 안 올 양반이래요. 에… 오늘 이렇게 다들 모이시라고 한 건 다릉 게 아니라… 우리 산내분교에 선상님이 새로 오셨드래요. 에… 그래서 그 선상님을 환영하는 뜻에서 이렇게 잔치를 열었습니다. 에… 산내분교 역사상 가장 젊으신 선상님이 아닌가 생각됩니다. 그라문… 선상님의 인사말이 있겠습니다. (봉두에게) 자… 나오시래요…

위의 대화는 정선 지역을 배경으로 한 영화 『선생 김봉두』의 한 장면이다. 이 대화에서는 정선 지역어의 분위기를 느낄 수 있는 문장들이 쓰이고 있음을 확인할 수 있다. 먼저 '얼릉(얼른), 댕겨오-(다녀오-), 선상님(선생님), 그라문(그러면)' 등과 같은 어휘들이 눈에 띈다. 그런데 문장들을 찬찬히 살펴보면 이러한 어휘들뿐만이 아니

• **문법적인 관계**
문법적인 관계란 말과 말 사이의 형식적인 관계를 말한다. 문법적인 관계는 주로 말과 말 사이의 관계나 기능을 표시하는 문법형태소(=형식형태소)에 의해서 이루어지며 문법형태소는 구체적인 대상이나 동작, 상태와 같은 어휘적 의미를 표시하는 어휘형태소(=실질형태소)에 붙어서 나타난다.

• **문장성분**
문장성분은 다시 필수 성분, 부속 성분, 독립 성분으로 하위 구별된다. 필수 성분은 주어, 서술어, 목적어, 보어 등과 같이 문장에서 필수적으로 필요한 주성분을 가리키고, 부속 성분은 관형어, 부사어 등과 같이 체언이나 용언을 수식하는 임의적인 성분을 가리키며, 독립성분은 문장 구성과는 직접적인 관련이 없는 독립어를 가리킨다. 이중 필수 성분이나 부속 성분은 단독으로 쓰이기도 하지만 조사나 어미와 같은 문법형태소가 결합되어 문장성분을 이루기도 한다. 특히 구어에서는 조사가 자주 생략되고 그 대신 어순을 통해서 이러한 문장성분이 파악되기도 한다.

• **문장**
문장이란 생각이나 감정을 말과 글로 표현할 때 완결된 내용을 나타내는 최소의 단위이다. 주어와 서술어를 갖추고 있는 것이 원칙이나 때로 이런 것이 생략될 수도 있다. 글의 경우, 문장의 끝에 '.', '?', '!' 따위의 마침표를 찍는다. '철수는 몇 살이니?', '세 살.', '정말?' 따위이다.

라 문장이 끝날 때마다 '조용히 좀 하래요, 오셨드래요, 양반이래요, 나오시래요' 등과 같이 반복되어 사용되고 있는 '-래요'를 통해서도 지역어의 맛깔스런 분위기를 느낄 수 있다.

이처럼 정선 지역어의 고유한 특징은 어휘를 통해서만 드러나는 것은 아니다. 어휘와 어휘를 연결하여 그들 간의 • 문법적인 관계를 드러내 주는 조사나 어미를 통해서도 정선 지역어의 고유한 특징은 드러난다. 그런데 이러한 문법형식들은 어휘와는 달리 홀로 독립해서 쓰일 수 없고, 언제나 어휘에 결합하여 나타난다. 이처럼 어휘에 문법적인 기능이 더해진 단위를 • 문장성분이라고 하고, 여러 개의 문장성분들이 • 문장이라는 더 큰 언어적 단위를 구성한다. 그러므로 우리는 문장을 통해서 단순히 사물이나 동작, 상태의 어휘적인 개념만을 파악하는 것이 아니라 문법적인 관계는 물론이거니와 화자의 심리적인 태도와 상황의 시간적인 개념까지도 문장을 통해서 담아낼 수 있다.

우리는 이미 앞에서 정선 지역어의 말소리와 어휘에 대해서 살펴보았다. 이번에는 말소리와 어휘가 어우러진 문장을 통해서 정선 지역어의 말맛을 느껴보자. 그런데 실제 정선 지역어는 특이한 문법형식으로 '-래요'만 있는 것일까?

이 글에서 제시하는 문장은 우리가 조사하고 채록한 1990 · 91년의 문장들과 그 후 20여 년이 지나 채록한 2013년의 문장들이다. 우리는 이 자료들을 토대로 정선 지역어에서 나타나는 문장의 특징을 조사와 어미를 중심으로 정리하고 그 동안의 변화를 가늠해 볼 것이다. 특히 예문의 제시는 조사나 어미만을 단순히 소개하는 것이 아니라 정선 지역어의 문장 속에서 찾을 수 있도록 많은 문장들을 제시하였다. 그렇기 때문에 제시한 문장들을 먼저 읽어보고 표준어와는 다른 특이한 점이 있는지를 짐작해본 뒤에 그 아래에 제시한 문장의 맥락과 문법형태소에 대한 설명을 읽는 것을 권한다.

2. 정선 지역어 문장의 특징

2.1. 정선 지역어의 문장과 조사

• 조사란 체언에 붙어 그 말과 다른 말의 문법적인 관계를 나타내거나 특별한 뜻을 더해주는 품사를 가리킨다. 대개 체언의 뒤에 오지만 용언이나 부사, 어말 어미의 뒤에 오기도 한다. 조사는 다시 문법적인 자격을 부여해주는 격조사와 특별한 뜻을 더해주는 보조사로 분류할 수 있다. 이러한 조사들 중에서 정선 지역어에 나타난 조사에는 어떤 것들이 있는지 살펴보자.

(1) **절구토̃:이̃ 아이고. 이거는 절구다. 여봐. <u>내거</u> 좀 보자. 아 이거 맞다. 절구토̃:이̃네. 깨 찧고 깨.**(2013, 화암리, 피순희)
(절구통이 아니고. 이거는 절구다. 여봐. 내가 좀 보자. 아 이거 맞다. 절구통이네. 깨 찧고 깨.)

(1)은 '절구통'의 지역어를 질문한 것에 대한 답변으로 • **주격 조사**가 사용된 문장이다. 표준어에서는 체언의 마지막 음절이 모음으로 끝날 때 '가'를 사용한다. 하지만 정선 지역어에서는 '거'로도 출현함을 확인할 수 있다. 그렇다면 체언의 마지막 음절이 모음으로 끝나는 경우 정선 지역어에서는 '거'만 출현하는 것일까?

(2) 가. **<u>뭐이</u> 정정해?**(2013, 화암리, 피순희)
(뭐가 정정해?)
나. **<u>뭐이</u> 그래 많나?**(2013, 화암리, 피순희)
(뭐가 그렇게 많아?)

(2가)는 조사자가 "연세가 많으신데도 정정하시다"라고 한 말에 대한 답변이고, (2나)는 조사자가 질문을 계속하자 그에 대한 답변

• **조사의 분류**
학교문법에서는 격조사와 보조사 이외에도 단어와 단어를 같은 자격으로 이어주는 접속조사를 더해서 조사를 세 분류로 나눈다. 다만 이 글에서는 정선 지역어의 문법을 기술한 기존의 논의들을 따라서 격조사와 보조사를 중심으로 살펴보기로 한다.

• **주격 조사**
주격 조사란 체언이 서술어의 주어임을 표시하는 격조사를 말한다.

• **주격 조사 '이가'**
오늘날의 '이가'에 대한 분석에 있어서는 학자들마다 견해가 갈린다. '이'와 '가'를 모두 주격 조사라고 보아 '이가'를 복합격 조사로 보는 입장이 일반적이기는 하지만, '이'만 주격 조사로 파악하고 '가'는 강조의 첨사로 보는 입장도 있고, 그 반대로 '이'를 접사로 보고 '가'만 주격 조사로 보는 입장도 존재한다. '이가'에 대한 국어사적인 논의는 전광현(1971), 홍윤표(1994) 등을 참고할 수 있고, 지역어에 출현한 '이가'에 대해서는 최명옥(1980), 박성종(1998), 이상규(1999), 김태엽(2001) 등을 참고할 수 있다.

으로 한 말이다. (2)의 문장들은 마지막 음절이 모음인 '뭐' 다음에도 주격 조사 '이'가 출현하였음을 보여 준다. 표준어에서는 주격 조사 '이'가 체언의 마지막 음절이 자음일 때 사용되는데 정선 지역어에서는 모음일 때도 사용되고 있다. 이처럼 정선 지역어의 주격 조사는 표준어와 비슷한 듯하면서도 분명히 다른 점이 있음을 보여 준다.

(3) 가. **달머리가 있으이까 날이 오겠다 이제. 우리 그런다고. 달 가에 인제 <u>색깔이가</u> 인제 쫍게도 오르고 있고 넓게도 오르는 기도 있고.**(2013, 낙천리, 정태수)
(달무리가 있으니까 날이 오겠다 이제. 우리는 그런다고. 달 가에 이제 색깔이 이제 좁게도 오르고 있고 넓게도 오르는 것도 있고.)
나. **수숫닢 <u>색깔이가</u> 이거 처음에는 파랗지마는 내중에 이기 이삭이 익으면 수숫닢이 뿔긋뿔긋해요.**(2013, 숙암리, 엄선여)
(수숫잎 색깔이 이것이 처음에는 파랗지마는 나중에 이것이 이삭이 익으면 수숫잎이 불긋불긋해요.)

(3가)는 '달무리가 지다'의 지역어를 묻는 질문에 대한 답변 중 일부이고, (3나)는 '파랗다'의 지역어를 묻는 질문에 대한 답변이다. 두 질문에 대한 답변에서 공통적으로 '색깔'이라는 체언에 대해 '이가'라는 주격 조사가 쓰이고 있다. • **주격 조사 '이가'**는 표준어에서 체언의 마지막 음절이 자음으로 끝날 때 오는 주격 조사 '이'와 모음으로 끝날 때 오는 주격 조사 '가'가 합쳐진 형태이다.[1]

---

1 '이가'는 정선 지역어 이외에도 동북 방언과 동남 방언에서 두드러지게 나타날 뿐만 아니라, 표준어에서도 '내가'나 '네가'와 같은 형태는 기원적으로 '나+이+가', '너+이+가'로 분석되어 그 흔적을 확인할 수 있다. 주격 조사가 중첩된 이러한 현상의 원인은 국어사의 측면에서 살펴볼 필요가 있다. 15세기 한글 문헌에는 주격 조사로 '이'만 존재하여 체언의 말음이 모음일 때도 주격 조사로 '이'가 쓰였다(ㄱ). 이후 18세기에 오면 앞서 언급했던, 표준어에서도 흔적을 남기고 있는 인칭대명사나 재귀대명사 뒤의 '이가'가 발견되고(ㄴ), 정선 지역어에서와 같이 일반명사 뒤에서도 확인되는 주격 조사 '이가'가 발견된다(ㄷ). 그러므로 오늘날의 정선 지역어를 비롯한

이처럼 정선 지역어의 주격 조사에는 표준어에서 쓰이는 일반적인 것 외에도 '가'가 쓰일 자리에 '이'나 '거'가 쓰인다든지 '이'가 쓰일 자리에 '이가'가 쓰이는 등의 특징이 발견된다.

다음은 • 목적격 조사가 쓰인 정선 지역어의 문장을 살펴보자. 표준어에서 목적격 조사는 체언의 마지막 음절이 자음으로 끝날 때는 '을', 모음으로 끝날 때는 '를'로 실현된다. 하지만 정선 지역어는 주격 조사와 마찬가지로 표준어보다는 좀 더 다양한 형태의 목적격 조사들이 실현된다.

> • **목적격 조사**
> 목적격 조사란 문장 안에서, 체언이 서술어의 목적어임을 표시하는 격조사를 말한다.

(4) 가. **국으 뜨수어라. 국으 뜨수어 가지고 먹자 그러지. 식어서 뜨수어 가지고 먹자.**(2013, 낙천리, 정태수)
(국을 데워라. 국을 데워 가지고 먹자 그러지. 식어서 데워 가지고 먹자.)

나. **사진으 또 찍는다고?**(2013, 화암리, 피순희)
(사진을 또 찍는다고?)

다. **옛날에 짐으 맬 때 이거 가지고 맸지.**(2013, 유천리, 이재덕)
(옛날에 김을 맬 때 이거 가지고 맸지)

(4가)는 '데우다'의 지역어를 묻는 질문에 대한 답변이고, (4나)는 조사가 끝난 뒤 사진촬영을 권하는 조사자에게 하는 답변, (4다)는 '호미'에 대해 설명하는 문장이다. (4)의 문장들에서 '국', '사진', '김'과 같이 체언의 마지막 음절이 자음으로 끝날 때의 목적격 조사는 '으'로 실현됨을 확인할 수 있다. 목적격 조사 '으'는 '을'에서 'ㄹ'이 떨어진 것인데, 정선 지역어에는 이 외에도 다음과 같은 목적격 조사가 확인된다.

여러 지역어에서 발견되는 주격 조사 '이가'는 근대국어에 그 기원을 두고 있다고 할 수 있다.

ㄱ. 女子ㅣ 비호ᄆᆞᆯ 즐겨 出家ᄒᆞ야〈楞嚴經諺解6:18〉(1461)
ㄴ. 네 간들 뉘가 밥을 ᄒᆞ야 먹이며〈御製諭咸鏡道南關北關大小士民綸音:7〉(1783)
ㄷ. 대져 농ᄉᆡ가 연희가 그릇되면 야읍이 나으되〈諭湖南民人等綸音:3〉(1783)

• **관형격 조사**
문장 안에서, 앞에 오는 체언이 뒤에 오는 체언의 관형어임을 보이는 조사를 말한다.

(5) 가. **죄르 받는다.**(2013, 낙천리, 정태수)
(죄를 받는다.)
나. **기계르 꿰:가지고 뭐를 비는 거 겉애.**(2013, 유천리, 이재덕)
(기계를 꿰어 가지고 뭐를 베는 것 같아.)

(5가)는 '(죄를) 치르다'의 지역어와 그 동사의 활용형을 묻는 질문에 대한 답변의 일부이다. (5나)는 '괭이'의 지역어를 묻는 질문에 대한 답변 중 일부인데 조사자가 제시한 사진을 '괭이'가 아닌 다른 농기구로 오인하고 설명하는 부분이다. (5)의 문장들에서는 목적격 조사 '를'의 종성 'ㄹ'이 탈락되어 '르'로도 실현됨을 보여 준다. 이 목적격 조사 '르'는 '죄, 기계'와 같이 체언의 마지막 음절이 모음일 때 사용되는 것으로서 (4)의 '으'와 대응됨을 보여 준다.

(6) 가. **날보다 어리다.**(2013, 용탄리, 전금옥)
(나보다 어리다.)
나. **니거든 여러 두고 날인가 반기실가**('속미인곡', 이선본, 9b)
(가면 열어 두고 '나인가' 반기실까?)

(6가)는 '날'의 'ㄹ'이 목적격 조사와 관련이 있을 것으로 보이나 명확한 분석이 쉽지 않은 문장이다. 이러한 문장은 (6나)에서 보이듯이 이미 근대국어의 문장에서도 발견되는데 이는 정선 지역어가 옛말의 모습을 반영하고 있음을 보여주는 예라고 하겠다.

다음은 •관형격 조사가 사용된 1990년대의 문장들이다.

(7) 가. **남으 새끼라고**(남의 새끼라고)(1991, 용탄리, 전금옥)
나. **달기 알**(닭의 알)(1991, 숙암리)〈고려대:1991〉
다. **나무 집**(남의 집)(1991, 낙천리)〈고려대:1991〉
라. **나머 집**(남의 집)(1991, 용탄리 · 숙암리)〈고려대:1991〉

정선 지역어에서 출현한 관형격 조사는 특히나 다른 조사들에 비해 다양한 형태로 출현함을 알 수 있다. (7가)나 (7나)와 같이 관형격 조사 '의'가 '으'나 '이'로 • 단모음화된 경우부터, (7다)와 같이 체언 '남'의 말음인 'ㅁ'에 이끌려 • 원순모음화된 '우'로 출현하기도 하고 (7라)와 같이 '어'로 출현하기도 한다.

다음은 • 서술격 조사가 사용된 문장이다.

(8) 가. **예를 들어 가지고 절벽을 뺑창이라 한다는 거. 틀리더라고. 뺑창이라 하면 서울 사람들은 못 알아 들어. 절벽을 가지고 여는 뺑창이라 해.**(2013, 예미리, 안재원)
(예를 들어서 절벽을 '뺑창(지역어)'이라고 한다는 거. 다르더라고. '뺑창'이라고 하면 서울 사람들은 못 알아 들어. 절벽을 가지고 이곳에서는 '뺑창'이라고 해.)

나. **뭐라고 하지? 다 잊어 먹었지.**(2013, 예미리, 안재원)
(뭐라고 하지? 다 잊어 먹었지.)

다. **글패가 삼일 후이고.**(2013, 낙천리, 정태수)
(글피가 삼일 후고.)

라. **아~ 그기 뭐이더라? 좜좜?**(2013, 낙천리, 정태수)
(아~ 그게 뭐더라? 좜좜?)

(8가)는 서울과 달리 쓰는 표현에 어떤 것이 있는지 질문한 것에 대한 답변이고, (8나)는 '탯자리개'의 지역어를 묻는 질문에 대한 답변으로 지금은 사용하지 않아서 하는 말이다. (8다)는 '글피'가 언제인지 묻는 질문에 대한 답변이고, (8라)는 '좜좜'의 지역어를 묻는 질문에 대한 답변이다. 표준어에서는 (8가)와 같이 체언의 말음이 자음으로 끝날 경우 '이-'가 드러나지만 (8나)처럼 체언의 말음이 모음으로 끝날 경우에는 주로 서술격 조사가 줄어든다. 그러나 정선 지역어에서는 (8다, 라)처럼 체언 말음이 모음인 경우에도 서술격 조사 '이-'가 줄어들지 않고 드러난 용례가 자주 발견된다.

다음은 보조사가 출현한 정선 지역어의 문장들을 살펴보자.

• **단모음화**
단모음화는 활음을 지니고 있는 이중모음이 발음의 편의나 주변 모음과의 동화로 인해 단모음으로 바뀌는 현상이다.

• **원순모음화**
원순모음화는 평순모음이 'ㅁ, ㅂ, ㅃ, ㅍ' 등과 같은 양순자음 아래에서 원순음으로 바뀌는 현상이다.

• **서술격 조사**
문장 안에서, 체언이나 체언 구실을 하는 말 뒤에 붙어 서술어 자격을 가지게 하는 격 조사. '이다'가 있는데, '이고', '이니', '이면', '이지' 따위로 활용하며, 모음 아래에서는 어간 '이'가 생략되기도 한다.

• ≪대조≫의 보조사
어떤 대상이 다른 것과 대조됨을 나타내거나 문장 속에서 어떤 대상이 화제임을 나타내는 보조사.

(9) 가. **지금으는 저게 기계가 나와 가지고 트랙트고 경운기고 가지고 밭을 따:을 가는데, 옛날에는 그런 게 없으니 소 아니면 농사를 지을 수가 없었다고. 못 지었다고.**(2013, 유천리, 이재덕)
(지금은 저기, 기계가 나와서 트랙터나 경운기를 가지고 밭을, 땅을 가는데, 옛날에는 그런 게 없으니 소 아니면 농사를 지을 수가 없었다고. 못 지었다고.)

나. **옛날에느 이런 걸 가지고 산에 가서 생땅을 막 파믄 요 끈테기 넓적해 노:이까 풀뿌렁지가 막 끊어져요.**(2013, 직전리, 임옥춘)
(옛날에는 이런 걸 가지고 산에 가서 생땅을 막 파면 여기 끝이 넓적해 놓으니까 풀뿌리가 막 끊어져요.)

(9)는 •≪대조≫의 보조사가 사용된 문장이다. 이 보조사는 표준어에서는 체언의 마지막 음절이 자음일 때는 '은'으로, 모음일 때는 '는'으로 실현된다. 하지만 정선 지역어에서는 '으는', '느'의 형태로도 출현한다.

(9가)와 (9나)는 '쟁기', '곡괭이' 등과 같은 농기구를 묻는 질문의 답변 중 일부로 옛날의 농사 경험을 이야기하는 문장이다. (9가)는 체언의 말음이 자음으로 끝날 때 출현한 것으로, 보조사 '은'이 중복된 '은은'이 연음되어 '으는'으로 출현한 것이다.[2] (9나)는 체언의 말음이 모음으로 끝날 때 출현한 것으로 '는'에서 종성의 'ㄴ'이 탈락된 것이다.

(10) 가. **그러니까는 내가 아홉 살부텀 시작한 거에요. 남의 집에 모섬을.**(1991, 용탄리, 최봉수)
(그러니까는 내가 아홉 살부터 시작한 거예요. 남의 집에서 머슴을.)

나. **동네 이름을요? 아니래요. 옛날보터. 모르죠 그건 잘 모르는데**

2 이와 달리 분석하는 견해도 있다. (9나)에 소개된 형태처럼 '는'에서 종성의 'ㄴ'이 탈락된 '느'가 생성된 뒤에 유추에 의해서 '느'의 앞에 '으'가 결합된 '으느'가 생성되었다고 보는 입장이 있고(이기갑 2003), 동북 방언에서 폐음절을 꺼려하는 것을 근거로 삼아 '은'의 뒤에 '으'가 첨가된 것으로 보려는 입장도 있다(곽충구 1998).

용탄으라고. <u>옛날부텀</u>.(1991, 용탄리, 최봉수)
(동네 이름을요? 아니에요. 옛날부터. 몰라요, 그건 잘 모르는데 용탄이라고. 옛날부터.)

• ≪출발≫의 보조사
어떤 일이나 상태 따위에 관련된 범위의 시작임을 나타내는 보조사.

(10)은 • ≪출발≫의 보조사가 사용된 문장이다. 이 보조사는 표준어에서 '부터'로 실현되는데, 정선 지역어에서는 '부텀', '보터'의 형태로도 등장한다. (10가)는 제보자의 어릴 적 경험 중 일부를 이야기하는 문장으로 '부터'를 '부텀'으로 표현하고 있음을 확인할 수 있다. (10나)는 용탄리의 지명 유래에 대한 제보자의 설명인데, 여기서는 '보터'로 표현하고 있다. (10가)와 (10나)의 문장은 모두 한 제보자의 발화에서 출현하였는데 표준어와 비교해 보면 다양한 형태가 자유롭게 출현한다고 할 수 있다.

(11) 가. **그 훈련하다 이따가 집으로 가거라 하니 징명을 해야돼. 그래 징명을 해가지고 있다가 해가지고 걸어서 또 <u>집꺼지</u> 왔어요. 또 군대 차를 탈라니. 타기만 하면 대번 저기 일산에 밥 짓고 가라고 대번 붙들려 가니.**(1991, 용탄리, 최봉수)
(그 훈련하다가 이따가 집으로 가거라 하니 증명을 해야돼. 그래 증명을 해가지고 있다가 해가지고 걸어서 또 집까지 왔어요. 또 군대 차를 타라고 하니, 타기만 하면 대번 저기 일산에 밥 짓고 가라고 대번 붙들려 가니)

나. **이 소리 들을라고 하여튼 삼 년 동안 싸웠어요. 뚜드리 패니 아니 맘이 맞았어요 그러니 그 소리 나올 <u>때까정</u> 싸웠어요. 그래가지고 하이튼 고생 마니 했다. 옛날에는 시방 거트면요, 시방 거트면 그럼 내떼면 그만이거든.**(1991, 용탄리, 최봉수)
(이 소리 들으려고 하여튼 삼 년 동안 싸웠어요. 두드려 패니 아니 많이 맞았어요. 그러니 그 소리 나올 때까지 싸웠어요. 그래가지고 하여튼 고생 많이 했다. 옛날에는 지금 같으면요, 지금 같으면 그럼 내빼면 그만이거든)

다. **그른데 그르믄스 싸우다가 저 사람이 난리가 나니까 피란을 나가가지고 영주라고 알죠 영주. <u>영주꺼정</u> 피란을 자기혼(자) 나는 당연히 나가고 이 사람은 영주꺼진 자기 보따리를**

• **≪마침≫의 보조사**
≪마침≫의 보조사는 어떤 일이나 상태 따위에 관련되는 범위의 끝임을 나타내는 보조사를 말한다.

이 짊어지고.(1991, 용탄리, 최봉수)
(그런데 그러면서 싸우다가 저 사람이 난리가 나니까 피란을 나가가지고 영주라고 알죠? 영주. 영주까지 피란을 자기 혼자, 나는 당연히 나가고 이 사람은 영주까지는 자기 보따리를 짊어지고.)

(11)은 • ≪마침≫의 보조사가 사용된 문장으로, 살아온 이야기를 들려 달라는 질문에 대한 답변 중 일부를 가져온 것이다. 표준어에서는 '까지'로 실현되는데 정선 지역어에서는 다양한 형태로 나타난다. (11)은 동일한 제보자의 문장들인데도 (11가)에서는 모음이 교체된 '꺼지'가, (11나)에서는 '까정', (11다)에서는 '꺼정' 등 다양한 형태의 {까지}가 나타난다는 특징이 있다.[3]

끝으로 체언의 말음과 관련한 특이한 형태가 격조사와 보조사에서 두루 발견된다.

(12) 가. **천자:아̃ 샌다**.(1991, 예미리)
(천장이 샌다.)
나. **내 고사:아̃ 많이 해**.(1991, 화암리)
(내가 고생을 많이 해.)
다. **돈이 있으믄 자:아̃ 가**….(1991, 화암리)〈고려대:1991〉
(돈이 있으면 장에 가서….)
라. **약바:아̃서는 배앓이라고**….(1991, 유천리)〈고려대:1991〉
(약방에서는 배앓이라고….)

3 '까지', '꺼지', '까정', '꺼정'은 모음교체를 고려하면 '까지(꺼지)' 류와 '까정(꺼정)' 류로 나눌 수 있다. 이 두 부류는 기원적으로 서로 관련이 있다. 먼저 현대국어 '까지'는 16세기에 'ᄭᆞ지'로 출현하였다. 이 'ᄭᆞ지'는 관형격 조사 'ㅅ'과 명사 'ᄀᆞ지'로 분석될 수 있었지만 16세기부터 하나로 굳어진 보조사의 용법만 확인된다. 한편 이와 유사한 현대국어의 '까장'은 15세기에 이미 'ᄭᆞ장'으로 활발히 쓰이며 관형격 조사 'ㅅ'과 명사 'ᄀᆞ장'이 결합된 구성이다. 이 'ᄭᆞ장'과 'ᄭᆞ지'에서 관형격 조사에서 기원한 'ㅅ'을 뺀 'ᄀᆞ장'과 'ᄀᆞ지'는 중세국어에서 [邊]의 의미를 지닌 'ᄀᆞᆺ/ᄀᆞᇫ(〈*ᄀᆞᆽ)'에 각각 접미사 '앙'과 '이'가 결합된 것으로 보인다(남미정 2011 참조). 한편 현존하는 문헌상으로는 'ᄭᆞ장'이 16세기부터 'ᄭᆞ지'로 대체되는 변화를 겪는데 정선 지역어에는 'ᄭᆞ지'의 후대형인 '까지, 꺼지'뿐만 아니라 'ᄭᆞ장'의 후대형인 '까정, 까장'이 모두 출현하는 것으로 보아 이러한 변화는 지역마다 차이가 있었음을 알 수 있다.

마. **실광은 여: <u>바</u> : <u>아다가</u>.**(1991, 예미리)〈고려대:1991〉
(실광은 여기 방에다가.)

바. **<u>동사</u> : <u>아</u> 댁**(1991, 화암리)〈고려대:1991〉
(동생의 부인)

사. **나이 먹은 <u>학상아는</u>**〈김유범:1991〉
(나이 먹은 학생은)

(12)는 체언이 '천장, 고상(고생), 장, 약방, 동상(동생), 학상(학생)' 등과 같이 끝음절에서 중·종성이 '앙'[aŋ]일 경우, 조사의 기능과 무관하게 '아'로 시작하는 조사가 붙는다(김유범:1991).[4] (12가)는 주어, (12나)는 목적어, (12다, 라, 마)는 부사어, (12바)는 관형어, (12사)는 주제어로 기능하는 용례인데 각각의 기능은 후행하는 용언이나 체언과의 문법적인 관계를 통해서 파악된다.

2.2. 정선 지역어의 문장과 어미

어미는 용언의 어간에 결합하여 시제나 상과 같은 문장의 시간적인 의미를 드러내거나 높임법이나 문체법과 같이 화자의 심리적인 태도를 문장에 드러내는 요소이다. 어미는 다시 위치에 따라 서술어의 맨 뒤에 오는 어말어미와 어말어미 앞에 오는 **• 선어말어미**로 나뉜다. 어말어미는 다시 **• 연결어미**, **• 종결어미**, **• 전성어미**로 나뉘는데 여기에서는 정선 지역어에서 발견된 특징적인 것들을 중심으로 소개하고자 한다.

먼저 선어말어미와 관련하여 다음의 문장들을 살펴보자.

• 선어말어미
어간과 어말 어미 사이에 오는 어미로, '-시-', '-옵-' 따위와 같이 높임법에 관한 것과 '-았-', '-는-', '-더-', '-겠-' 따위와 같이 시상(時相)에 관한 것이 있다.

• 연결어미
어간에 붙어 다음 말에 연결하는 구실을 하는 어미. '-게', '-고', '-(으)며', '-(으)면', '-(으)니', '-아/어', '-지' 따위가 있다.

• 종결어미
용언의 어간에 붙어서 하나의 문장을 끝맺는 어미를 말한다. 동사에는 평서형·감탄형·의문형·명령형·청유형이 있고, 형용사에는 평서형·감탄형·의문형이 있다.

• 전성어미
용언의 어간에 붙어 다른 품사의 기능을 수행하게 하는 어미로 명사형 전성 어미, 관형사형 전성 어미, 부사형 전성어미로 하위 구별된다.

---

4 '아'를 조사의 이형태로 보는 것이 아니라 체언의 요소로 파악하고 격조사는 생략된 것으로 볼 가능성도 있다(천장 샌다, 내 고생 많이 해, 동생 부인 등). 하지만 위의 문장들은 격조사 생략이 더 자연스러운 '밥 먹었어?'와 같은 유형의 문장들이 아니며, (12마)의 '실광은 *방다가'처럼 생략으로 볼 수 없는 문장도 발견되기 때문에 '아'를 조사의 이형태로 일관되게 처리한다. 한편 (12사)의 '아는'은 ≪대조≫의 보조사 '으는'이 변화한 것이다.

(13) 가. **꼬쟁이 장대 큰 걸 메다 하라 해. 하이 송장 밑에다 이래 너:가지고 이래 뒤다보이까이 아지 밑에 깐데 아주 머 아주 구룩구룩하니 다 <u>썩었드란다</u>. 한 서너 달 됐어 나간 지 한 서너 달 됐어.**(1991, 용탄리, 전금옥)

(꼬챙이 장대 큰 걸 메어다가 하라고 해. 하니까 송장 밑에다가 이렇게 넣어서 이렇게 들여다보니까 아주 밑에 까니까 아주 뭐 아주 (구더기가) 우글우글하니 다 썩었더란다. 한 서너 달 됐어. 나간 지 한 서너 달 됐어.)

나. **사람 이래 보구는 어스렁어스렁 가다가 또 으레 또 세 번을 돌아다보는데 제 걸음으로 가지 빨리 안 가서 <u>무섭드라니까</u>.**(1991, 용탄리, 전금옥)

(사람(을) 이렇게 보고는 어슬렁어슬렁 가다가 또 으레 또 세 번을 돌아보는데 제 걸음으로 가니 빨리 안 가서 무섭더라니까.)

다. **황개미라 <u>하드라고</u>.**(2013, 예미리, 안재원)

(황개미라고 하더라고.)

(13가)는 어떤 사람이 호랑이에게 물려갔다가 서너 달 뒤에 주검으로 발견된 이야기 중의 일부이고, (13나)는 그 이후에 호랑이가 사람을 보고도 무서워하지 않는다는 이야기의 일부이다. (13다)는 '사마귀'를 묻는 질문에 대한 답변으로 옛날에 들었거나 본 기억을 더듬어서 대답한 문장이다. 그런데 이 과거를 회상하면서 이야기하는 문장들에서 표준어의 '-더-'가 정선 지역어에서는 '-드-'로도 사용되고 있음을 확인할 수 있다. {-더-}는 과거 어느 때에 직접 경험하여 알게 된 사실을 현재의 말하는 장면에 그대로 옮겨와서 전달하는 뜻을 나타내는 선어말어미이다.

다음은 연결어미와 관련된 문장들이다.

(14) 가. **손주딸이 이제 그 강릉 이제 그 강릉대학을 <u>나와 가지고</u> 그래서 이제 지난번에 간호사 그 모집하는데 거기에 합격이 됐어요.**(2013, 유평리, 이용성)

(손주딸이 이제. 그 강릉 이제. 그 강릉대학을 나와서. 그래

서 이제. 지난번에 간호사를 그 모집하는데 거기에 합격이 됐어요.)

나. **저 연천 법원소장이 가다가 제대를 해 가지고 나왔는데 나오자마자 암이 걸려 가지고 서울 삼성병원 좋은 병원을 다 다녀도 못 고치고 죽었어요.**(2013, 유평리, 이용성)
(저 연천 법원소장이 가다가 제대를 해서 나왔는데 나오자마자 암이 걸려서 서울 삼성병원 좋은 병원을 다 다녀도 못 고치고 죽었어요.)

다. **목지를 잘라서. 아아니 대가리를 똑 짤라서. 자꾸 줌 안 먹는데 호래이는. 그 대가리를 짤라다가 가지고 노:다가 그터 비야를 잡고 물어 갖고. 죽었는데, 죽었는데 뒤잡으니 대가리가 없으니 대갤 그 밑엘 내리가 찾으니까.**(1991, 용탄리, 전금옥/최봉수)
(목을 잘라서. 아니 머리를 똑 잘라서. 자꾸 주면 안 먹는데 호랑이는. 그 머리를 잘라다가 가지고 놀다가 그 배를 잡고 물어 가지고. 죽었는데, 죽었는데 뒤집으니 머리가 없으니 머리를 그 밑에를 내려가 찾으니까.)

(14가)와 (14나)는 제보자의 가족 및 친척들에 대해서 소개를 해주는 문장인데 '-어 가지고'를 습관적으로 사용하고 있음을 확인할 수 있다. (14다)는 옛날에는 호랑이가 내려와서 마을 사람을 잡아가기도 했다는 내용의 이야기를 생생하게 묘사하는 문장으로 '-어 가지고'가 축약된 '-어 갖고'를 확인할 수 있다.

{-아/어 가지고}는 앞말이 뜻하는 행동의 결과나 상태가 그대로 유지되거나, 또는 그럼으로써 뒷말의 행동이나 상태가 유발되거나 가능하게 됨을 나타내는 •보조 동사이다. 그런데 '-아/어 가지고'는 시간적 선후 관계 내지 이유나 근거를 나타내는 연결어미인 '-아서/어서'와 의미기능이 유사해서 서로 교체되어 쓰이기도 한다.[5] 하지만

• 보조 동사
본동사와 연결되어 그 풀이를 보조하는 동사. '감상을 적어 두다.'의 '두다', '그는 학교에 가 보았다.'의 '보다' 따위이다.

5 그러나 {-어서}와 {-어 가지고}의 의미기능이 완전히 동일한 것은 아니다. 먼저 {-어서}는 문어와 구어에서 모두 사용 가능한 데 반해 {-어 가지고}는 구어에서만 사용 가능하다는 점에서 상대적으로 문법화(어휘 형태소가 문법 형태소로 변화되는 것)가 덜 이루어졌다고 볼 수 있다. 또한 서울 지역어에서는 특정한 시점을 드러낼

서울 지역어에서는 주로 '-아서/어서'가 쓰이는 반면에 정선 지역어에서는 '-아서/어서'가 쓰일 자리에서 '-아/어 가지고' 내지 '-아/어 갖고'가 더 일반적으로 사용되는 경향이 발견된다.

(15~17)의 문장들은 연결어미 {-(으)니}와 관련된 일련의 문장들이다.

(15) 가. **산초를 <u>캐먹으니</u> 황달병을 고쳐 가지고**(1991, 가수리)〈고려대:1991〉
(산초를 캐먹으니 황달병을 고쳐서)
나. **내가 <u>피곤하이̃</u>**(1991, 유천리)〈고려대:1991〉
(내가 피곤하니)
다. **피난 때 <u>나가보이̃</u>**(1991, 예미리)〈고려대:1991〉
(피난 때 나가보니)

(15)는 앞말이 뒷말의 원인이나 근거, 전제 따위가 됨을 나타내는 연결어미인 {-(으)니}가 정선 지역어에서 '-(으)이̃'로도 출현하는 것을 보여주는 문장이다. 특히 'ㄴ'이 탈락되면서 그에 대한 보상심리로 비음화가 일어나는 점은 (12)에서 소개된 조사들의 비음화된 형태 '-아̃'와 함께 주목할 만한 특징이다.

(16) 가. **그러다가 그 동산 난리가 확 났거든. 동산 난리가 나가지고 피란 가거라 그러니 저쪼그서 내 미던 모냥이래요. 그래 피란 가거라 <u>그러이̃까</u> 그러니 집에 살림 처기 집에 처가살이하는**

때는 아래의 예문과 같이 {-어서}만 사용되고 {-어 가지고}는 사용되지 않는 특징이 발견되는데 이 역시 서울 지역어에서는 {-어 가지고}가 상대적으로 덜 문법화되었기 때문으로 보인다. 실제로 {-어 가지고}가 더 문법화되어 축약 및 삭감을 겪은 {-어 개}나 {-개}와 같은 형태를 보유하고 있는 경북 방언에서는 특정한 시점을 드러낼 때도 사용된다(예: 나중에 <u>늙어가</u>…). 이에 대한 보다 자세한 설명은 하영우·신지영(2012)를 참조할 수 있다.

ㄱ. 언니 오빠랑 다 셋이 되게 친한데 <u>어려서는</u> 좀 투닥거리잖아요
ㄴ. 나중에 <u>늙어서</u> 다 결혼해서 만났는데 너만 부인 없어서 못 오면 어떡해

판이죠.(1991, 용탄리, 최봉수)

(그러다가 그 동산 난리가 확 났거든. 동산 난리가 나가지고 '피란 가거라' 그러니 저쪽에서 내 밀던 모양이에요. 그래 '피란 가거라' 그러니까 그러니 집에 살림 처가 집에 처가살이하는 판이죠)

나. **쏟아 <u>졌으이̃까</u> 조:담는다. 따:에 <u>떨어졌으이̃까</u>.**(2013, 낙천리, 정태수)

(쏟아 졌으니까 주워 담는다. 땅에 떨어졌으니까.)

(16가)는 피란을 갔던 경험을 이야기하는 문장이고, (16나)는 '줍다'의 활용형을 유도한 질문에 대한 답변이다. (16)에서는 연결어미 '-니까'를 '-이̃까'로 표현하고 있음을 확인할 수 있다. {-(으)니까}는 앞말이 뒷말의 원인이나 근거, 전제 따위가 됨을 나타내는 '-(으)니'의 강조표현으로 정선 지역어에서는 '-이̃까'와 같이 달리 표현할 뿐만이 아니라 여기에 다시 다른 표현을 덧붙여서 강조의 의미를 드러내기도 한다.

(17) 가. **요즘은 이제 그런 애기 안 하지. 많이 달라졌어. 이 군인들 군인생활을 <u>해보니깐드루</u> 전라남도도 해남인가 가보지는 않았는데….**(2013, 유평리, 이용성)

(요즘은 이제 그런 애기 안 하지. 많이 달라졌어. 이 군인들 군인생활을 해보니까 전라남도도 해남인가? 가보지는 않았는데)

나. **군대서 집을 못 간다 그러니. 뭐 육 개월 더 살아야 된대 아무래도 죽겠대요 애기 그렇게 들으니까. 그러니까 해야 된다고 아무것도 안 먹고 일주일을 <u>앓으니까네</u> 정신이 오므락 까므락 그래더라고.**(1991, 용탄리, 최봉수)

(군대에서 집을 못 간다고 그러니. 뭐 육 개월 더 살아야 된대. 아무래도 죽겠대요. 애기를 그렇게 들으니까. 그러니까 해야 된다고 아무것도 안 먹고 일주일을 앓으니깐 정신이 오락가락 그러더라고.)

다. **나는야 군대생활을 <u>한께</u> 저거, 60, 59년도 갔거든. 지금 약 50년이 넘었지.**(2013, 가수리, 전상주)
(나는야 군대생활을 했으니까 저기, 59, 60년도(쯤) 갔거든. 지금 약 50년이 넘었지.)

(17)은 제보자들의 과거 군대 경험에 대한 이야기인데 '-니까'의 강조표현으로 (17가)에서는 '-니깐드루'를, (17나)에서는 '-니까네'를 사용하고 있음을 확인할 수 있다. (17다)는 '-니까네'가 줄어들어 '-ㄴ께'로도 출현함을 보이고 있다.

다음은 연결어미 {-며}와 관련된 문장이다.

(18) 가. **또 군대 차를 탈라니. 타기만 하면 대번 저기 일산에 밥 짓고 가라고 대번 붙들려 가니 그래 걸어서 가면 이제 차질러 나서지 못하고 소리 지르면 질러서 대구서 여까징 걸어서 산골 길로만 왔으니 얼마나 걸었겠어요. 서이서 걸었는데 나만 사오 년간 아픈 사람이었대. 그 놈을 다 얻어 <u>먹어게미</u> 죽을 거다.**(1991, 용탄리, 최봉수)
(또 군대 차를 타려니. 타기만 하면 대번 저기 일산에 밥 짓고 가라고 대번에 붙들려 가니 그렇게 걸어서 가면 이제 찾으러 나서지 못하고 소리 지르면 질러서 대구에서 여기까지는 걸어서 산골 길로만 왔으니 얼마나 걸었겠어요. 셋이서 걸었는데 나만 사오 년간 아픈 사람이었대. 그 놈을 다 얻어 먹어가며 죽을 거다.)

나. **그양 이대로 앞에 핵 지나가도 자가 앉았다 버썩 하고 후퇴했다 저가 버썩 하고 불이 번쩍번쩍 <u>햄</u> 올 가은데.**(1991, 용탄리, 전금옥)
(그냥 이대로 앞에 핵 지나가도 저것이 앉았다 버썩 하고 후퇴했다가 저것이 버썩 하고 불이 번쩍번쩍 하며 올라 가는데)

(18가)는 군대 경험담 중 일부이고, (18나)는 호랑이의 움직임을 묘사하는 문장이다. **{-며}**는 두 가지 이상의 동작이나 상태 따위를 나열할 때 쓰는 연결어미인데, 정선 지역에서는 (18가)처럼 '-며'의

이중모음이 단모음화된 '-미'로도 표현하는 것을 볼 수 있고, (18나)와 같이 '-미'에서 더 축약되어서 '-ㅁ'만이 남아 있는 형태도 확인할 수 있다.

다음은 연결어미 {-어도}와 관련된 문장이다.

(19) **읍에 갔다 어드와도 밤 깨고 올와도 같이 뭐 앞에 갔다 옆에 앉았다 이러고 올와도 안 무섭더라잖아. 그런데 그날은 그러고 무섭드래. 이 산 집이.**(1991, 용탄리, 전금옥)
(읍에 갔다가 어두워도 밤 깨고 올라와도 같이 뭐 앞에 갔다 옆에 앉았다 이러고 올라와도 안 무섭더라잖아. 그런데 그날은 그러고 무섭더래. 이 산 집이.)

(19)는 과거 호랑이와 관련된 이야기의 일부로 평소에는 겁이 없던 사람이 호랑이가 내려오는 날 무서워하더라는 내용이다. 이 문장에서는 가정이나 양보의 뜻을 나타내는 연결어미인 {-어도}가 • 모음조화를 지키지 않고 '-아도'로도 나타남을 확인할 수 있다.

• 모음조화
두 음절 이상의 단어에서, 뒤의 모음이 앞 모음의 영향으로 그와 가깝거나 같은 소리로 되는 언어 현상. 'ㅏ', 'ㅗ' 따위의 양성 모음은 양성 모음끼리, 'ㅓ', 'ㅜ' 따위의 음성 모음은 음성 모음끼리 어울리는 현상이다. '깎아', '숨어', '알록달록', '얼룩덜룩', '갈쌍갈쌍', '글썽글썽', '졸졸', '줄줄' 따위가 있다.

다음은 연결어미 {-려고}와 관련된 문장이다.

(20) 가. **노인이 죽을라고, 이제 그러니까는, 아주 병이 중병이 들어서 죽을라고 그러니까는 날 불러가지고 그런 얘기를 하는 거야.**(1991, 용탄리, 최봉수)
(노인이 죽으려고, 이제 그러니까는, 아주 병이, 중병이 들어서 죽으려고. 그러니까는 나를 불러서 그런 얘기를 하는 거야.)
나. **불 땔라 모아 놓음 낭구. 응. 낭구 마았다고 하고.**(2013, 화암리, 피순희)
(불 때려고 모아 놓으면 땔나무. 응. 땔나무 모았다고 하고.)
다. **여기는 인제 집을 질라고 하잖아요. 그러면 저 집 집터 닦네. 집 질라고.**(2013, 직전리, 이성용)
(여기는 이제 집을 지으려고 하잖아요. 그러면 '저 집 집터 닦네. 집 지으려고.')

(20가)는 처가살이 경험담 중 일부이고, (20나)는 '솔가리'를 묻는 질문의 답변 중 일부이며, (20다)는 '짓다'를 묻는 질문의 답변 중 일부이다. (20)의 문장들에서는 어떤 행동을 할 의도나 욕망을 가지고 있음을 나타내는 연결어미인 {**-려고**}가 정선 지역어에서 '-을라' 내지 '-을라고' 등으로 실현되고 있음을 확인할 수 있다.

다음은 연결어미 {-면}과 관련된 문장이다.

(21) 가. **홍실이라고. 다 <u>물르먼</u> 홍실이라고 하지.**(2013, 용탄리, 전금옥)
(홍시라고. 다 무르면 홍시라고 하지.)
나. **그냥 감으는 익어야 인제... 깎아서 <u>먹으문</u> 새파란 감이 되지.**(2013, 가수리, 전상주)
(그냥 감은 익어야 이제... 깎아서 먹으면 새파란 감이 되지.)
다. **옛날 노인들은 아가미인 줄도 뭐인 줄도 몰래. 그냥 고등어라 <u>하머</u> 알지.**(2013, 직전리, 나승달)
(옛날 노인들은 아가미인 줄로 뭐인 줄도 몰라. 그냥 고등어라고 하면 알지)
라. **벼가, 저저저, 보리가, 밀이 못 씨게 <u>되믄은</u> 깜부기지는 거 그래갖고 새카매져.**(2013, 화암리, 피순희)
(벼가, 보리가, 밀이 못 쓰게 되면은 깜부기되는 거. 그래서 새카매져.)
마. **밥으는 먹었나? 배 고픈 기 아이나? 배 <u>고픔</u>: 밥 좀 줄까?**(2013, 낙천리, 이원자)
(밥은 먹었니? 배 고픈 거 아니니? 배 고프면 밥 좀 줄까?)

(21가, 나)는 '(감이) 익다'는 동사를 묻는 질문의 답변 중 일부이고, (21다)는 '아가미'를 묻는 질문에 대한 답변 중 일부, (21라)는 '깜부기'를 묻는 질문에 대한 답변 중 일부이다. (21마)는 질문 도중에 잠시 쉬면서 제보자가 질문자를 걱정하며 말하는 문장이다.

(21)의 문장들에서는 불확실하거나 아직 이루어지지 않은 사실을 가정하여 말할 때 쓰는 연결어미인 {**-면**}이 정선 지역어에서 '-(으)먼', '-(으)문', '-(으)머', '-(으)믄', '-(으)ㅁ' 등으로 다양하게 나타나는

것을 확인할 수 있다. 특히 기존 논의들에서 확인된 '-(으)면', '-(으)문' 이외에도 다양한 형태들이 2013년 조사에서 추가로 확인되었다.

다음은 종결어미와 관련된 문장들이다.

(22) 가. **뭐이 그래 많나**?(2013, 화암리, 피순희)
(뭐가 그리 많니?)
나. **그기 뭐나**?(2013, 화암리, 피순희)
(그게 뭐니?)
다. **풀이나**?(2013, 낙천리, 정태수)
(풀이니?)
라. **절구토이나**?(2013, 화암리, 피순희)
(절구통이니?)
마. **붕우나**?(2013, 낙천리, 관역명)
(붕어니?)

(23) **밥은 먹었나**? **뭐 먹었노**?(동남 방언)
(밥은 먹었니? 뭐 먹었니?)

(22)는 해라체의 의문형 어미가 출현한 정선 지역어의 문장이다. 모두 '-나'가 쓰인 것을 확인할 수 있는데, 표준어의 의문형 어미인 '-니' 내지 '-냐'에 대응하는 어미이다. (22가, 나)는 • 설명 의문문이고, (22다-마)는 • 판정 의문문인데 모두 '-나'라는 동일한 어미가 사용되고 있다. 이는 설명 의문문에서는 '-나', 판정 의문문에서는 '-노'로 구분되는 (23)의 동남방언과의 차이점이다.

(24) 가. **우리 어제: 옥수수를 따서 서울로 다 부쳤어요. … 한 오십 개 부쳤어요. 따서 부치 주고 이 남은 찌끄래기래서 좋질 않애**(2013, 낙동리, 신재연 · 최금녀)
(우리가 어제 옥수수를 따서 서울로 다 부쳤어요. 한 오십 개 부쳤어요. 따서 부쳐 주고 이건 남은 찌꺼기라서 좋지를 않아.)
나. **옛날 노인들은 아가미인 줄도 뭐인 줄도 몰래**.(2013, 직전리, 나승달)

• **설명 의문문**
설명 의문문은 상대의 구체적인 설명을 요구하는 의문문. '어디', '언제', '누구', '무엇', '어떻게', '왜' 따위의 의문사를 쓴 문장이다.

• **판정 의문문**
상대편에게 '예', '아니요'의 대답을 요구하는 의문문. "내일 가니?", "숙제 했니?" 따위이다.

(옛날 노인들은 아가미인 줄도 뭔 줄도 몰라.)

(24)는 해체의 종결어미 '-어/아'가 출현한 문장이다. {**-어/아**}는 어떤 사실을 서술하거나 물음 · 명령 · 청유를 나타내는 종결어미로 정선 지역어에서는 '-애'로도 출현함을 보여 준다. (24가)는 제보자가 조사자에게 옥수수를 건네면서 하는 말이고, (24나)는 '아가미'를 묻는 질문에 대한 답변이다.

(25) 가. **이제 아들이 없고 딸만 다시 생겼대. 네 딸만. 너인지. 딸이 <u>너이래요</u>.**(1991, 용탄리, 최봉수)
(이제 아들이 없고 딸만 다시 생겼대. 네 딸만 넷이지? 딸이 넷이에요.)

나. **동산 난리가 나가지고 피란가거라 그러니 저쪼그서 내 미던 <u>모냥이래요</u>. 그러니까 내 비리고 피란을 나가는거야 정선군. 영월군. 평창군. 뭐 어디든지 서울 막론해놓고 싹 나가는 판이죠. 아주 서울뚜 막 나가는 <u>판이래요.</u>**(1991, 용탄리, 최봉수)
(동산 난리가 나서 피란가라. 그러니까 저쪽에서 내 밀던 모양이에요. 그러니까 내 버리고 내 버리고 피란을 나가는 거야, 정선군, 영월군, 평창군, 뭐 어디든지. 서울은 막론하고 싹 나가는 판이죠. 아주 서울도 막 나가는 판이에요.)

(26) **내 보따리, 그전에 왜 그 결혼할 때 입는 도포있잔여요. 도포꺼정 싹 다 짊어지고 댕기다가, 글 싸짊어지고 와보니 집이 들어와 앉아 <u>있더래요.</u> 집에 와 <u>있더래요.</u> 친저에 와 있더라고 그래 고 집은 그래 신모양이래요.**(1991, 용탄리, 최봉수)
(내 보따리, 그전에 왜 그 결혼할 때 입는 도포 있잖아요. 도포가지 싹다 짊어지고 다니다가 그렇게 싸짊어지고 와보니 집에 들어와 앉아 있대요. 집에 와 있대요 친정에 와 있더라고. 그래 그 집은 그렇게 센 모양이에요)

(25, 26)은 가족사를 이야기하는 제보자의 자유발화로, (25)에서는 '-래요'를, (26)에서는 '-더래요'를 사용하고 있는 문장들이다. 표준어의 {**-래요**}는 알고 있는 것을 일러바친다는 뜻이 포함된 종결어미로

주로 어린이 말에 쓰이는 해요체의 표현이다. 그런데 정선 지역어에서는 이 표현이 어린이뿐만이 아니라 성인들에게까지 두루 사용되어 표준어의 '-에요'나 '-어요'보다도 더 일반적으로 쓰인다. 또한 표준어의 {**-더래요**}는 '-더라고 해요'의 준말을 가리키나 정선 지역어에서는 그러한 의미로는 잘 파악되지 않는다. 그보다는 앞서 언급한 정선 지역어의 '-래요'에 대한 과거표현으로 이해되는 문장들이 대부분이다.[6]

3. 정선 지역어 문장의 변화

우리는 앞 절에서 정선 지역어의 문장에 담긴 조사와 어미의 특징들을 살펴보았다. 본 절에서는 지금까지는 주로 소홀하게 다루어졌던 정선 지역어에 나타나는 표준어형의 사용양상에 주목하였다.[7] 그 이유는 2000년대에 들어서 카지노 사업이나 동강댐 건설 등으로 인해 관광지로 급부상하면서 유동 인구가 많아지고 있음이 지적되어 왔기 때문이다. 생활문화의 변화가 언어의 변화를 촉진시킨다는 점을 상기해 보면 폐쇄적인 농경 중심 문화에서 통신 및 교통의 발달

6 '-래요'에 대한 분석은 견해의 차이가 있다. 이기갑(2003:601)에서는 '-래(요)'를 '-라고 해(요)'의 축약으로 보고, '-더래(요)'를 '-더라고 해(요)'의 축약으로 보아서, 충북 단양에서는 '그렇게 말을 걸작으로 **하더래유**'와 같이 '-더래유'로 출현하기도 하고, 강원도 강릉에서는 '그래서 돈 구천 냥을 떼 먹구 **말더래**', '또 **오더래**', '옆에다 **묻었드래요**'와 같이 '-더래(요), -드래(요)' 등으로 출현하기도 한다고 소개하고 있다. 반면에 이병근・김봉국(2001)에서는 서술격 조사 '이'의 기원형을 '*일'로 설정하여서 정선 지역어의 '이래요'를 '*일+에+요'로 분석하는 입장이다. 정선 지역어의 문장들을 살펴보면 의미적인 측면에서는 이병근・김봉국(2001)의 해석이 더 자연스럽게 느껴지나 형태분석의 측면에서는 선어말어미 '더' 뒤에서도 '래요'로 출현하는 경우에는 '*일+에+요'의 분석을 적용할 수 없다는 어려움이 있다.

7 정선 지역어의 선행 연구인 원훈의(1979), 고려대(1991), 이병근・김봉국(2002) 등에서도 정선 지역어에서 발견되는 조사와 어미를 자세히 다룬 바 있다. 특히 이 논의들에서는 조사나 어미의 형태적인 변이에 주목하였는데, 예를 들면 정선 지역어에서는 표준어에서보다 더욱 다양한 이형태를 보유하고 있다든지, 표준어에서는 발견할 수 없는 형태가 나타난다든지 등 주로 표준어와 다른 특징에 대해서 보고하였다.

과 관광 문화의 발달은 표준어의 사용양상에도 영향을 미쳤을 것으로 예상된다. 그러므로 우리는 정선 지역어의 문장에 나타난 조사와 어미를 통해서 표준어형이 우세한 경우와 방언형이 유지되는 경우로 나누어서 그 변화를 포착해 보고자 한다.

3.1. 표준어형의 우세

우리는 이미 주격 조사의 경우 체언의 마지막 음절이 모음인 경우에는 '거'와 '이'가 사용되고 체언의 마지막 음절이 자음인 경우에는 '이가'가 사용되는 특이한 점을 언급한 바 있다. 우리의 조사 자료에서는 이러한 형태들이 출현하는 것이 사실이긴 하나 더 일반적으로 사용되는 것은 표준어형인 주격 조사 '이'와 '가'인 것으로 나타났다.[8]

(27) 가. **<u>해가</u> 뜰 직에? 질 적에? <u>해가</u> 돋는다. 아침에, 새복에.**(2013, 화암리, 피순희)
(해가 뜰 적에? 질 적에? 해가 돋는다. 아침에, 새벽에.)
나. **그건 게, 대게. 대게 맞잖아. <u>게가</u> 영덕서 나와.**(2013, 화암리, 피순희)
(그건 게, 대게. 대게 맞잖아. 게가 영덕서 나와.)

(27가)는 '해돋이'를 묻는 질문에 대한 답변이고, (27나)는 '게[蟹]'를 묻는 질문에 대한 답변이다. (1)의 예와 같이 주격 조사로 '거'가 출현하기도 하였지만 (27)의 예에서처럼 '가'가 더 일반적으로 출현하는 것으로 나타났다. 그러므로 정선 지역어에서 체언의 마지막 음절이 모음으로 끝나는 경우, 주격 조사로 '거'와 '가'가 특별한 규칙이 없이 수의적으로 사용되기는 하지만 '가'가 더 일반적으로 쓰인다고 할 수 있다.

---

8 2013년 조사에서는 소위 방언형이라고 할 수 있는 체언 말 모음 뒤의 '거', '이' 형과 체언 말 자음 뒤의 '이가' 형 등이 특정 마을(화암리, 낙천리)에서만 확인된다.

(28) 가. **바닷물 <u>색깔이</u> 푸룽죠. 푸름하죠.**(2013, 숙암리, 엄선여)
(바닷물 색깔이 푸르죠. 푸르무레하죠.)
나. **<u>심이</u> 든다. 쉽지 않은 <u>일이</u> <u>심이</u> 든다.**(2013, 낙천리, 정태수)
(힘이 든다. 쉽지 않은 일이 힘이 든다.)
다. **비가 <u>물이</u> 많이 들어 왔다 요거 어떡하나 그러지. <u>물이</u> 들어 왔다 그러지.**(2013, 낙천리, 정태수)
(비가, 물이 많이 들어 왔다. 이거 어떡하나 그러지. 물이 들어왔다 그러지.)

(28가)는 '파랗다'의 지역어를 묻는 질문에 대한 답변이고, (28나)는 '어렵다'의 활용형을 묻는 질문에 대한 답변이고, (28다)는 '홍수'의 지역어를 묻는 질문에 대한 답변이다. 이 문장들을 살펴보면, 체언의 마지막 음절이 모음으로 끝날 때와 마찬가지로 표준어의 주격 조사인 '이'가 '이가'와 함께 자유롭게 사용되고 있음을 확인할 수 있다. 특히 (28가)의 문장은 (3나)의 제보자와 동일인으로 '색깔이'와 '색깔이가'가 한 사람에게서 특별한 규칙 없이 변화되어 쓰이고 있음을 잘 보여 준다고 하겠다. 이처럼 주격 조사 '가~거'의 교체와 마찬가지로 '이~이가'의 교체 역시 방언형인 '이가'보다는 표준어형인 '이'가 정선의 전 지역에서 두루 확인된다. 그러므로 정선 지역어에서 체언의 마지막 음절이 자음으로 끝나는 경우, 주격 조사로 '이가'와 '이'가 특별한 규칙 없이 자유롭게 사용되기는 하지만 '이'가 더 일반적으로 쓰인다고 정리할 수 있다.

목적격 조사의 경우도 주격 조사와 마찬가지로 방언형인 '으/르'가 일부 마을(낙천리, 화암리, 유천리)에서 확인되지만 그보다는 표준어형인 '을/를'이 대부분의 마을(낙천리, 예미리, 용탄리, 직전리, 가수리)에서 확인된다.

(29) 가. **<u>곡승을</u> 여다 가지고 겉껍질 바깥에, 알매:이만 남께 까분다고 하지. 까분다 하기도 하고 치질한다 하기도 하고.**(2013, 낙천리, 정태수)

(곡식을 여기다가 가지고 겉껍질은 바깥에, 알맹이만 남게 까분다고 하지. 까분다고 하기도 하고 키질한다 하기도 하고)

나. **이엉이라 기래요 이엉. <u>짚을</u> 가지고 그러는 기 이엉. 논에 볏집이 시래기만 하잖아요 여 갖다가 여만큼 둘레를 갈라요. 갈라 가지고 끊어 가지고 엮어요 이렇게. 기래가 말아 가지고 여 지붕 위에다 갖다 한다고.**(2013, 낙천리, 정태수)
(이엉이라 그래요 이엉. 짚을 가지고 그러는 게 이엉. 논에 볏짚이 시래기만 하잖아요. 여기 가져다가 요만큼 둘레를 갈라요. 갈라서, 끊어서 엮어요 이렇게. 그래서 말아서 여기 지붕 위에다 가져다가 한다고.)

(29가)는 '키를 까분다'는 지역어를 묻는 질문에 대한 답변이고, (29나)는 '새끼 꼬다'의 지역어를 묻는 질문에 대한 답변이다. 이 문장들을 보면 '곡슥, 짚'과 같이 자음으로 끝난 체언 뒤에서 표준어형인 목적격 조사 '을'이 사용되고 있음을 확인할 수 있다.

(30) 가. **수챗구멍이라는 거는 그 전에 <u>소를</u> 미기믄 소 이 거름 꺼내는 그걸 가지고 수챗구멍이라 하든데….**(2013, 낙천리, 정태수)
(수챗구멍이라는 것은 그 전에 소를 먹이면 소, 이 거름 꺼내는 그것을 가지고 수챗구멍이라고 하던데…)

나. **곡식 떨어 가지고 키! 키! <u>키를</u> 까부는 거지. 까부는 거.**(2013, 낙천리, 곽연명)
(곡식을 털어 가지고 키, 키. 키를 까부는 거지. 까부는 거.)

(30가)는 '수챗구멍'의 지역어를 묻는 질문에 대한 답변이고, (30나)는 '키를 까불다'의 지역어를 묻는 질문에 대한 답변이다. 이 문장들에서는 '소, 키'와 같이 모음으로 끝난 체언 뒤에서 표준어형인 목적격 조사 '를'이 사용되고 있음을 확인할 수 있다.

(31) 가. **엄마의 여동ᄉᆡ̃ː**(2013, 화암리, 피순희)
(엄마의 여동생)

나. **남으 새끼라고.**(2013, 용탄리, 전금옥)
(남의 새끼라고.)

(31)은 관형격 조사가 사용된 2013년도의 문장이다. 앞서 1990년대의 문장을 제시했던 (7)에서는 다양한 형태의 관형격 조사가 관찰되었는데, 2013년에 들어서는 그러한 다양한 형태의 용례들이 관찰되지 않았다.

(32) 가. **정선자아̃는**(2013, 화암리, 피순희)
(정선장에는)
나. **따아̃ 가는데**(2013, 유천리, 이재덕)
(땅을 가는데)
다. **동사이̃ 있고.**(2013, 화암리, 피순희)
(동생이 있고.)

(32)는 2013년에 관찰된 문장으로 체언의 마지막 음절이 '앙'인 경우의 격조사의 모습을 보여 준다. 앞서 1990년대의 용례를 살핀 (12)와 비교해 봤을 때, (32가, 나)처럼 부사격 조사나 목적격 조사에서는 '아̃'로 출현한 문장을 확인할 수 있었으나 (32다)와 같이 주격 조사가 쓰인 문장에서는 비음화만 유지될 뿐 주격조사가 '아'형으로 바뀐 용례는 찾을 수 없었다.

다음은 부사격 조사에 대해서 살펴보도록 하자. 먼저 부사격 조사 {로}는 움직임의 방향이나 경로를 나타내는데, 정선 지역어에서 '(으)루'로 출현하기도 한다.[9]

(33) 가. **재는 거? 재는 게 지끔으는 저울로 달지. 지끔은 말이 없고 되도 없고.**(2013, 낙천리, 곽연명)
(재는 거? 재는 게 지금은 저울로 달지. 지금은 말이 없고

9 '(으)루'는 정선과 인접한 지역들 중에서도 중부 방언의 영향을 받은 것으로 보인다. 중부 방언에는 모음조화가 지켜지지 않는 형태들이 자주 확인된다(각주 10참조).

되도 없고)

나. **왕골자리 매는 거. 돗자리 매는 거. 나무로 맨들어 가지고 짜고. 그 전에 가마니 같은 거도 짜고. 그런 게 다 있었지. 지금이야 없지.**(2013, 낙천리, 곽연명)
(왕골자리 매는 거. 돗자리 매는 거. 나무로 만들어서 짜고. 그 전에 가마니 같은 것도 짜고. 그런 게 다 있었지. 지금이야 없지.)

다. **옛날에느 기계가 없으니까 쇠로 가지고 밭을 갈아 가지고 보를 맨들고는 움푹한 데 글로 씨를 넣고 묻었다 이기야. … 낭구리로 된 기 있어. 이거는 흙재̃:이̃라 그래. 흙재̃:이̃.**(2013, 유천리, 이재덕)
(옛날에는 기계가 없으니까 쇠로 밭을 갈아서 보를 만들고는 움푹한 데 그리로 씨를 넣고 묻었다 이거야. … 나무로 된 게 있어. 이거는 흙쟁이라 그래. 흙쟁이.)

(34) 가. **그거는 구박이여, 구박. 낭구 구박. 구박이 있어. 옛날에 구박이 있어. 그거는 여러 가지 이것도 쓰고 저것도 쓰고. 낭구루 깍은 거여 구박이여.**(2013, 화암리, 피순희)
(그것은 구박이여, 구박. 나무 구박. 구박이라고 있어. 옛날에 구박이 있어. 그것은 여러 가지, 이것에도 쓰고 저것에도 쓰고, 나무로 깎은 거야. 구박이야.)(2013, 화암리, 피순희)

나. **되빡으루 된다고 그러지. 되빡으루 된다고 그래.**(2013, 화암리, 피순희)
(되박으로 된다고 그러지. 되박으로 된다고 그래.)

(33가)는 '되다[測量]'에 대한 지역어를 묻는 질문에 대한 답변이고, (33나)는 '탯자리개'에 대한 지역어를 묻는 질문에 대한 답변이며, (33다)는 '극젱이'에 대한 지역어를 묻는 질문에 대한 답변이다. 이 문장들에서는 모두 부사격 조사 '(으)로'가 사용되고 있음을 확인할 수 있다. 한편 (34가)는 '이남박'에 대한 지역어를 묻는 질문에 대한 답변이고, (34나)는 '되다[測量]'에 대한 지역어를 묻는 질문에 대한 답변인데, 이 문장들에서는 부사격 조사 '(으)루'가 쓰이고 있음을 확인할 수 있다.

(33)과 (34)는 2013년 조사에서 확인된 문장으로 이전의 논의에서 언급된 선호형과 차이를 보이고 있다.

〈표 5-1〉 '(으)로'형과 '(으)루'형의 정선 내 분포(원훈의 1979 참조)

	'(으)로'형	'(으)루'형
'춘천-'	5개 마을	8개 마을
'대구-'	4개 마을	9개 마을

〈표 5-1〉은 원훈의(1979)에서 기술한 내용을 정리한 것이다. 이를 통해 원훈의(1979)의 논의 당시에는 '(으)로'형보다는 '(으)루'형이 정선 지역에서 더 넓게 분포하고 있었음을 알 수 있다. 그러나 2013년 조사에서는 '(으)로'가 낙천리, 화암리, 예미리, 용탄리, 직전리, 유천리, 가수리, 낙동리, 숙암리 등 9개의 마을에서 확인된 반면에 '(으)루'형은 낙천리, 유천리, 가수리, 낙동리, 숙암리, 화암리 등 6개의 마을에서 확인되었다. 이는 1980년대에는 '(으)루'형의 세력이 더 컸으나 오늘날에 와서는 '(으)로'로 그 세력이 이전되었음을 보여 준다.

표준어형이 우세한 경우는 어미에서도 관찰된다. 시간상의 선후 관계를 나타내거나 방법 따위를 나타내는 연결어미인 {-어/아}의 경우도 원훈의(1979)에서는 선행하는 어간에 따라 출현형이 조금씩 차이를 보인다.

〈표 5-2〉 연결어미 {-어/아}의 정선 내 분포(원훈의 1979 참조)

	'-어'형	'-아'형	'-에/애'형	'-으'형	'-우'형	'-이'형
'던지/떤지- 봐'	7개 마을	5개 마을	-	1개 마을	-	-
'가지- 와'	4개 마을	6개 마을	-	-	3개 마을	-
'훔치- 갔다'	4개 마을	6개 마을	3개 마을	-	-	-
'마시- 봐'	6개 마을	-	2개 마을	-	-	5개 마을
'계시/기시- 봐요'	8개 마을	4개 마을	1개 마을	-	-	-
'먹/묵- 봐'	5개 마을	8개 마을	-	-	-	-

〈표 5-2〉를 보면 1970년대 후반에는 대체로 선행어간의 말음이 양성모음인지 음성모음인지에 따라 교체를 보이는 표준어형 '-어/아'가 정선 내 여러 지역에서 확인되었다. 그리고 그와 비슷하게 표준어형의 '-어'가 출현할 자리에 '-아'가 출현하는 경우도 다수 출현하였다. 그밖에 '-에/애', '-으', '-우/오', '-이' 등의 형태가 원훈의(1979)에서는 일부 지역에서 확인되었는데, 2013년 조사에서 '-으' 형태는 확인되지 않지만 대체로 원훈의(1979)와 유사하게 표준어형인 '-어/아'가 가장 많이 확인되었다. 다만 한 가지 큰 차이점은 모음조화를 지키지 않는 '-아'형은 2013년 조사에서 많이 발견되지 않았다는 점이다. 아래의 (35)는 가장 많이 확인되는 '-어/아' 형의 문장들로 (35가)는 '지느러미'의 지역어를 묻는 질문에 대한 답변이고, (35나)는 자식을 업어 키웠다는 제보자의 경험담 중 일부이다. (36-39)는 상대적으로 적게 관찰되는 것들로 (36)은 모음조화를 지키지 않는 '-아'형, (37)은 '-오/우'형, (38)은 '-이'형, (39)는 '-에'형이다.

(35) 가. **지느라미, 예. 다른 표현은 못 <u>들어 봤는데</u>. 그냥 지느라미 그런 거만 들어 봤는데?**(2013, 낙동리, 신익선)

나. **많이 <u>업어 키웠지</u>. <u>업어 줘야지</u>.**(2013, 직전리, 이성봉)
(많이 업어 키웠지. 업어 줘야지.)

(36) **농사 지아야지. 농사 <u>지아 먹고</u> 살지.**(2013, 예미리, 안재원)
(농사 지어야지. 농사 지어 먹고 살지.)

(37) **<u>쏟아 졌으이까</u> 조:담는다.**(2013, 낙천리, 정태수)
(쏟아 졌으니까 주워 담는다.)

(38) 가. **<u>끌이 먹었지</u>.**(2013, 화암리, 피순희)
(끓여 먹었지.)

나. **<u>팔이 먹기도</u> 하고.**(2013, 낙천리, 관역명)
(팔아 먹기도 하고.)

(39) 가. **<u>고에 있다</u> 그러지.**(2013, 낙천리, 관역명)
(고여 있다고 그러지.)

나. **기계르 <u>꿰:가지고</u>.**(2013, 유천리, 이재덕)
(기계를 꿰어 가지고.)

이상의 논의를 정리하면 2013년의 자료조사를 통해서 확인할 수 있는 표준어형의 우세는 다시 두 가지의 경우로 나누어 볼 수 있다. 첫째는 20, 30여 년 전 논의에서 확인되었던 방언형이 2013년 조사에서도 확인되었지만 그 사용은 줄어들고 표준어형의 사용은 늘어난 경우이다. 이러한 유형에는 주격 조사, 목적격 조사, 부사격 조사 등이 있었다. 둘째는 이전 논의에서 확인된 방언형의 일부가 2013년 조사에서 확인되지 않고 그와 동시에 표준어형의 사용이 늘어난 경우이다. 이러한 유형에는 관형격 조사 '의', 연결어미 '-어/아' 등이 있었다. 두 경우 모두 표준어형의 사용이 확산되었다는 점에서 공통점이 있지만 첫째 경우보다는 둘째 경우가 표준어의 영향을 더 많이 받은 경우라고 할 수 있다.

이 글에서 언급하지는 않았지만 20, 30여 년 전의 논의들에서부터 이미 표준어형이 우세하였던 조사나 어미까지 포함한다면 정선 지역어의 표준어화는 오래 전부터 지금까지 조금씩 진행 중에 있다고 할 수 있다.[10]

---

10 원훈의(1979), 고려대(1991), 이병근 · 김봉국(2002) 등을 종합적으로 검토하여 2013년의 지역어 조사 결과와 비교해 보면 다음과 같은 문법형태소들이 표준어형이 우세한 것으로 나타났다(쌍점(:)의 좌측은 표준어형이고 우측은 방언형이다).

문법기능	표준어형:방언형
≪처소+더함≫의 부사격 조사	에다가:에더가
≪비교≫의 부사격 조사	보다:보담∽보덤
≪여격≫의 부사격 조사	한테:헌테∽인테
≪주제≫의 보조사	은/는:으는∽느
≪마침≫의 보조사	까지:까짐∽꺼지∽꺼짐∽꺼정∽진수
≪중단≫의 연결어미	-다가:-더가
보조적 연결어미	-게:-거∽-게르∽-게로∽-그러∽-거러

특히 이들 중 '에더가', '보덤', '헌테', '꺼지', '꺼정', '-더가' 등은 모음조화를 지키지 않는 형태들로 중부 방언의 영향을 받은 것들이다. 이러한 형태들이 점차 그 사용이 줄어들고 있다는 점은 표준어를 중부 방언의 하나인 서울 지역어와 구별해서 보아야 할 필요가 있음을 보여 준다. 곧 오늘날의 정선 지역어는 모음조화가 잘 지켜지지 않는 서울 지역어의 영향을 받고 있다기보다는 TV나 라디오와 같은 대중매체와 학교교육 등을 통해 표준어형을 학습하는 것으로 생각된다.

3.2. 방언형의 유지

정선 지역어에서 표준어형의 우세는 많은 수의 조사나 어미에서 발견되는 특징이었다. 그러나 모든 경우에서 그러한 특징이 일관되게 나타나지는 않는다. 상대적으로 그 수가 적기는 하지만 방언형이 유지되는 경우도 발견된다.

우리는 이미 2.1절에서 {부터}가 정선 지역어에서는 '부텀', '보터'의 형태로도 출현하는 것을 언급한 바 있다. 이와 관련하여 원훈의(1979)에서는 '오늘부터'가 2개의 마을에서 출현한 데 반해 '오늘부텀'이 11개의 마을에서 관찰되어서 방언형인 '부텀'이 더 우세한 것으로 나타났다. 이러한 경향은 2013년 조사에서도 그대로 확인되는데, '부텀'이 낙천리, 화암리, 가수리, 낙동리, 용탄리 등의 5개 지역에서 확인된 반면 '부터'가 직전리, 가수리, 낙동리 등의 3개 지역에서만 확인되어 여전히 방언형의 세력이 유지되고 있음을 확인할 수 있다.

(40) 가. '부텀'형 : 여기서**부텀**(2013, 화암리, 피순희), 스물 하나에서 **부텀**이나(2013, 낙천리, 관역명), 기계가 나오고**부텀**(2013, 가수리, 전상주), 옛날**부텀**(2013, 낙동리, 신재영 · 최금녀)
나. '부터'형 : 나오면서**부터**(2013, 가수리, 전상주), 80년도**부터**(2013, 직전리, 이성용)

가정할 때 쓰는 연결어미인 {-면} 역시 정선 지역어에서는 '-(으)면', '-(으)머', '-(으)문', '-(으)믄', '-(으)ㅁ' 등으로 다양하게 실현된다고 앞 절에서 언급한 바 있다. 이 역시 기존 논의들과 2013년의 조사 자료를 비교해 보면 표준어형인 '-면'보다도 방언형인 '-믄'형이 더 많은 지역에서 관찰되고 있음을 알 수 있다. 특히 이병근 · 김봉국(2001)에서는 '-(으)먼'의 형태가 제일 흔히 쓰인다고 기술하기도 하였다. 그러나 2013년 조사에서는 그 결과가 조금 다르게 나타났는데 '-(으)먼'이 여러 지역에서 출현하기는 하였지만 그보다는 이전에는 언급되지 않았던 '-(으)믄'의 형태가 가장 많은 지역에서 확인되는 것으로 나타났다. 결과적으로 표준어형인 '-(으)면'이 오늘날까지도 세력을 확장시키지 못하고 상대적 방언형들인 '-(으)믄', '-(으)먼', '-(으)문' 등이 더 우세한 몇 안 되는 경우이다. 아래는 2013년 조사에서 확인된 '-면'의 다양한 형태와 각각의 형태가 확인된 조사 지역이다.

(41) 가. -(으)면 : 화암리, 예미리, 용탄리, 숙암리(4개 지역)
나. -(으)먼 : 용탄리, 직전리, 가수리, 낙동리(4개 지역)
다. -(으)머 : 직전리(1개 지역)
라. -(으)문 : 용탄리, 직전리, 가수리(3개 지역)
마. -(으)믄 : 낙천리, 화암리, 예미리, 용탄리, 유천리, 가수리, 낙동리, 숙암리(8개 지역)
바. -(으)ㅁ : 낙천리(1개 지역)

{-려고} 역시 앞 절에서 살펴본 바 있는 의도의 의미를 지닌 연결어미로 이전 논의와 2013년 조사에서 모두 방언형이 더 우세한 것으로 나타났다. 원훈의(1979)에서는 표준어형인 '-려고'가 1개의 마을에서만 관찰된 데 반해서 '-ㄹ라구'는 12개의 마을에서 관찰되어서 방언형이 월등히 우세한 것으로 나타났다.

〈표 5-3〉 ≪의도≫의 연결어미의 정선 지역 내 분포(원훈의: 1979 참조)

	'(으)려고'형	'(으)ㄹ라구'형
'가-'	1개 마을	12개 마을

2013년의 조사에서도 '-ㄹ라', '-ㄹ라고'가 여러 지역에서 출현한 데 반해 '-려고'형은 발견되지 않아서 이러한 경향은 그대로 유지되고 있음을 알 수 있다(예문20 참조).

지금까지 방언형이 유지되는 조사나 어미에 대해서 살펴보았다. 표준어형이 우세한 경우에 비해서 그 용례가 상대적으로 적고 특히

{-려고}와 같이 오늘날에도 표준어형이 거의 사용되지 않는 경우보다는 {-면}이나 {부터}와 같이 방언형이 우세하긴 하나 조금씩 표준어형의 세력이 확장되고 있는 유형들이 발견됨을 확인할 수 있었다. 결국 방언형이 유지되는 조사나 어미 역시 거시적인 관점에서 보면 표준어형의 영향을 받고 있다고 볼 수 있다.

4. 하나부텀 열꺼정 살펴보니깐드루

"서울말은 끝만 올리면 된다."라는 말이 있다. 물론 이 말은 사실과 다르기 때문에 여러 개그 프로그램에서 웃음의 소재로 삼아왔다. 예컨대 경상도 화자가 의문문을 만들 때 말끝의 억양만 올리면 또 다른 경상도 화자가 서울말을 어디서 배웠냐면서 치켜세우는 식이다. 그러나 우리는 이러한 문장이 서울말을 쓰는 화자들에게 매우 어색하게 들린다는 사실을 알고 있다. 왜냐하면 한 지역어의 문장은 억양과 같이 단순히 하나의 특징만을 따라한다고 해서 모방할 수 있는 것이 아니기 때문이다. 이렇듯 특정 지역어의 문장이 가지는 고유한 속성은 억양만으로 결정되지 않는다. 해당 지역의 음운, 어휘, 조사, 어미 등과 같이 다양한 요소가 복합적으로 작용하게 된다. 그래서 억양을 따라 한다고해서 지역어에 대한 완전한 모방이 되지는 못하는 것이다.

이제 다시 한 번 같은 질문을 해보자. 정선 지역어는 문장의 끝에 '-래요'만 사용하면 되는 것일까? 영화 『선생 김봉두』를 보았던 대부분의 관객들은 실제 정선 지역어를 몰랐기 때문에 배우들이 정선 지역어를 잘 한다고 치켜세웠을 것이다. 하지만 우리는 이미 이 질문에 대한 대답을 본문에 제시한 여러 문장들을 통해서 살펴보았다고 생각한다.

그런데 우리는 정선 지역어의 변화와 관련하여서 한 가지를 더 생각해 볼 필요가 있다. 3장에서 우리는 표준어형이 우세한 조사나 어미가 정선 지역어에서 자주 사용되고 있음을 확인하였다. 그리고 이러한 추세는 정선의 사회문화가 예전처럼 고립되지 않는 한 지속될 것으로 보인다. 그렇다면 시간이 조금 더 지나면 실제 정선 지역어도 문장의 끝에 '-래요'만 사용하는 식으로 더 단순화되지는 않을까?

지금까지 정선 지역어에 대한 여러 편의 논문과 저서가 있었지만 대체로 음운론과 어휘 연구에 집중해 왔고 조사나 어미와 같은 문법적인 측면의 연구는 형태론적인 측면에서 단편적으로 이루어져 왔다. 이제는 이러한 연구가 조금 더 확장되어 정선 지역어의 문장을 온전히 기록하고 그 문장들의 전반적인 특징들을 다각적으로 살펴보는 논의가 필요한 시점이다.

* 이 글에서 제시된 정선 지역어의 문장들은 유튜브(YouTube)에서 '정선 지역어'로 검색하여 직접 들어 보실 수 있습니다.

제6장

정선 지역어의 보존과 교육

안찬원 · 정지현

1. 정선 지역어가 사라지고 있다면

"벼에서 여기 겉껍질을 벗기면 겉껍질이 되게 거칠고 굵어요. 그거 혹시 뭐라고 부르는지 알아요? 벼의 겉껍질?"

"몰라요."

"으음, 이 농작물은 뭐라고 불러요?"

"몰라요."

"모르겠어요? 이거는 '보리'라고 부르는데, 보리에는 이렇게 낟알마다 수염이 나 있어요. 이 수염 같이 생긴 거 뭐라고 부르는지 들어본 적 있어요?"

"없어요."[1]

정선 지역은 태백산맥 줄기에 위치하고 있어 대부분 높고 가파른 산으로 둘러싸여 있다. 해발 고도가 높고 계곡이 깊어서 예로부터 외부인의 출입이 적은 곳으로 유명하다. 하늘과 가까이에 사는 정선

---

1 정선군 소재 ○○초등학교 3학년 학생과의 대화를 전사한 기록에서 발췌한 것이다.

• 토박이
대대로 해당 지역에서 태어나서 오래도록 살아 내려오는 사람을 가리킨다. 여러 세대를 걸쳐 살아오거나 한 평생 또는 한 세대 정도를 같은 지역에서 살았던 인물이라 할 수 있다. 방언조사에서는 통상적으로 3세대 이상 그 지역에 살아온 토박이를 제보자로 선정한다.

• 친족어
친족어는 혈연이나 혼인으로 이루어지는 친족 관계를 가리키는 말로 친족어휘라고도 한다. 친족 관계는 인간이 세상에 태어나 가족 속에서 자라고, 혼인을 통하여 새로운 가족이 구성되면서 자연스럽게 생기는 인간관계에 해당한다. 친족어는 한국어 기초 어휘에 포함되는 어휘로서 일상생활에서 사용 빈도가 높고 인간관계가 언어에 반영되어 있어 어휘 연구 분야에서 중요하게 다루어지는 부류에 해당한다.

• 차용어
외국에서 들어온 말인데 국어처럼 쓰이는 단어를 가리킨다. 비슷한 말로 외래어가 있으나 어떤 방언이 다른 방언에서 어휘를 취하는 경우도 차용어라 하는 등 외래어보다 넓은 의미로 사용되기도 한다.

마을 사람들은 산간 지역의 특성상 자연스럽게 자연과 벗 삼아 살았다. 지금도 정선을 찾는 외지 사람들은 천연 자연과의 만남을 기대한다. 이러한 자연 환경의 영향으로 정선 지역의 많은 사람들이 농사를 지으며 살아간다.[2] 대화를 나눈 학생의 부모도 농업을 주업으로 한다. 할아버지도 농사를 지으신 분이다. 전형적인 농경 사회를 성장 환경으로 두고 있음에도 불구하고 이 학생은 '왕겨'를 모르고, 사진을 보고도 '보리'를 구별해 내지 못한다. 정선에는 지금 어떤 일이 일어나고 있는 것일까?

정선 지역어 조사는 60세 이상의 •토박이는 물론, 그들의 직계 후손인 10대 화자들을 포함하여 이루어졌다. 이는 60대 이상의 화자와 10대 화자를 비교해 봄으로써 정선 지역어의 미래를 살펴보기 위함이다. 10대 화자들의 학령을 고려하여 전체 조사 어휘 중 초등학생이 이해하기 쉬운 어휘 227개를 선별하고 그 실태를 조사하였는데, 그 결과 의외의 현상을 발견하였다. 제보자로 선정한 3명의 10대 화자가 대부분의 어휘를 표준어로 응답하였다는 사실이다. 조사 중 지역어로 대답한 어휘는 단 2개에 불과하였다. 정선 지역 10대 화자들은 오히려 표준어 화자에 가까웠다.

지역어가 의사소통의 수단임은 물론이거니와, 그들의 정서를 담고 있고 이들을 공동체로 엮는 무한한 능력을 가지고 있다는 것은 이미 잘 알려진 사실이다. 지역 문화는 사회 구성원에 의해 습득, 공유, 전달되는 각 지역의 행동양식이나 생활양식 모두를 포함하는데 이러한 지역 문화는 곧 그 지역의 언어, 특히 어휘에 의해서 표상된다. 곽충구(2007:197)에서 사회제도, 가옥구조, 관혼상제, 세시풍속, 농경방식, 복식, 음식, 놀이 등과 관련된 용어나 •친족어, •차용어 등

2 『2015 정선군 통계연보』를 참고하면 2014년 현재 총 19,347세대 중에 농가는 3,320호로 전체의 17.2%를 차지한다. 인구수로 살펴보면 21%(총인구수 39,752명 중에서 농업직종자 8,358명)에 해당하는 사람들이 농사를 지으며 살아가고 있다. 10년 전인 2004년에도 농가가 17.2%(총 18,314세대 중 농가 3,153호), 농업 인구가 17.5%(총 45,633명 중에서 농업직종자 8,008명)의 비율을 차지한 것으로 보아 2014년과 큰 차이를 보이지 않는다. 2004년 자료는 『2005 정선군 통계연보』를 참고하였다.

에서 방언차가 발견되는 것은 바로 그 때문이라고 한다. 이와 같이 특정 지역어가 가지고 있는 고유의 음운, 음운 현상, 문법 요소, 어휘, 의사소통 방식 등은 국어가 가질 수 있는 언어적 양상을 풍부하게 보여주는 자료가 될 수 있다(신희삼, 2002; 김봉국, 2009).

특히 정선 지역은 다른 지역에 비해 우리 선조들의 언어 습관이나 고유한 문화가 잘 보존되어 있는 편으로 다음과 같은 방언적 가치를 지닌다. 첫째, 강원도 내에서도 다른 지역에 비해 방언형의 사용 비율이 높은 편에 속한다. 원훈의(1979)에서 정선, 평창, 영월 지역의 방언형 사용 실태를 연구한 바 있는데, 정선 지역은 대명사의 경우 80~90% 정도의 비율로 방언형을 사용하며, 문법형태소의 사용 비율은 평균 60%에 이른다.[3] 이는 평창(평균 42%)과 영월(평균 28%)의 방언형 사용 비율에 비해 높은 결과로, 정선이 방언형을 연구하기에 적합한 지역임을 시사한다. 둘째, 정선 지역은 지리적으로 전이지대로서의 방언형을 가진다. 정선은 영동과 영서 방언의 중간 지대로서 두 방언권의 영향으로 독특한 방언형을 형성하고 있다. 셋째, 정선 지역어는 정선 지역의 정서와 문화, 사상을 담은 보고로서 가치가 있다. 이정기(2006:494)에서는 지역어가 의사소통을 매개하는 역할뿐만 아니라, 지역의 고유한 문화, 지역 주민들의 정서와 사상을 담고 있음을 강조한 바 있다. 이는 정선 지역어 역시 하나의 무형문화유산으로서의 가치를 가질 수 있음을 시사한다.[4]

3 원훈의(1979)는 평창, 정선, 영월의 문법을 중심으로 강원 지역어를 연구하였다. 이 연구는 원훈의(1978)의 후속 연구로, 원훈의(1980)로 연계된다. 원훈의(1979)의 연구 결과를 바탕으로 방언형 사용 비율을 표로 정리하면 다음과 같다.

〈표 6-1〉 정선, 평창, 영월 지역의 문법형태소 방언형 사용 비율

지역	동사									조사
	종결법			전성법		연결법	변칙활용	피동법	사동법	
	평서법	명령법	의문법	부사형	관형사형					
정선	46%	51%	58%	61%	77%	72%	46%	66%	75%	54%
평창	30%	32%	41%	41%	30%	52%	37%	47%	67%	45%
영월	15%	16%	23%	23%	36%	38%	21%	35%	47%	26%

4 박민일(2009:34)은 '정선 아리랑'에서 발견할 수 있는 정선 지역어로 억수장마, 석세베, 사절치기, 사발그릇, 개구장가, 거무노리, 아우라지, 장승배기, 곤드레, 딱주기,

정선 지역어가 여러 가지 가치를 지니고 있음에도 불구하고, 정선 지역에 거주하는 아이들의 방언 지식은 현저하게 낮은 것으로 조사되었다. 아이들이 더 이상 사용하지 않는 지역어의 미래는 어떨까? 이 시점에서 연구자들과 행정가들, 그리고 교육자들이 수행해야 할 과업은 무엇일까? 이 질문에 답하기 위하여 먼저 강원도 정선군의 언어에 대한 조사를 기반으로 하여 현재 정선 지역어의 현 실태를 진단하고, 정선군에서 시행하고 있는 지역어 관련 연구와 교육 실태를 살피고자 한다.

2. 정선 지역어의 현황

정선 지역어의 현황을 살펴보기 위해 60대 이상 화자와 10대 화자의 언어 사용 양상을 조사함은 물론, 정선 지역어를 보존하기 위한 정선군 자체의 노력을 확인하였다. 먼저 60대 이상 화자는 3대에 걸쳐 해당 지역에 거주하고 있는 60세 이상의 토박이로, 지역어 연구 제보자의 요건을 갖춘 사람이다. 10대 화자는 정선 토박이를 조부모로 둔 초등학생으로 정하였다. 이는 변인을 최소화하기 위하여 제보자의 직계 후손을 우선적으로 선정한 것이다. 다만 직계 후손이 없거나 타 지역에 거주할 경우에는 동일 지역에 거주하는 10대 화자를 연구 대상으로 하였다. 정선 지역어를 보존하기 위한 노력은 정선 지역에서 자체 발간한 자료집, 각종 행사, 학술지 등 다양한 연구 논문을 대상으로 삼았다.

청숭아리, 꼴춤, 노랑두머리, 파뿌리상투, 장치다리, 통로구, 우태꾼(상두꾼), 부끔떡(밀떡), 조막팡이, 산지니, 수지니, 노구메, 무나드리, 아척 등을 들고 있다.

2.1. 정선 지역어의 사용 양상

이 절에서는 주로 60대 이상의 화자와 10대 화자의 언어 사용 실태를 비교함으로서 정선 지역어의 사용 양상을 진단하고자 한다. 더불어 지역어에 대한 주민 의식이나 문화를 살펴볼 것이다.

[1] 표준어 침투로 인한 지역어의 소멸화

정선 지역어 조사에서 60대 이상 화자도 정선 지역어(이하 방언형) 대신 표준어를 사용하는 경우가 빈번하였다. 또한 과거에는 방언형을 썼으나 요즘에는 제보자 자신도 사용하지 않는 단어라고 설명을 덧붙이는 경우도 종종 있었다. 이에 따라 60대 이상 화자의 언어에 표준어형이 어느 정도로 침투해 있는지 살펴보는 과정이 필요하다고 진단하였다. 또한 표준어형의 영향을 받은 어휘가 무엇이며, 일상생활 중에 사용하지 않는 방언형은 무엇인지 검토할 필요가 있다. 이에 따라 다음과 같은 방법으로 60대 이상 화자의 언어 특징을 분석하였다.

준비한 질문을 통하여 방언형이 도출되지 않았을 경우에는 보다 직접적으로 추가 질문을 통하여 방언형을 확인하였다.[5] 질문의 유형은 총 네 가지로 이는 다음과 같다.

(1) 정선 지역어 조사 방법론: 질문 유형[6]
  가. 1유형: 질문지대로(사진이나 설명) 질문

5 조사 방법과 관련한 자세한 내용은 '제2장 정선 지역어의 조사 방법론'의 내용을 통하여 확인할 수 있다.

6 '제4장 정선 지역어의 어휘'에서 이와 동일한 조사 방법론에 따라 '지속형', '점멸형', '소멸형'으로 구분한 바 있는데, 이는 방언형의 출현 여부에 따라 어휘에 대한 전반적인 양상을 조명하기 위함이다. 그러나 이 장에서는 '표준어 침투'란 용어에서 짐작할 수 있듯이 정선 지역어와 표준어의 관계에 중점을 둔다. 이에 "표준어형과 함께 도출되었느냐"의 여부를 기준으로 방언형을 분류하였다는 점에서 제4장과 차이가 있다.

나. 2유형: "다른 표현은 없나요?"와 같이 질문
다. 3유형: "예전 어르신들은 어떻게 말했나요?"와 같이 질문
라. 4유형: "○○(방언형 제시)이란 말은 안 쓰시나요?"와 같이 질문

(1나), (1다), (1라)와 같이 추가 질문을 통해 방언형이 도출된 경우는 (1가)의 경우에 비해 비교적 방언형이 소멸해 가는 단계일 것으로 추정할 수 있다.

지역어 조사 중에 발견한 특징 중 하나는 제보자가 방언형과 함께 표준어형을 제시하는 경우가 빈번했다는 것이다. 이에 따라 우선 '방언형만 제보되는 경우'와 '방언형과 표준어형이 함께 제보되는 경우'를 구분하였다. 후자의 경우에는 표준어형으로 응답한 뒤 방언형을 제시하기도 하고, 이와 반대로 방언형을 제시한 후에 표준어형을 언급하기도 하였으나 도출 순서는 고려하지 않았다. 다만 추가 질문의 유무에 따라 두 유형으로 구분하였는데, 이에 따른 유형 분류는 〈표 6-2〉와 같다.

〈표 6-2〉 방언형과 표준어형의 도출 유형

방언형과 표준어형 도출 양상	질문 유형	제보 유형
방언형만 제보되는 경우	추가 질문 없음(1유형)	A
	추가 질문 있음(2,3,4유형)	B
방언형과 표준어형이 함께 제보되는 경우	추가 질문 없음(1유형)	C
	추가 질문 있음(2,3,4유형)	D
어떤 어형도 제보되지 않는 경우[7]		E

7 어떤 어형도 제보되지 않는 경우는 다양한 이유로 해석될 수 있다. 방언형이 소멸되었기 때문에 제보되지 않을 것이라고 추정할 수도 있지만 보다 더 많은 경우에 방언형을 도출하려는 질문이나 조사자의 조사 방법 등의 문제로 도출되지 않았을 것으로 예상된다. 그러나 특정 어휘에서 어떤 어형도 제보되지 않은 경우의 빈도가 매우 높을 경우 이를 방언형이 소멸되어 가는 단계로 해석할 수 있는 여지가 있어 '방언형 도출 유형'에 포함시켜 분석하였다.

조사 대상 어휘는 방언형을 도출하기 위해 의도적으로 선택한 단어들이다. 어휘 선정 과정에서부터 A유형으로 제보될 확률이 높은 단어로 구성되었다고 볼 수 있다. 즉 추가 질문 없이 방언형만 제보되는 빈도가 압도적으로 높은 결과가 도출되어야 지역어 조사의 어휘 선정 작업 의도와 일치하게 된다. 역설적으로 B, C, D, E유형의 객관적인 빈도가 다소 낮다하더라도 조사자의 의도보다 높다면 그 자체로 유의미하게 해석될 수 있다. 이는 방언형이 명시적으로 존재함에도 불구하고 지역 화자들이 방언형을 잘 사용하지 않는 증거가 되기 때문이다. 이러한 이유로 A유형의 빈도가 매우 높은 경우는 방언형이 잘 보존되고 있는 어휘로, 그 이외의 유형은 방언형이 사라지고 있는 어휘로 파악할 수 있다.

보존되고 있는 방언형

다음의 어휘들은 9개 마을 중 5~9개 마을에서 A유형으로 제보되었다. 즉 추가 질문 없이 방언형이 바로 도출된 빈도가 매우 높은 어형들이다. 이러한 어형들은 비교적 방언형이 보존되는 경우라고 볼 수 있다. 〈표 6-3〉에서와 같이 '쟁기(보구레), 곡괭이(목괭이, 꼭괭이), 가르마(가름배)' 등은 5~7개 마을에서, '쟁기꾼(밭갈애비), 왕겨(게, 제, 왕게, 왕제), 곁두리(새참, 전노리), 질경이(질갱이, 빱장우)' 등은 8~9개 마을에서 방언형으로 제보되었다.

〈표 6-3〉 보존되고 있는 방언형

A유형 빈도	보존되고 있는 방언형 목록
5~7회	쟁기(보구레), 곡괭이(목괭이,꼭괭이), 가르마(가름배), 두레박(뜨래박), 버마재비(황개미, 사마구)
8~9회	쟁기꾼(밭갈애비) 왕겨(게, 제, 왕게, 왕제) 곁두리(새참, 전노리), 질경이(질갱이, 빱장우), 솔가리(갈비, 솔갈비), 뛟다(틟다), 떡갈나무(참나무), 똬리(또바리), 토방(처마), 대님(댄님), 회오리바람(돌개바람), 글피(글패), 수탉(숫닭[수딱]), 암탉(암닭[암딱]), 고양이(고냥이), 다슬기(골뱅이), 귓불(귓밥), 귀이개(귀파개, 귀비개), 죄암죄암(잼잼, 쨈쨈), 도개걸윷모(뙤개걸윷모)

그러나 위 목록에서 '쟁기(보구레), 곡괭이(목괭이,꼭괭이), 두래박(뜨래박), 쟁기꾼(밭갈애비), 똬리(또바리)' 등의 단어는 농촌의 현대화로 어휘의 지시 대상물 자체가 점차 사라져가는 것으로 일상생활에서 잘 사용하지 않는다. 이 밖에도 보존되고 있는 방언형은 주로 농사, 친족 등의 어휘가 많은데 생활의 변화로 이들을 접할 기회가 없게 되었다. 이러한 단어들은 지역어 조사 과정 중에 A유형의 답변으로 빈번하게 제보되긴 하였지만 지시 대상물이 사라짐에 따라 해당 어휘도 소멸될 가능성이 많다. 이와 같은 예측은 다음의 E유형으로도 짐작할 수 있다.

대상물의 소멸로 사라져가는 방언형

조사 대상 어휘 중에서 추가 질문을 통해서도 방언형이 도출되지 않는 경우의 빈도가 높은 어형이 있었다. 즉, E유형으로 제보된 비율이 9개 마을 중 6~7개 마을로 높은 경우인데 이와 같은 어형들은 해당 방언형이 사라지고 있는 것으로 추정할 수 있다. '개상'과 '탯자리개' 같은 경우를 이와 같이 설명할 수 있다. '개상'은 고려대(1991)에서 '탯상'이라는 방언형으로 도출된 어형인데 이번 조사에서는 어떤 어형도 도출되는 않은 경우가 9개 마을 중 7개 마을에 해당했다.[8]

〈표 6-4〉 사라지고 있는 방언형

E유형 빈도	사라지고 있는 방언형 목록
6회	탯자리개(탯상 밧줄, 바초로기, 태끈)
7회	개상(탯상)

8 방언형이 등장한 것은 낙천리와 가수리에서이다. 낙천리에서는 1유형 질문에 의해서 바로 도출이 되었고 가수리에서는 추가 질문 중 4유형인 "(방언형 제시)○○이란 말은 안 쓰시나요?"라는 질문을 통해 제보되었다. 엄밀히 말하면, 개상의 방언형 '탯상'은 조사에서 1회 제보되었다고 볼 수 있다.

(2)는 지역어 조사 과정에서 '개상'에 대한 질문에 직전리의 제보자가 대답한 내용을 전사한 것이다. 이를 통해 제보자들이 '개상'이라는 단어와 실제 '개상'이라는 물건에 대해서 어떤 인식을 가지고 있는지를 확인할 수 있다.

(2) 지역어 조사 과정: 개상(탯상)
(개상 사진 제시)
제보자A: **모르겠는데 이거.**
제보자B: **농기구 박물관에 가면 다 있지.**
제보자A: **야. 박물관에 다 있지.**
조사자: 벼 터는 기계라고 하던데.
제보자B: **풀치게 아이야?**
제보자A: **아이야.**

'탯상'이라는 방언형이 도출되지 않았을 뿐더러 '개상'이라는 실제 물건 또한 농기구 박물관에 가서야 볼 수 있는 대상으로 변해, 이 대상 또한 실제 생활에서 사라지고 있음을 알 수 있다.

일상화되고 있는 표준어형

표준어형과 방언형이 함께 나타나는 유형인 C유형과 D유형의 합이 5회 이상인 어형을 다음과 같이 추출하였다. 이 어휘들이 보이는 경향을 표준어형이 일상화되고 있는 현상이라고 파악하였다.[9]

〈표 6-5〉 일상화되고 있는 표준어형

일상화되고 있는 표준어형
상추(불기, 부루)[5, 1], 자두(꽤, 통꽤)[4, 2], 콩나물(질금)[4, 1], 도토리(참밤)[4, 1], 가위(가새,깎개)[4, 1], 거울(면경, 색경)[4, 2], 달걀(달걀)[5, 0], 잠자리(소금쟁이)[4, 1], 언니(성)[2, 3]

9 〈표 6-5〉에서 단어 옆 [c, d] 형식으로 병기한 숫자는 각각 C유형, D유형으로 제보된 경우의 빈도이다.

지역어 조사 과정을 살펴보면 이 어휘들에 대한 제보자들의 인식을 확인할 수 있다. 아래의 (3)는 표준어 어휘 '상추'에 대한 지역어 조사 과정이다. '불기'와 '부루'는 '상추'의 방언형이다.

(3) 지역어 조사 과정: 상추(불기, 부루)
　가. 직전리
　　제보자A: **상추나 뭐여**
　　제보자B: **옛날엔 불기라 그랬는데 요즘엔 상추.**
　　제보자A: **부루, 부루라 그랬어.**
　　제보자B: **불기라 그랬지.**
　　제보자A: **부루라고 하기도 하고 불기라고 하기도 하고.**
　　조사자: 요즘엔 불기라는 말을 안 쓰나요?
　　제보자A: **어. 상추라고 하지.**
　나. 가수리
　　제보자A: **이거 부루구만. 상추.**
　　조사자: 지금도 부루라는 말 쓰세요?
　　제보자B: **옛날에 부루라 했지 지금은 상추라 하지.**

예시로 살펴본 (3가) 직전리와 (3나) 가수리 모두에서 불기나 부루는 "옛날 말"이라는 분명한 인식을 가지고 있었고 현재 사용되고 있는 형태는 '상추'였다. 마을별 조사 결과 집계에서 '상추'라는 표준어형이 나타난 빈도를 고려하면 '상추'라는 표준어형이 '불기'나 '부루'를 대신하여 일상화되어 있음을 파악할 수 있다.

이와 같이 정선 지역에서 사라져 가는 어휘는 지시 대상물 자체의 소멸과 관련되며, 대상물이 현존하는 방언형은 표준어의 영향을 많이 받는 것으로 나타났다. 즉 표준어의 침투로 지역어가 소멸되어 가는 과정이라 진단할 수 있다.

[2] 10대 화자는 표준어 화자

10대 화자에 대한 조사는 10대 화자의 언어와 60대 이상 화자의 언어 비교가 용이하도록 동일한 어휘로 조사를 실시하였다. 단 10대 화자의 특성을 고려하여 쉬운 언어를 선정하여 사진이나 그림 자료를 중심으로 질문하였다. 또한 60대 이상 제보자의 직계 후손을 대상으로 조사하고자 하였으나 대상자가 없는 경우에는 동일 지역에 거주하는 10대 화자를 선정하였다. 조사 결과 나타난 10대 화자 언어의 특성은 다음과 같다.

표준어 발화

227개의 어휘를 조사한 결과 10대 화자는 대부분의 어휘를 표준어로 응답하였다. 조사 중 지역어로 대답한 어휘는 '강냉이', '개똥벌레' 단 2개에 불과하다. B학생은 '반딧불'을 '개똥벌레'로, C학생은 '튀밥'을 '강냉이'로 응답하였다. B와 C학생이 각각 다른 어휘를 지역어로 응답한 현상은 개별적인 특성으로 보인다. B학생과 C학생은 모두 같은 마을에 거주하는 학생으로 지역 특성의 원인으로 파악하기 힘들기 때문이다.

〈표 6-6〉 10대 화자들의 응답 어휘 수

10대 화자	표준어형	방언형	무응답	조사 어휘 수
A(3학년)	124(54.6%)	0(0.0%)	103(45.4%)	227
B(3학년)	111(48.9%)	1(0.5%)	115(50.6%)	227
C(6학년)	87(38.3%)	1(0.5%)	139(61.2%)	227
계	**322(47.3%)**	**2(0.3%)**	**357(52.4%)**	**681**

〈표 6-6〉에서와 같이 나타난 결과에 따르면 정선 지역 10대 화자들은 표준어 화자에 가깝다. 물론 위의 결과는 어휘에 한정된 것이기 때문에 음운, 문법, 억양 등 다양한 양상을 살펴보지 않는 한 표준어 화자로 단정 지을 수는 없다. 그러나 어휘 조사 결과는 정선 지역 10대 화자들의 언어가 표준어화한다는 명백한 근거가 된다.

사라진 방언형

〈표 6-6〉의 결과를 살펴보면 무응답수가 52.4%에 이른다. 10대 화자가 응답하지 못한 어휘는 다음과 같은 원인으로 구분할 수 있다.

① 질문의 의도를 파악하지 못한 경우

② 표준어를 비롯하여 어휘력이 부족한 경우

③ 일상생활에서 잘 쓰이지 않는 경우

여기에서 주목할 것은 정선 지역어 중에서 현재 일상생활에서 접하기 어려운 어휘가 많아 점차 사라지고 있다는 점이다. '보구레(쟁기), 도르깨(도리깨)' 등 현재 잘 쓰이지 않는 농기구는 물론, '까실치(까끄라기), 깜뵈기(깜부기), 새끼꼬다'와 같이 농사와 관련된 어휘도 들어본 적이 없다고 응답하였다. 10대 화자들은 '시루, 실광(시렁), 이엉, 대님'은 물론, 전래동화에 자주 등장하는 '움물(우물)'이나 '뜨레박(두레박)'도 알지 못한다고 응답하였다. 이는 60대 이상 화자들을 대상으로 한 조사와 대조를 이루어 더욱 흥미롭다. 60대 이상 화자들은 해당 어휘의 사진 자료를 보자마자 대부분 쉽게 응답하였기 때문이다. 오랜만에 들어보는 말이라며 반가워하기도 하고, 잘못된 사진 자료는 수정해 주었으며, 현재는 잘 사용하지 않는다는 말까지 보태면서 각 사용 방법이나 현상을 자세히 설명해 주었다. 위 어휘들은 60대 이상 제보자의 기억 속에 있는 것들로 10대 화자들은 이들의 실물을 본 경험도 전무하였다. 즉 오늘날 일상생활에서 잘 쓰이지 않거나 접하기 힘든 어휘는 곧 소멸될 가능성이 있는 어휘라 할 수 있다.

한편 60대 이상 제보자는 동식물과 관련된 지역어를 잘 알고 있었으나 10대 제보자는 식물명을 모르는 경우가 많다. 이는 생활 요인과도 관련이 있다고 볼 수 있다. 즉 어른과의 대화 시간이 부족한 데 기인하기도 하며, 주로 학교 기관 등의 학습에 의존하기 때문인 것으로 보인다. 동식물 등의 어휘 요인은 농기구와는 다른 양상을 띤다고 볼 수 있다. 농기구 등의 어휘는 사물이 잘 쓰이지 않거나 사라지면서 어휘 자체도 소멸해 가는 경우이며, 질갱이(질경이), 꼬들빼기(고들빼기) 등은 과거에 비해 접할 기회가 멀어져 10대 화자의 관심 밖으로 밀려난 데 기인한 것으로 볼 수 있다. 10대 제보자는 대부분 식물명을 알지 못하였고, 알고 있는 어휘는 대부분 실물로 보기보다는 주로 책이나 인터넷의 사진을 통해 습득한 경우가 많았다.

60대 이상 화자의 직계 후손은 조부모가 방언형을 보유한 화자이기에 방언형을 발견할 수 있을 것이라 기대했으나 실제로는 정선 지역어의 어형을 거의 알지 못했다. 이에 따라 정선 지역어는 현재 소멸 위기에 있다고 진단할 수 있다. 사실 언어의 소멸 현상은 정선 지역에만 발생하는 현상은 아니다. UNESCO에서는 아홉 개의 요인을 고려하여 '언어의 생명력과 소멸 위기 틀(Language Vitality and Endangerment framework)'에서 소멸 위험의 정도를 〈표 6-7〉에서와 같이 6단계로 제시한 바 있다. 아홉 개의 요인 중 가장 핵심적인 요인은 '세대 간의 전승'이다(Austin & Sallabank 2011). 조사 결과 정선 지역은 세대 간의 전승이 단절되었다고 볼 수 있으므로 정선 지역어가 지속될 가능성은 현저히 낮은 것으로 해석할 수 있다.

〈표 6-7〉 언어 소멸 단계별 세대 간 언어 전달 양상

소멸 위험의 정도	세대 간의 언어 전달
안전한 상태(safe)	언어가 모든 세대에 의해 발화된다.
취약한 상태(vulnerable)	대부분의 젊은 세대들이 그 언어를 사용하지만 '집'과 같은 특정한 영역에 제한된다.
분명히 위기에 처한 상태 (definitely endangered)	새로운 세대가 더 이상 가정에서 그 언어를 모어로 배우지 않는다.
심각하게 위기에 처한 상태 (severely endangered)	언어가 조부모나 구세대들에 의해 발화된다. 부모 세대는 그 언어를 이해할 수 있지만 그들은 젊은 세대에게 또는 그들 자신들끼리 그 언어를 사용하지 않는다.
위태롭게 위기에 처한 상태 (critically endangered)	가장 젊은 언어 사용자들이 곧 조부모이고 구세대이다. 그리고 그들은 그 언어를 부분적으로 그리고 어쩌다 말한다.
멸종된 상태(extinct)	남겨진 언어 사용자들이 없다.

[3] 지역어 보존 의식의 약화

60대 이상 화자와 10대 화자에 대한 조사 결과 정선 지역어가 소멸 위기에 처해 있다는 진단을 내릴 수 있는데, 이와 같은 위기 상황의 원인이 무엇인지 대략적으로 살펴보고자 한다.

일상생활에서의 지역어 사용 감소

정선 지역어가 표준어화하는 원인으로 우선 생활의 변화를 들 수 있다. 60대 이상 화자를 대상으로 한 언어 조사 결과 방언형이 사라지고 표준어형이 일상화되고 있다. 농사 기술이 발달하고 생활 도구가 변화됨은 물론, 타 지역과의 교류가 활발해지면서 지역어보다는 표준어를 사용하게 된 사례가 많다. '불기/부루'는 다른 지역에 판매하기 위한 목적으로 타 지역인과의 의사소통이 가능한 표준어로 일상화되고 있는 어휘이며, '꽤/퉁꽤' 등은 외래종과 구별하기 위한 목적으로 표준어를 받아들인 예가 된다.

10대 화자가 표준어로 발화하는 많은 이유도 생활 요인에서 찾을 수 있다. 특히 핵가족화로 가정의 구조가 변화하면서 조부모와 함께 거주하는 10대 화자가 드물어 지역어를 접할 기회가 없는 것으로 나타났다. 조부모와 함께 거주한다 하더라도 가족과의 대화 시간이 부족하여 지역어 어휘를 습득할 시간이 상대적으로 적은 것으로 보인다. 과거에는 농사일을 돕는 10대가 많았으나 현대에 이르러 10대는 학습에 전념하기 때문에 집안일이나 농사일을 돕는 경우가 드물다. 또한 60대 이상 제보자의 방언 조사에서 이들은 표준어와 지역어를 모두 알고 있는 것으로 나타났다. 즉 조부모와의 대화에서 1세대인 조부모 세대는 3세대인 자녀 세대와의 원활한 소통을 위해 표준어를 선택할 가능성이 많을 것으로 보인다. 2세대인 부모 세대는 외지에 거주하다 고향으로 돌아와 정착하는 경우가 많아 표준어를 구사하는 부모가 많다.

10대 화자는 마을에서 생활하기보다는 학교에서 생활하는 시간이 많았다. 저학년은 • **돌봄교실**에서 생활하고, 고학년은 주로 방과후 교실이나 학원을 이용하는 것으로 관찰되었다. 이에 따라 10대 화자들의 귀가가 늦어지고 있으며, 이는 가족 간 대화 부족의 원인이 된다. 10대 화자가 자주 만나는 학교 및 학원 교사는 대부분 표준어 어휘를 사용하기 때문에 지역어보다는 표준어형을 접할 기회가 많다. 방학 중에도 조부모나 부모와 생활하기보다는 학교에서 운영하는 • **방과후교실**이나 학원을 이용한다.

• **돌봄교실**
학교 정규 수업 시간 이후 저소득층과 맞벌이 가정의 자녀를 위해 방과 후부터 아이들을 돌보아주는 교실을 가리킨다. 주로 초등학생을 대상으로 하기 때문에 돌봄교실에서 학생들을 돌봐주는 제도를 '초등 돌봄교실'이라 일컫기도 한다. 돌봄교실에서는 개별적으로 과제를 지도하거나 별도의 프로그램을 운영하여 학생들의 소질과 재능을 계발하는 데 중점을 둔다.

• **방과후교실**
방과후학교가 실행되는 교실을 일컫는다. 방과후학교는 정규 교육과정 이외의 시간에 다양한 형태의 프로그램으로 운영하는 교육 체제를 가리킨다. 이는 사교육비를 경감하고 교육 격차를 해소하고자 마련된 제도로, 각 학교의 특색에 따라 다양한 프로그램을 운영하고 있다. 학교에서 다양한 강좌를 개설하면 학생 개개인이 해당 강좌를 선택할 수 있으며, 현직 교원뿐만 아니라 외부강사, 자원봉사자 등이 강사가 되어 학생을 지도할 수 있다.

지역어 사용을 기피하는 문화

지역어 조사 중 2, 3세대의 경우 방언형을 구사하는 것을 꺼리는 경향이 많음을 발견할 수 있었다. 때로는 표준어형을 구사하는 것을 교양 있는 것으로 인식한다. 지역어 조사를 하는 중 "우리는 사투리 안 써요!"라는 말을 자주 접할 수 있었으며, 이들은 대개 방언형을 사용하는 사람에 비해 교육 수준이 높다는 듯한 의도로 말하였다. 이를 통해 방언형에 대한 자부심이나 방언형을 유지하고자 하는 노력이 적다는 것을 간접적으로 알 수 있다. 특히 상업에 종사하는 경우 외부인과의 접촉 시 표준어형을 구사하는 것이 유리하다고 생각하는 것으로 나타났다. 정선 지역어 조사 중에 60대 이상 제보자들은 방언형에 대한 자부심이나 친밀감이 높은 것으로 드러났으나 10대 제보자들이나 그 부모들은 그들에 비해 상대적으로 낮은 것으로 판단되었다. 이러한 인식의 변화는 정선 지역어의 표준화에 영향을 주었을 것으로 짐작된다.

표준어로 편중된 지역 교육

우리나라는 전국적으로 국정, 검인정 교과서를 사용하며, 표준어형으로 교육한다. 10대 화자는 교육 이외에 어휘를 습득할 기회가 적기 때문에 표준어형으로 학습할 수밖에 없다. 앞에서 독서가 어휘 습득에 많은 영향을 주는 것으로 나타났는데, 정선 지역 학생뿐만 아니라 우리나라 대부분의 학생은 전국적으로 표준어형으로 인쇄된 학습서와 도서를 접하게 되어 자기 지역어를 습득할 기회가 상대적으로 적다. 다음 대화를 보면 정선 지역의 10대 화자가 표준어를 발화하는 현상도 교육의 영향이 크다는 것을 알 수 있다.

(4) 지역어 조사 과정(○○초등학교 3학년 학생) : 맷돌
(맷돌 사진 제시)
조사자: 이거 본 적 있어요?
제보자: **맷돌.**
조사자: 맷돌은 어떻게 알아요?
제보자: **배웠어요.**
조사자: 배웠어요? 어디서 배웠어요?
제보자: **학교에서요.**
조사자: 학교에서 배웠어요? 뭐에 쓰는 물건이에요?
제보자: **음식 갈 때요.**

위 대화에서 알 수 있듯이 요즘 정선 지역 10대 화자의 어휘 습득은 대부분 일상생활이 아닌 교육에서 이루어진다. 조사 어휘에 대하여 거의 절반 가까이를 모른다고 대답한 학생이 자신 있게 대답한 어휘가 학교에서 배운 '맷돌'이라는 사실이 우리를 더욱 안타깝게 한다. 그러나 발상을 전환하여 교육의 중요성을 인식하고 지역어 교육에 관심을 갖게 된다면 사라져 가는 정선 지역어의 보존에 기여할 수 있다는 시사점을 얻을 수 있다. 이에 별도의 지역어 교재를 제작하여 교육하는 방법도 지역어 보존을 위한 하나의 방편이 될 수 있다.

2.2. 정선 지역어의 보존과 교육 현황

정선 지역에서는 소멸 위기에 있는 지역어를 보존하기 위한 다양

한 노력을 하고 있다. •정선 아리랑과 정선 지역어의 연구, 교육 현황을 살펴봄으로써 정선 지역어의 미래를 진단해 보고자 한다.

• 정선 아리랑
강원도 정선 지방에 전승되어 온 민요이다. 강원도 지역을 대표하는 민요로 '진도 아리랑', '밀양 아리랑', '정선 아리랑'을 들 수 있는데 이 중에서 '정선 아리랑'의 분포 지역이 가장 넓다. 정선 지역에서는 '아라리' 또는 '아라리타령'이라고도 불린다. 가사 수집 및 자료 정리, 민요 전승 등의 연구 실적이 높은 편이며, 정선 아리랑제 등의 문화 행사도 활발하다.

[1] 정선 아리랑 속의 정선 지역어

정선 아리랑은 강원도 무형문화재로 '아라리' 또는 '아라리타령'이라고도 한다. 정선 아리랑은 정선 지역의 대표적인 문화로 자리 잡고 있다. 김지연이 1930년 6월에 간행된 조선총독부 기관지인 『조선』에 다른 민요와 함께 정선 아리랑의 가사를 소개한 것을 시작으로 현재에 이르기까지 다양한 연구가 이루어졌다. 진용선은 강원도 정선군 지역에서 아리랑 가사를 수집하여 정리한 책을 발간하고, 정선 아리랑학교, 정선 아리랑연구소 등을 운영한 바 있으며, 김시업은 1982년 첫 조사를 시작으로 1994년 2월에 이르기까지 강원도 정선군의 각 지역을 차례로 다니면서 조사한 결과를 제출하면서, 기존 자료 중에서 중요한 것들을 함께 넣는 방식으로 정선 아리랑 가사 자료를 집대성하였다.[10] 또한, 고려대(1991)은 1990 · 91년에 걸친 고려대 국어교육과의 학술조사에서 정선 아리랑 가사 총 1,029수를 채집하여 정리한 내용을 담고 있다. 정선군에서도 지역 자체적으로 정선 아리랑의 보존 · 발전을 위해 노력하고 있는데, 최근의 연구 실적을 살펴보면 다음과 같다.

〈표 6-8〉 정선 아리랑 연구 실적

간행연도	연구물	저자/출판
2003	정선의 아라리	김시업/성균관대학교대동문화연구원
2003	정선 아리랑 가사집	진용선 편/집문당
2004	정선 아리랑	진용선/강원발전연구원
2006	아리랑 세상 정선 세상 上 · 中 · 下	정선군/강원도민일보사
2008	정선 아리랑 데이터베이스 자료집	정선군/정선군청
2009	정선 아리랑의 존재 양상과 연구 시각	강동학 편

10 자세한 내용은 김풍기(2008:345-347), 맹문재(2013:421-425) 참고.

2009	정선 아리랑: 소리꾼의 삶과 아리랑	정선군/정선군청
2011	정선 아리랑의 전승과 계보	정선 아리랑문화재단
2013	정선 아리랑 창작가사집	정선 아리랑전수회원 외/정선군청
2014	정선 아리랑 가사 사전	진용선 편/정선 아리랑문화재단

이러한 정선 아리랑 가사에 대한 연구는 2014년 '정선 아리랑 문화재단'의 주관 하에 『정선 아리랑 가사사전』이 발간됨으로써 집대성되었다. 정선 아리랑 가사사전은 진용선 정선 아리랑연구소장이 1991년부터 2013년까지 정선군 9개 읍・면과 동북 3성에서 채록 조사한 23,000여 수의 정선 아리랑 가사 가운데 중복되는 가사를 제외한 4,993수와 국내외 문헌 및 음반가사 속 가사 510수로 총 5,503수를 수록하였다. 특히, 가사 내용 중 토속 단어나 방언형, 특수어 등에 대한 상세한 해제를 곁들였기 때문에 정선 지역어 연구와 보존에 있어서도 의미 있는 연구 성과라 하겠다. 정선 아리랑의 기록과 보존의 성과는 '정선 아리랑 문화재단'의 '정선 아리랑 디지털 도서관' 구축으로 그 결실을 맺었다.[11] 정선군의 2007년 『정선 아리랑 데이터베이스 자료집』을 원천 자료로 활용하여 산재하였던 정선 아리랑 관련 자료를 문헌 자료, 연구 논문, 음향 자료, 영상 자료 등으로 체계적으로 정리하였다.

다만 정선 아리랑은 민요 연구에 집중되어 있어 지역어로서의 가치가 조명되지 않은 한계가 있다. 정선 아리랑은 정선 지역어의 보고로서 언어학적 가치가 크다.

아우라지 뱃사공아 배 좀 건네 주게.
싸리골 올동박이 다 떨어진다.
아리랑 아리랑 아라리요.
아리랑 고개로 나를 넘겨주소.

11 정선 아리랑 디지털 도서관에 대한 자세한 안내는 홈페이지 (http://arirang.intoin.kr/) 참고.

이 작품은 정선 아리랑의 하나로, 2600여 편이 넘는 곡 중에서 선호도가 가장 높은 노래로 잘 알려져 있다. 아우라지 강을 사이에 둔 여량리 처녀와 유천리 총각의 비극적인 사랑을 아는 이들에게는 이 노래가 더욱 애틋하게 들려온다. 김학성(2002:382-383)은 이 작품이 최고의 선호도를 갖는 이유로, 노래의 내력이 서사적 사건과 극적인 정황을 깔고 있으며, 서술이 극적독백체로 되어 있어 흥미와 공감적 호소력을 극대화하고 있다는 점을 들고 있다. 또한 노래의 배경이 정선의 구체적이고 친숙한 공간에 놓여 있으면서도 국지적 향토성에 매몰되지 않고 누구나 그러한 공간의 체험에 참여할 수 있는 보편적 의미 공간으로 열려 있다는 점도 강조한다.

이 작품에서는 특히 '아우라지', '싸리골', '올동박' 등 정선 지역의 특수성을 드러내는 어휘의 매력이 돋보인다. 정선의 임계 골지천과 북면의 송천이 합류되는 '아우라지', 강원도 정선군 북면 유천리에 있는 마을 '싸리골', 봄에 노란 꽃이 피고 가을에 까만 열매가 달리는 생강나무인 '올동박'이 정선 지역의 친근감을 그대로 드러내고 있기 때문이다. 여량리에 살고 있는 처녀와 유천리에 살고 있는 총각이 '싸리골'에서 '올동박'을 따기로 약속했다가 '아우라지' 강물이 불어 서로 만나지 못한 안타까움이 그대로 전해진다. 이 작품의 내력을 아는 사람들이라면, 그들의 사랑을 갈라놓은 '아우라지' 강을 야속하게 쳐다보기도 하고, '싸리골'에서 '올동박'을 머리에 꽂아주며 사랑을 속삭이는 행복한 모습을 상상해 보기도 할 것이다.

이와 같이 한 지역의 언어는 정서적으로 큰 영향력을 가지고 있다. 지역어는 의사소통으로서의 수단임은 물론이거니와, 그들의 정서를 담고 이들을 공동체로 엮는 무한한 능력을 가지고 있다. 정선 지역은 '정선 아리랑'의 문화적 가치를 조명할 뿐 방언적 가치는 도외시한 경향이 있으므로 지역어로서 정선 아리랑을 연구할 필요가 있다.

[2] 정선 지역어 관련 연구

정선군 지자체는 정선 지역어 보존을 위한 다양한 노력을 해 왔다. 정선 지역어 연구물을 살펴보면 다음과 같다. 〈표 6-9〉는 이 중 지명 연구와 관련된 성과들을 정리한 것이다. 1993년도에 부록 형식으로 조사된 「정선지역 방언」을 제외하고 대부분 지명 유래에 치중되어 있다는 점을 확인할 수 있다.

〈표 6-9〉 정선 지역어 지명 연구 실적

간행연도	연구물	저자/출판
1993	정선지역 방언[12]	정선군청
2006	동강유역의 지명 유래	진용선/정선 아리랑연구소
2006	정선 고한읍 지명 유래	정선군 고한읍사무소/아라리
2010	정선 여량면 지명 유래	정선군 여량면사무소
2011	정선 남면 지명 유래	정선군 남면사무소
2011	정선 임계면 지명 유래	정선군 임계면사무소
2012	정선읍 지명 유래	정선군 정선읍사무소
2015	강원의 고지명(下)	강원도문화원연합회

정선 지역에서는 정선문화원 부설 향토사 연구소를 중심으로 하여 정선 지역의 문화에 대한 연구 사업을 하고 있다.[13] 정선문화원에서 발간하는 향토사 자료집인 『정선문화』 17호와 소식지인 『아라리 문화회보』 13호, 14호를 중심으로 2014년도 사업의 내용을 살펴보면, '정선군 지명 조사', '정선군 민속 조사',[14] '향토사 구술 조사' 등의 사업을 진행하고 있다. 이 중 정선군 민속 조사는 '2014 강원도 민속 문화의 해'를 맞아 실시한 것으로 정선읍 굴암리와 가수리에서 과거

12 「정선지역 방언」은 『1992 정선연감』의 부록에 수록된 것으로 정선군청과 정선문화원이 연계하여 조사한 보고서이다. 주로 방언 목록과 이에 대한 표준어형을 도표로 제시하고 있어 용어 해설집에 가깝다.

13 정선군에서는 1983년 정선문화원을 설립하여 현재 지역 문화 조사 및 연구사업, 지역문화 예술 육성사업, 문화교육 사업 등을 진행하고 있다.

14 『정선문화』 17호에는 정선읍 가수리 민속 조사 중 마을 개관 부분과 정선읍 굴암리 민속 조사 중 마을 개관 부분이 발췌되어 실려 있다.

와 현재의 주민 생활상을 조사하였다. 향토사 구술 조사는 '지역 원로와의 대화의 시간'이라는 명칭으로 실시하고 있는 구술 녹취 사업인데 이에 대해 『아라리문화회보』 13호에서는 "구술 자료는 우리 고장 근현대사의 문화사적 자료를 구축하는 데 아주 중요한 가치를 지니고 있다."고 평가하고 있다.

[3] 정선 지역어 교육 현황

정선군 소재 여러 학교에서 정선의 문화를 보존하기 위한 다양한 연구를 시도하였다. 그 중에서 정선 지역어 교육도 일부 포함되어 있으나 많은 교육 성과는 '정선 아리랑'의 문화 전수와 관련이 있다. 교육 현장에서의 연구 성과를 정리하면 다음과 같다.[15]

〈표 6-10〉 정선 아리랑 현장 교육

연구 연도	연구 주제	연구 학교
2001	체험적인 정선 아리랑 전수 교육을 통한 향토문화 알기	여량초등학교
2003	정선 아리랑 전수교육을 통한 향토애 의식의 함양	정선초등학교
2004	정선 아리랑 전수교육을 통한 정선인의 자긍심 함양	사음초등학교
2005	정선 아리랑 인증제를 통한 정선의 멋 이어가기	남선초등학교
2006	다양한 교육활동을 통한 정선 아리랑 맥 이어가기	북평초등학교
2006	기초기능의 단계별 지도를 통한 국악 표현력 신장	여량초등학교

강민정(2007)에서는 2006년에 22개 학교에서 정선군청의 지원을 받아 정선군 내 초·중·고등학교 현장에서 전수 장학생, 이수자, 기능보유자들이 학생들에게 정선 아리랑 전수교육을 실시하였음을 보고한 바 있다. 이와 대조적으로 지역어 교육 사례는 발견하지 못하였다. 이와 같이 정선 지역은 주로 '정선 아리랑'을 중심으로 문화를 보존하고자 노력하고 있으며, 정선 지역어 교육은 미흡한 실정이다. 면·읍사무소에서 자체적으로 발간한 연구 성과가 발견되나 대

15 정선 지역어 현장 교육은 박용문(2009)를 참고하였다.

부분 지명 유래와 관련되어 있으며, 교육에 대한 관심은 미미한 편이다.

3. 정선 지역어의 보존과 교육 방안

정선에서 정선 지역어가 사라지고 있다는 진단과 정선군에서 지역어 보존과 교육의 노력이 미흡하다는 지적은 그 자체로 끝나서는 무의미하다. 지역어 조사 과정에서 제보자들이 지역어에 대한 자세한 설명을 해 주었던 그 열정과 지역어에 대해 가지고 있던 애정은 정선 지역어 보존의 미래가 어둡지만은 않다는 확신을 가지게 한다. 또한, 10대 화자들의 언어에 영향을 끼치기 위해서는 교육을 통해 이들에게 정선 지역어에 대한 자부심을 얼마나 심어 줄 수 있을지, 정선 지역어에 대한 지식을 얼마나 전달할 수 있을지가 관건임이 분명하다. 여기에서는 정선 지역어 보존과 교육의 방안에 대해 각각 살펴보도록 하겠다.

3.1. 정선 지역어 보존의 방안

정선 지역어를 보존할 수 있는 방안을 두 가지 측면에서 제안해 보고자 한다. 첫째는 정선군 지역 내의 연구 기관에서 기존의 민속 조사 이외에도 지역어 조사 사업을 활발히 할 필요가 있다는 것이다. 둘째는 조사 사업의 성과를 디지털 도서관으로 구축하여 공개하는 것이다. 조사와 기록·보관을 정선군에서 실제로 실천할 수 있는 방향에 대해서 이제 논의해 보겠다.

[1] 지역 기관의 지역어 조사 사업 활성화

현재까지 시행된 대표적인 지역어 조사 사업으로는 국립국어원에서 2004년부터 2013년까지 시행한 지역어 조사가 대표적이다. 2004년의 지역어 조사 방법 연구에서부터 시작하여, 2005년부터 2009년까지는 전국 9개 도의 서로 다른 지역에서 조사를 진행하였고 2010년부터 2013년까지는 조사된 전사 자료의 음운, 어휘, 문법의 정리 작업을 시행하였다.

(5) 2005~2009 조사 지역
가. 2005년: 강원 원주, 경기 화성, 경북 상주, 경남 창원, 전북 남원, 전남 곡성, 제주 한경 , 충북 제천, 충남 대전
나. 2006년: 강원 양양, 경기 포천, 경북 청송, 경남 창녕, 전북 무주, 전남 진도, 제주 서귀포 호근동, 충북 청원, 충남 논산
다. 2007년: 강원 홍천, 경기 파주, 경북 고령, 경남 산청, 전북 군산, 전남 영광, 제주 서귀포 표선, 충북 충주, 충남 서천
라. 2008년: 강원 평창, 경기 양평, 경북 청도, 경남 남해, 전남 보성, 전북 고창, 제주 구좌, 충북 옥천, 충남 예산
마. 2009년: 강원 인제, 경기 이천, 경북 의성, 경남 울산, 전북 임실, 전남 영암, 제주 서귀포 색달동, 충북 보은, 충남 서산

(5)에서 확인 가능하듯이 2005년부터 2009년까지의 조사에서 강원도는 원주, 양양, 홍천, 평창, 인제의 5개 지역이 조사되었다. 그 조사 내용을 살펴보면 다음 (6)과 같다. 2005년의 조사 내용을 한 예로 제시하였고 2006~2009년의 조사 또한 이와 유사하게 이루어졌다.

(6) 2005년 조사 내용
가. 조사자: 김봉국(부산교육대학교 교수), 김세환(서울대학교 박사과정)
나. 제보자: 86세 여성, 84세 여성, 72세 남성, 74세 여성
다. 내 용: 구술 발화[조사마을의 환경과 배경, 제보자의 생애, 생업활동, 의생활, 식생활, 세시 풍속과 놀이, 질병과 민간요법], 어휘, 문법, 음운

자유 발화를 통해 조사 지역과 제보자에 대한 정보를, 계획된 질

문지를 통해 어휘, 문법, 음운을 조사하였다. 이와 같이 국가 기관에서 시행하는 전국 단위의 대규모 지역어 조사 사업의 일부로 강원 지역어를 조사하면서 강원도의 각 지역의 생활과 언어가 조사된 바 있다. 강원 지역어에 대한 연구 성과와 개발된 조사 방법을 발판으로 삼고, 안정적인 정선 지역의 연구 기관을 기반으로 하여 지속적으로 정선 지역어 조사 사업을 진행할 필요가 있다. 정선 아리랑이라는 고유의 문화유산을 가지고 있는 지역 특성상 '정선 지역어'의 보존이 더욱 가치 있게 여겨진다는 점은 정선 지역에서 자체적으로 지역어 조사 사업을 활성화해 나가는 데에 큰 동력이 될 것이다.

정선 지역에서 지역어 조사 사업을 진행하는 데에는 두 가지 방법이 있을 수 있다. 먼저는 지역의 상설 연구 기관인 정선 문화원에서 사업을 진행하는 방법이 있다. 현재에도 부설 향토사 연구소를 중심으로 하여 향토 사료의 수집·보존 등의 연구 사업을 진행하고 있기 때문에 이를 지역어 연구에까지 확장시킨다고 보면 되겠다. 특히 향토사 연구소에서 진행하고 있는 〈지역 원로와의 대화의 시간〉이라는 구술 녹취 사업을 활용할 수 있다. 『아라리문화회보』 13호를 보면, 현재는 그 사업의 목적이 "우리 고장 근현대사의 문화사적 자료를 구축하는 데" 있지만 언어학적인 기록과 분석이 더해지면 의미 있는 지역어 보존 성과가 될 수 있을 것이다. 물론 정선 문화원 부설 향토사 연구소를 중심으로 지역어 조사 사업을 진행하고자 할 때에는 언어학 특히 지역어 연구 분야의 전문 인력을 연구원으로 채용해야 할 것이다. 다른 방법으로는 정선 군청 또는 정선 교육청에서 지역어 조사 연구 사업을 제안하고 강원 대학교 등 도내 연구 기관과 협력하는 방안이 있다. 물론 첫 번째 방안과 두 번째 방안을 함께 진행하는 것 또한 의미가 있을 것이다.

[2] 디지털 도서관 구축

정선 지역어 조사 사업 활성화는 이 조사의 결과물을 체계적으로 기록하고 보존하고 이용자들이 열람할 수 있게 하는 디지털 도서관의 구축으로 결실을 맺을 수 있을 것이다.[16] 지역어 조사의 결과물이 인쇄자료 형태로뿐만 아니라 자기 자료(VTR)나 전자 자료(CD-ROM, Web DB)의 형태로 존재하는데 지역어 연구의 특성상 음성 자료나 영상 자료의 가치가 크기 때문에 이러한 자료들을 디지털화하여 보관하고 열람할 수 있도록 하는 것은 연구의 측면에서나 지역어 보존의 측면에서 모두 효과적이다.

〈그림 6-1〉 정선아리랑 디지털 도서관

정선 아리랑문화재단에서 운영하고 있는 정선 아리랑 디지털 도서관은 정선 지역 문화재의 기록과 보존, 제공의 좋은 예이다. 자료의 유형 분류인 '문헌 자료, 음향 자료, 영상 자료, 사진 자료' 또한

---

16 디지털 도서관은, "비디지털 데이터는 디지털 형태로 저장하고 디지털 데이터는 바로 이용할 수 있도록 축적하여 이용자가 원거리 접속을 통해 자신의 워크스테이션에서, 축적된 데이터에 접근하여 전문을 얻을 수 있는 것을 뜻한다."(서광석 · 김성학 · 김수영 2003)

정선 지역어 디지털 도서관을 구축할 때에 참고할 만한 범주이다. 문헌 자료와 연구 논문은 한 범주로 묶어 대표로 '문헌 자료' 범주에서 그간 정선 지역어에 대한 연구, 또는 강원 지역어에 대한 연구를 토대로 발간된 연구 보고서, 서적, 연구 논문 등을 정리할 수 있다. '음향 자료'에서는 음성 파일뿐만 아니라 카세트테이프, CD-ROM 등으로 녹음하고 보관된 음성 자료를 디지털화하여 공개하면 유의미한 정보가 될 것이다. 또한, '영상 자료'에서는 조사를 할 때에 이를 기록하여 정리·보관하고 열람할 수 있도록 한다면 지역어 연구와 보존에 큰 도움이 될 것이다.

정선 지역어 디지털 도서관 구축 시 단순히 자료의 보존 및 열람뿐만 아니라 교육 자료 및 문화 산업의 재료로 활용하기 위하여서는 자료를 어떻게 의미 있게 정리하고 가공하여 공개할 것인지에 대한 논의와 고민이 필요하겠다. 이에 국립국어원의 지역어 조사 공개 자료의 형태가 참고된다. 국립국어원에서는 2005년부터 시작된 지역어 조사 결과를 홈페이지에 지역어 자료 메뉴를 만들어 공개하였다. 자료 공개 형태는 '지역어 찾기', '지역어 듣기', '지역어 구술 자료'의 세 가지이다. '지역어 찾기'에서는 방언형을 검색하면 이에 대한 표준어형와 관련 방언형이 검색 결과로 나온다. '지역어 듣기'에서는 단어 단위로 조사한 표준어형을 제시하고 이에 대한 각 도별 방언형을 제보자의 음성으로 제공한다. '지역어 구술자료'에서는 지역어 조사 사업에서 조사된 구술 자료를 3분가량의 음성 자료와 이에 대한 전사 자료의 형태로 조사 정보와 함께 공개하였다.

〈그림 6-2〉 국립국어원 지역어 조사 공개 자료

〈그림 6-2〉의 국립국어원의 예와 같이 사용자의 사용 목적을 파악하여 편리하게 사용할 수 있도록 디지털 도서관을 만들어낸다면 교육과 문화에 그 파급력이 크리라고 예상한다. 정선 지역에서 지역어보다는 정선 아리랑에 대한 교육에 초점이 맞추어져 있는 이유 또한, 인식 부재의 문제도 있겠지만 수업 상황에서 활용할 수 있는 자료가 아리랑에 국한되어 있기 때문이기도 할 것이다. 지역어를 활용한 문화 사업도 쉽게 접근할 수 있는 디지털 도서관이 촉매제가 될 것이다. 디지털 도서관 구축이 현실화된다면 군 단위의 지역에서 지역어 디지털 도서관을 구축한 예가 아직 없기에 지역어 보존의 대표적인 사례가 될 수 있으리라고 기대한다.

3.2. 정선 지역어 교육의 방안

정선 지역어를 교육하는 것은 크게 교수자로서의 교사와 조부모를 교육하고 활용하는 방안과 다양한 매체와 형태의 교수·학습 자료를 개발하는 방안으로 제안할 것이다. 먼저 정선 지역어 교육의 가장 중요한 주체를 정선 지역의 교사로 보고 이에 대해 살펴보도록 하겠다.

[1] 교사 대상 인식 교육 활성화

정선 지역어는 첫째, 지역 공동체에서 공동체 의식을 형성하고 지역 주민으로서 자긍심을 갖는 데 중요한 역할을 한다. 둘째, 우리말을 풍부하게 해 주는 가치 있는 언어적 자원으로서 지역에서 보존해야 할 무형의 문화유산이다. 정선 지역어가 가지는 이 두 가지 가치는 정선 지역어가 정선 지역의 학교 교육에서 중요한 위치를 차지해야 할 근거가 된다. 학교 교육은 교사로부터 시작된다. 그러므로 정선 지역 교사는 정선 지역어에 대한 풍부한 지식을 가지고 있어야 한다.

정선교육지원청의 2013년 역점 사업 중 하나는 〈훌륭한 정선 선생님 되기〉이다. 이 사업의 목표 중 하나가 '지역에 대한 정보를 알고 이를 학생교육에 활용하여 애향인재 육성'이다. 이와 관련된 내용을 아래 (7)에 정리하였다.

(7) 정선교육지원청 2013년 역점 사업: 훌륭한 정선 선생님 되기[17]
목표: ~지역에 대한 정보를 알고 이를 학생교육에 활용하여 애향인재 육성 지역에 대한 종합안내서 개발·보급
추진내용: '아리아리! 정선 선생님 되기' 운영
- 대상: 유, 초, 중, 고 신규 교사 및 관내 전입 교원
- 내용: · 정선의 역사와 문화 등에 대한 바른 이해를 위한 도움 자료 제작
· 답사프로그램 운영: 정선 알기 답사 프로그램 운영

17 '훌륭한 정선 선생님 되기' 사업 내용 중 '지역에 대한 정보를 알고 이를 학생교육에 활용하여 애향인재 육성'과 관련된 내용만 정리한 것이다. 〈강원도 정선교육지원청〉 홈페이지 (http://www.gwjsed.go.kr/) 참고.

정선 지역 학생들이 정선 지역에 애향심을 갖기 위해서는 정선의 역사와 문화를 알아야 한다. 학생 교육에 이를 적용하기 위해 교사 교육을 먼저 실시하는 것이 이 사업의 취지이다. 여기에 정선 지역어에 대한 교육이 추가된다면 이 교육 사업의 효과는 더 커질 것이다. 언어는 학생들이 항상 사용하고 있고 이 때문에 더 친숙하게 느낄 수 있는 대상이다. 이러한 점으로 인해, 교사가 역사와 문화에 더해 '정선 지역어'에 대한 지식을 가지고 있는 것은 애향 교육의 실제성을 높이는 데에 결정적인 역할을 할 것으로 기대된다.

(7)의 사업 추진 내용 중 '답사 프로그램 운영'이 있는데, 이는 교사에게 정선 지역어에 대한 지식과 경험을 갖게 하는 프로그램으로도 활용될 수 있다. 2013년 정선 지역어 조사와 같이 지역어 조사 질문지를 작성하고 직접 정선 지역어 보유자를 방문해 정선 지역어를 조사하는 과정을 '답사 프로그램'과 같은 형식으로 기획할 수 있다. 그러면 교사들이 정선 지역어를 지식으로 익힐 뿐만 아니라 정선 지역어에 대한 실제적인 애착을 형성하는 데 유의미할 것이다. 이는 특히 타 지역 출신 교사들에게 효과가 있을 것으로 예상된다. 이러한 과정을 통해 표준어가 지역어보다 우월한 언어이며 학생들에게 표준어 사용을 강조해야 하고, 정선 지역 학생들이 정선 지역어를 모르는 것에 대해 무관심해도 된다는 교사들의 인식을 전환시킬 수 있을 것이다. 보다 궁극적으로는 교사들이 정선 지역어에 대한 애착을 가지고 학생들이 지역어에 대한 학습을 통해 애향심을 가질 수 있도록 교육할 수 있을 것으로 기대된다.

지역어에 대한 지식은 '지역어를 보존해야 한다'라는 당위적인 명제로 인해 교사가 가지고 있어야 할 교육적인 지식이 되기도 하지만, 그 이전에 의미 있는 국어 현상들을 다수 포함하고 있기 때문에 국어에 대한 풍부한 지식을 지니고 있어야 하는 국어 교사들에게는 특히 중요한 교육 자원이 된다. 그러므로 정선 지역어에 대한 지식을 습득하는 것은 정선 지역 교사들, 특히 국어과 교사들에게는 핵심적인 교원 전문성이라고 할 수 있다. 2013년 정선 지역어 조사 과정에서 조사된 어휘들 중에도 이러한 사례를 찾아볼 수 있다.

(8) 정선 지역어의 파생어와 합성어
가. 쟁기꾼 : 밭갈애비
나. 서랍 : 빼닫이
다. 이끼 : 바우옷/물청때
라. 버마재비 : 황개미/사마구

(8가, 나)의 지역어형인 '밭갈애비', '빼닫이'는 단어 형성이라는 차원에서 지역어 화자들의 인식을 확인할 수 있는 어형이다. (8가)의 표준어형 '쟁기꾼'은 도구인 '쟁기'와 어떤 일을 '전문적으로 하는 사람'의 의미를 지닌 접사 '-꾼'의 결합으로 형성된 어형인 파생어이다. 방언형 '밭갈애비'는 '밭을 갈다'라는 기능을 의미하는 '밭갈-'과 어근 '애비'로 구성된 합성어이다. '쟁기'라는 도구가 아닌 '밭을 갈다'라는 기능에 의미 초점을 두어 단어가 형성되었다는 점에서 동일 대상에 대해 표준어와는 다른 인식을 보여 준다. (8나)의 표준어형 '서랍'은 〈표준국어대사전〉에서 고유어이고 단일어인 것으로 처리하고 있다.[18] 방언형 '빼닫이'는 '빼- + 닫- + 이'의 결합으로 '미닫이', '높낮이'와 같은 단어 형성을 보인다(이익섭 외, 2008). 이와 같이 (8가, 나)는 지역어의 어휘에서 볼 수 있는 국어의 특징적인 단어 형성 과정을 보여 준다.

(8다, 라)는 표준어형과 비교했을 때 방언형에서 의미의 분화가 있는 어휘들이다. (8다)의 표준어형 이끼에 대응되는 방언형은 '바우옷'과 '물청때' 두 어형이 있는데, '바우옷'은 바위 위에 낀 이끼를, '물청때'는 물 속에 낀 이끼를 지칭하는 것으로 제보되었다. (8라)의 표

18 '서랍'은 일부에서는 한자어 '舌盒'에서 왔다고 하는데 국립국어연구원의 『표준국어대사전』에서는 그러한 해석이 잘못된 것으로 처리하고 있다. 문헌상으로는 '셜합'(譯語類解 補, 漢淸文鑑 342)이 보인다. 그렇다면 어느 경우든 '서랍'은 '셜합'의 'ㅎ'이 약화된 결과로 해석된다(이익섭 외, 2008).

준어형 '버마재비(사마구)'에 대응되는 방언형은 '황개미'와 '사마구'가 있다. 사마귀는 보통 '사마구'로, 죽기 전에 노랗게 변한 사마귀를 '황개미'로 조사 되었다.

이상으로 정선 지역어가 가지고 있는 언어적인 특징을 어휘적인 면을 중심으로 살펴보았다. 물론 어휘뿐만 아니라 음운과 문법에서도 특징적이고 가치 있는 현상들이 다수 발견된다. 이처럼 정선 지역어가 국어의 풍부한 표현과 언어 현상을 보여주고 있다는 점에서 그 언어적인 가치가 있다고 볼 수 있고 그러므로 정선 지역에서 국어를 가르치는 국어 교사라고 한다면 이러한 지역어의 특징에 대해서 알고 있는 것이 '훌륭한 정선 선생님 되기'에 핵심적인 조건이 될 것이다. 정선교육지원청에서 이와 관련한 교원 연수 프로그램과 안내 자료 개발에 관심을 가지고 추진한다면 정선 지역의 교원 전문성을 향상시킬 수 있을 것이다.

[2] 조부모 세대에 역할 부여

다음 (9)의 발화와 같이 2013년 지역어 조사 과정에서 발견된 바로는, 조부모는 교사와는 또 다른 의미에서 정선 지역어를 가르칠 수 있는 전문가이다.

(9) 지역어 조사 과정(직전리): 똬리(방언형: 또바리)

제보자A: **물동이 이고, 갈 적에 밑에를 받쳐 가지고 간다고 해서 또바리.**

제보자B: **옹물에 물 부으러 가서 물 퍼 담다 보면 개가 따라 와서 이거 얼른 물어 가 집에 갔다 놓는 거야. 물을 이을려면 또바리가 없는 거야. 내 머리에 (물동이를) 이고 가 보면 개가 집에 갔다 놨어.**

(일동 웃음)

제보자A: **이거 떨어진다고. 이걸 머리에 얹고, 끈을 입에다 물고 간단 말이야. 그래서 이걸(끈) 만들어 놘 거야. 이게 이**

유가 있는 거야.

제보자B: **물동이를 일 때, 무거워서 괄괄 거리다 떨어지니까 이 걸 입에다 물고 가는 거야.**

제보자C: **나 이거 만들 줄 알어.**

조사자: 뭘로 만들어요?

제보자C: **부들.**

조부모가 지역어 교육을 할 경우, (9)과 같이 지역어가 가리키는 대상에 대한 부연 설명을 실감나게 들을 수 있다는 장점이 있다. 해당 지역어가 가리키는 대상이 현재는 쉽게 찾아볼 수 없는 대상이라면 이의 쓰임과 형태에 대한 설명을 들을 수 있기 때문에 민속 문화에 대한 교육도 될 수 있다. (9다, 라)에서 언급한 의미의 세분화에 대한 설명도 실생활의 생생한 예화를 통해 들을 수 있다. 또한 음운 체계와 음운 현상에 대해서는 직접 음성으로 확인할 수 있다는 장점이 있다. 이와 같이 조부모는 정선 지역어 교육의 핵심적인 구성원이 될 수 있는 자격을 갖추고 있다. 이러한 이유로, 학교에서 교사가 지역어 교육의 한 축을 맡는다면 가정에서는 조부모가 한 축을 담당하는 것이 이상적이다.

조부모가 10대 화자에게 정선 지역어를 가르칠 수 있도록 만드는 방안은 다양하다. 먼저, 학교에서는 학생들에게 과제 형태로 조부모를 제보자로 하는 지역어 조사를 교육 활동으로 활용할 수 있다. 둘째, '정선 문화원' 차원에서 정선 지역어를 조부모가 손자, 손녀에게 가르치는 문화를 형성하는 사업 및 캠페인을 진행하는 것 또한 하나의 방법이다. 지역 방송을 통한 공익 광고 혹은 소책자 제작 등이 가능하다. 그 필요성과 방법을 전달할 수 있는 내용이 포함되면 안내 기능을 할 수 있다.

[3] 교수 · 학습 자료 개발

현실적으로, 정선 지역어 교육을 하루 빨리 실현시킨다고 했을 때 준비해야 할 가장 시급한 과제는 무엇일까? 조규태 외(2008)에서는 학교 국어 교육에서 지역어를 다루는 방안에 다음의 세 가지 방법론이 있다고 제시한다.

(10) 학교 국어 교육에서의 지역어를 다루는 세 가지 방향
가. 국가에서 교육 자치권을 넘겨받은 지역 교육 기관인 시 · 도 교육청이나 지역 교육청에서 국어 교육의 일체를 담당하는 것으로, 국가 수준의 교육 과정이 없이 지역 수준 교육 과정을 만들고 이에 따라 교재를 편성하여 운영.
나. 국가와 지역 교육 기관이 함께 국어 교육 과정과 지역 교육 과정을 편성하여, 국가 수준의 교재와 지역 수준의 교재를 하나로 묶어서 개발.
다. 지역 교육 과정이나 교재를 마련하지 않고 국가 수준 교재에 지역 언어와 문학 자료를 가져와 활용하는 방법이다. 예를 들어, 국어 교재의 각 단원마다 지역화 자료를 활용하는 항목을 넣거나 학년 별로 한 단원을 지역화 교육에 안배하여 학습하게 하는 것이다. 또는 특정 단원으로 넣지 않고 교사에게 지역의 자료를 단원의 학습 목표에 맞게 재구성하여 활용하게 할 수도 있다.

교육의 지역화가 발전된다면 (10나)와 같이 지역 교육 과정이 독립적으로 편성되어 국가 수준의 교육과정과 통합하여 하나의 교재로 묶어 개발되는 것이 이상적이겠지만, 현재 실현 가능한 방안은 (10다)와 같이 정규 교과 과정에서는 참고 자료로 지역어를 다루고 학교 행사나 방과 후 활동으로 지역어 관련 프로그램을 편성하는 방향이다. 이 경우 수업 혹은 수업 외 활동에서 활용할 참고 자료와 교육용 콘텐츠[19] 개발이 중요해진다.

19 교육용 콘텐츠란 교육활동에 사용할 목적으로 제작하였거나 교육활동에 충분히 활

지역어 교육은 종이 교재에 문자로 기록된 형태보다는 음성, 영상 등의 지원이 가능한 다양한 디지털 매체를 활용했을 때 교육적 효과가 극대화될 것으로 기대된다. 다음 (11)의 내용은 2013년 지역어 조사에서 조사된 '음운' 관련 사항 중 일부이다. 괄호에 표시된 어형이 방언형이다.

(11) 2013년 지역어 조사에서 조사된 '음운' 관련 내용
 가. 단모음 'ㅐ,ㅔ'의 변별: 베, 삼베 게
 나. 단모음 'ㅚ,ㅟ'의 실현: 오이(외) 참외(참외)
 다. 장단 구분: 딸기(딸ː) 딸[女](딸)
 라. 비모음화: 잠자리(소금재̃이̃)

표준어에서는 단모음 'ㅐ'와 'ㅔ'의 변별이 모호해져 모두 [ɛ]로 실현되는 것이 일반적인 반면 정선 지역어에서는 (11가)의 '베, 삼베, 게'와 같은 단어들에서의 'ㅔ'가 '개, 조개'의 [æ]와 변별되는 [e]로 실현되는 경우가 제보되었다. 이뿐만 아니라 (11나)와 같이 단모음 'ㅚ[ø]'의 실현, (11다)의 운소로서의 장음의 실현, (11라)의 비모음화 등은 정선 지역어에서 확인할 수 있는 음운적 특징이다. 이러한 음운적 특징에 대해서는 입모양을 영상으로 확인하며 음성을 듣는다면 학습자에게 지역어의 특징이 더욱 사실적으로 인식될 수 있을 것이다. 이뿐만 아니라, 어휘 관련 방언형 또한 〈표 6-11〉에서 확인할 수 있는 것처럼 지역마다 '아르쐬, 아르쇠, 아리새, 아르새, 알쌔, 아르쇠, 알ː쇠' 등의 다양한 음성형으로 실현된다. 지역어 관련 자료는 제시하고자 하는 언어적 특징이 무엇이든지 음성 및 영상의 형태로 제공되는 것이 더욱 효과적이라는 결론을 내릴 수 있다.

용할 수 있도록 제작된 콘텐츠를 의미하며, 보통 ICT 활용 교육에서 한 부분적 매체로 많이 이용되고 있다(안성훈 외, 2005).

〈표 6-11〉 '삼발이'의 방언형

용탄리	유평리	예미리	숙암리	낙천리
아르쐬/군봉쇠	아르쇠	아리새/아르새	삼발이	알쌔
직전리	**유천리**	**화암리**	**가수리**	
아르쇠'/아리쇠'/아래쇠'/삼발이	아리소	삼발이	알 : 쇠	

디지털 매체를 활용한 교수 · 학습 자료 개발 이외에도 '정선 지역어 사전 만들기'와 같은 방법으로 학습자가 직접 학습 자료를 제작하게 하는 것 또한 지역어 교육에 효과적일 것이라고 본다. 기존의 사전 활용 교육은 크게 사전의 특징, 사전 편찬 과정 등을 내용으로 하는 '사전과 관련된 지식' 교육 또는 의미, 문법, 음성 등의 내용을 파악하도록 하는 '사전 찾기' 교육으로 이루어졌다(허재영, 2013). 그런데 이보다 더 나아가서 학습자가 주체적으로 사전을 제작하도록 하면 각각의 방언형의 의미, 문법, 음성, 대응되는 표준어형 등의 언어 정보를 습득하고 체계화 하는 데 있어서 단순히 사전을 찾아볼 때보다 교육적 효과가 높을 것이라고 기대한다. 또한 앞 절에서 제안했던 '조부모에 교사 역할 부여'와 연결해서 과제를 구성하면, 학습자가 조부모를 제보자로 하여 지역어 조사를 시행한 후에 그 결과를 사전 형식으로 정리하게 할 수도 있다.[20] 그러면 이때 학습자는 간소화된 형태이지만 사전 조사, 현장 조사, 조사 결과 분석 등의 과정을 체험함으로써 언어학자가 되어보는 경험을 해 보게 된다. 이미 일부 교실 현장에서는 이루어지고 있는 '지역어(방언) 사전 만들기' 과제를 정선군에서 전문화하여 지역어 교수 · 학습 자료 개발에 있어서 대표적인 성과를 얻을 수 있기를 기대한다.

지금까지 기술한 바와 같이 지역어 교육의 실제성을 높이기 위해서는 정선 지역어 교수 · 학습 시 필요한 참고 자료와 교육용 콘텐츠 개발이 당면 과제가 된다. 이를 위해 교육청 주관 하에 교사 및 전문

20 교사는 이 과제를 구성하면서 이기갑 편(1998), 이상규 편(2000) 등의 기존의 방언 사전을 참고하여 사전을 정리하기 위한 틀을 학습자에게 제시해야 할 것이다.

인력이 포함된 교수 · 학습 자료 개발팀이 구성 되어 사업을 진행해야 하겠다.

4. 다음 세대에도 이어질 수 있기를

지금까지 정선 지역어 조사 내용을 근거로 하여 현재 정선 지역어가 소멸 위기에 있으며 이 때문에 보존과 교육 방안 마련이 필요함을 주장하고 구체적으로 어떤 방안이 가능한지에 대해 논의해 보았다. 보다 구체적으로 되짚어 보면, 60대 이상 화자들이 인지하고 있는 방언형은 그 대상물이 사라져 가고 있거나 일상화되고 있는 표준어형에 자리를 내주고 있는 양상을 보였다. 또한 10대 화자의 경우는 조사 어휘 수 227개 중 방언형으로 응답한 경우는 0~1개에 불과했다. 그만큼 10대 화자들의 경우는 지역어를 사용한다고 보기 어렵고 어휘적으로는 명백히 표준어 화자의 특성을 보인다고 할 수 있다.

이런 상황에서 정선 지역에서는 자체적으로 정선 아리랑을 연구하고 기록하여 보존시키는 작업을 지속함으로써 『정선 아리랑 가사 사전』, '정선 아리랑 디지털 도서관' 등의 결과물로 결실을 맺었다. 또한 〈표 6-9〉에서 확인할 수 있는 바와 같이 지명이라는 제한적인 범주에서이지만 언어에 대한 연구 또한 진행 중이고 정선문화원 부속 향토사 연구소를 중심으로 민속 조사 또는 구술 조사 사업을 시행한 바 있다. 초 · 중 · 고등학교 교육에 있어서도 정선 아리랑 전수 교육 중심이기는 하나 지역 자체적으로 지역의 문화를 보존하고 교육하려는 노력을 지속해 왔다. 이와 같이 정선군은 정선 아리랑으로 대표되는 무형의 문화를 존속시키고자 노력해왔기 때문에 정선 지역어를 조사 · 기록 · 보존하고 교육하는 데에 용이한 시스템과 경험을 이미 갖추고 있다고 볼 수 있다.

마지막으로, 정선 지역어의 보존과 교육 방안을 제안하였다. 보존

방안의 첫 번째는 지역 기관 차원에서 정선 지역어 조사 사업을 활성화하는 것이었다. 향토사 연구소 등 이미 존재하는 지역 기관을 충분히 활용할 필요가 있다. 두 번째는 디지털 도서관의 구축이다. 사라져 가는 언어의 보존에 있어 자료화는 필수적이다. 교육 방안의 첫 번째는 정선 지역의 교사들에게 지역어 조사 답사 프로그램 등에 참여하게 하여 정선 지역어에 대해 새롭게 인식할 수 있도록 돕는 것이다. 이때 교사들이 다시 학생들에게 인식의 전환을 불러일으킬 수 있을 것이라고 보았다. 두 번째로는 정선 지역어의 특징을 생생하게 보여 줄 수 있는 인쇄 · 음성 · 영상 자료를 개발하는 것이다. 세 번째는 아직 정선 지역어의 음운 · 어휘 · 문법 · 의미적인 특징을 기억하고 있는 조부모 세대를 지역어 교사로서 충분히 활용하는 것이다. 이와 같은 방안들이 현실적으로 실현되어서 정선 지역이 지역의 언어와 문화를 보존하고 교육하는 데 있어서 다른 어떤 지역보다 발 빠르게 앞서 나가기를 기대한다.

참고 문헌

강등학(1987), 정선 아리랑의 장르수행에 관한 연구, 성균관대학교 박사학위논문.
강민정(2007), 학교 교육을 통한 향토 민요의 전수교육 실태 조사, 『한국민요학』 20, 한국민요학회, 17-57.
강영봉(2006), 방언 어휘 연구와 조사 방법, 『방언학』 3, 한국방언학회, 35-50.
강정희(1989), 방언 연구 방법론 개관(Ⅰ), 『이화어문논집』 10, 이화여자대학교 이화어문학회, 157-169.
강정희(2003), 방언 변화와 방언 연구의 방향, 『한국어학』 21, 한국어학회, 1-15.
강정희(2010), 지역어 자원의 문화 콘텐츠화를 위한 방안, 『어문논총』 53, 한국문화언어학회, 3-18.
강정희(2012), 소멸위기의 제주방언 보전을 위한 방언 활성화 방안, 『영주어문』 23, 영주어문학회, 185-205.
강희숙(2006), 사회방언 조사 방법, 『방언학』 3, 한국방언학회, 97-121.
고려대학교 국어교육과(1991), 제6·7회 학술조사 자료집(정선군), 『한국어문교육』 5, 고려대학교 사범대학 국어교육학회, 153-321.
고려대학교 국어교육과(2013), 『정선 지역어의 어제와 오늘, 그리고 내일』, 1990·91-2013 고려대 국어교육과 정선 지역어 조사 학술대회 발표집.
곽충구(1998), 동북·서북방언, 『문법 연구와 자료』, 태학사, 985-1029.
곽충구(2005), 어휘 조사 질문지의 내용과 형식, 『방언학』 2, 한국방언학회, 81-118.
곽충구(2007), 방언의 사전적 수용, 『국어국문학』 147, 국어국문학회, 193-219.
구본관(2008), 교육 내용으로서의 어휘사에 대한 연구, 『국어교육연구』 21, 서울대학교 국어교육연구소, 77-127.
국립국어원(2006), 『지역어 조사 질문지』, 국립국어원 지역어조사추진위원회, 태학사.
국립국어원(2007), 『방언이야기』, 태학사.
김광해(1993), 『국어 어휘론 개설』, 집문당.
김봉국(2002a), 강원도 남부지역 방언의 음운론, 서울대학교 박사학위논문.
김봉국(2002b), 강원도 남부지역 방언 어간말자음군의 음운론, 『국어학』 39, 국어학회, 173-200.
김봉국(2005), 음운 조사 질문지, 『방언학』 2, 한국방언학회, 139-169.
김봉국(2009), 지역방언과 국어교육, 『국어교육학연구』 35, 국어교육학회, 65-86.
김순자(2011), 제주어의 보전과 활용 방안, 『제주도연구』 36, 1-33.
김시업(2003), 『정선의 아라리』, 성균관대학교 대동문화연구원.
김영태(2005), 되돌아본 나의 방언 조사와 연구, 『방언학』 2, 한국방언학회, 7-22.
김옥영(2010), 지역방언 연구의 필요성과 방법 -강원도 방언연구를 중심으로-, 『동남어문논집』 30, 동남어문학회, 47-76.

김완진(1972), 다시 β>w를 찾아서, 『어학연구』 8-1, 서울대학교 언어교육연구원, 51-62.
김유범(1991), 강원도 방언 고찰 -정선 지역의 언어체계 및 언어분화를 중심으로-, 미간행 원고.
김유범(2004), 언어 변화 이론과 국어 문법사 연구, 『국어학』 43, 국어학회, 429-460.
김태엽(2001), 『국어 종결어미의 문법』, 국학자료원.
김태엽(2006), 방언 문법의 조사 방법, 『방언학』 3, 한국방언학회, 51-73.
김풍기(2008), 고전문학의 콘텐츠 개발과 그 지향 - 정선아리랑의 경우, 『한국언어문학』 67, 한국언어문학회, 343-360.
김학성(2002), 정선 아리랑 가창자의 가창 선호도에 대한 연구, 『한국시가연구』 12, 한국시가학회, 361-389.
남미정(2011), 보조사 '까지, 마저, 조차'의 발달과 의미 관련성, 『국어사연구』 12, 국어사학회, 169-192.
도수희(2006), 나의 방언 조사와 연구, 『방언학』 3, 한국방언학회, 7-31.
맹문재(2013), 정선 아리랑 가사의 주제 고찰 -긴아리랑을 중심으로-, 『한국문예비평연구』 42, 한국현대문예비평학회, 419-445.
박경래(2005), 사회방언 연구를 위한 조사 질문지, 『방언학』 2, 한국방언학회, 171-213.
박민일(2009), 아리랑의 남상 정선아리랑, 『강원민속학』 23, 강원도민속학회, 27-38.
박성종(1998), 강원도 방언의 성격과 특징, 『방언학과 국어학(청암 김영태 박사 회갑기념논문집)』, 태학사, 61-116.
박성종(2008), 『강원도 영동지역의 방언』, 제이앤씨.
박성종・전혜숙(2009), 『강릉 방언 사전』, 태학사.
박용문(2009), 초등교육현장에서의 정선 아리랑 전수실태와 개선방안 연구 : 정선지역 초등학교를 중심으로, 관동대학교 석사학위논문.
박인기 (2002), 문화적 문식성의 국어교육적 재개념화, 국어교육학연구 15, 국어교육학회, 23-54.
박정수(1986), 방언 연구의 조사방법 -조사지점을 중심으로-, 『국어국문학』 7, 동아대학교 국어국문학과, 199-211.
박진석(1999), 태백방언 연구, 강릉대학교 석사학위논문.
서광석・김성학・김수영(2003), 디지털도서관의 구축현황, 디지틀도서관 29, 한국디지틀도서관포럼, 10-15.
小倉進平(1944), 朝鮮語方言の硏究(上, 下), 東京: 岩波書店.
손웅일(2006), 정선방언의 음운론적 연구, 강원대학교 석사학위논문.
신희삼(2002), 방언 영역의 교재 구성에 관하여, 『국어교육학연구』 14, 국어교육학회, 265-288.
심재기(1982), 『국어어휘론』, 집문당.
안성훈・박혜영・고대곤(2005), 교육용 콘텐츠를 활용한 수업의 효과 분석, 『한국콘텐츠학회논문지』 5-6, 한국콘텐츠학회, 293-300.
원훈의(1978), 강원도 방언 연구(1): 평창, 정선, 영월 등지의 문법을 중심으로, 『관동향토문화연구』 2,

춘천교육대학교 관동향토문화연구소, 5-66.
원훈의(1979), 강원도 방언 연구(2): 평창, 정선, 영월 등지의 문법을 중심으로, 『관동향토문화연구』 3, 춘천교육대학교 관동향토문화연구소, 5-40.
원훈의(1980), 강원도 방언 연구(3): 평창, 정선, 영월 등지의 문법을 중심으로, 『관동향토문화연구』 4, 춘천교육대학교 관동향토문화연구소, 5-38.
윤천탁(2003), 방언의 국어교육적 의의, 『청람어문교육』 27, 청람어문교육학회, 1-26.
이관규(1999), 『학교문법론』, 월인.
이근열(1997), 『경남 방언의 음운론』, 세종출판사.
이기갑 편(1998), 『전남 방언 사전』, 태학사.
이기갑(2003), 『국어 방언 문법』, 태학사.
이기갑(2005), 방언 문법의 정밀 조사를 위한 질문지, 『방언학』 2, 한국방언학회, 119-138.
이기갑(2009), 국어교육과 방언, 『국어교육학연구』 35, 국어교육학회, 5-31.
이기문(1998), 『(신정판)국어사개설』, 태학사.
이돈주(2005), 나의 방언 조사와 연구, 『방언학』 1, 한국방언학회, 17-31.
이동근(2010), <정선 아라리>와 <양반전>의 문화콘텐츠적 융합, 『어문연구』 64, 어문연구학회, 201-233.
이병근・김봉국(2002), 강원도 정선 지역의 언어 연구, 『관악어문연구』 27, 서울대학교 국어국문학과, 31-78.
이상규(1999), 『경북 방언 문법 연구』, 박이정.
이상규 편(2000), 『경북 방언 사전』, 태학사.
이상규・안귀남(2007), 『한국어 방언학』, 학연사.
이승재(2004), 현지 조사 과정, 『방언 연구-자료에서 이론으로』, 태학사, 57-70.
이윤구(2001), 방언 조사의 과정과 방법 -언어지리학적인 연구를 중심으로-, 『나랏말쌈』 16, 대구대학교 국어교육과, 55-79.
이은정(2005), 『국어학・어학 용어사전』, 백산출판사.
이익섭(1973), 「아재」 고, 동아문화 13, 서울대학교 동아문화연구소, 33-58.
이익섭(1981), 『영동영서의 언어분화』, 서울대학교 출판부.
이익섭(1984, 2006), 『방언학』, 민음사.
이익섭(1986), 方言調査의 필요성과 그 방법, 『국어생활』 5, 국어연구소, 17-24.
이익섭(1992), 『국어 표기법 연구』, 서울대학교 출판부.
이익섭・전광현・이광호・이병근・최명옥(2008), 『한국언어지도』, 태학사.
이정기(2006), 방언 학습을 위한 재량활동 프로그램 개발 연구, 『한국초등국어교육』 30, 한국초등국어교육학회, 493-520.
이현수(2013), 지역문화를 소재로 한 공연콘텐츠 활용 방안 연구 -'정선아라리'와 '양반전'을 중심으로, 『온지논총』 33, 온지학회, 119-145.

임석규(2009), 방언조사방법론의 어제와 오늘, 『국어학』 54, 국어학회, 325-352.
임칠성(2013), 지역공동체와 국어 교육 - 다시 지역어 교육을 논하며, 『국어교육』 142, 한국어교육학회, 23-46.
장관진(1980), 정선 아리랑 고, 『한국문학논총』 3, 한국문학회, 261-276.
장충덕(2012), 어휘 연구와 방언의 역할, 『방언학』 16, 한국방언학회, 75-98.
전광현(1971), 18세기 전기 국어의 일고찰: 오륜전비언해를 중심으로, 『전북대학교 논문집』, 전북대학교 어학연구소, 15-24.
전광현(2006), 나의 방언 조사 회고, 『방언학』 4, 한국방언학회, 7-15.
전재호(2007), 나의 방언조사와 연구, 『방언학』 5, 한국방언학회, 7-20.
전혜숙 (2008), 『강원도 동해안 방언의 사회언어학적 연구』, 한국학술정보.
정선군(1993), 『정선연감, 1991-1992』, 정선군청, 641-696.
정선군(2015), 『제54회 2015 정선군 통계연보』, 정선군 자치행정과.
정선문화원(2014ㄱ), 『정선문화』 17호, 정선문화원.
정선문화원(2014ㄴ), 『아라리문화회보』 13호, 정선문화원.
정선문화원(2014ㄷ), 『아라리문화회보』 14호, 정선문화원.
정선읍(2012ㄱ), 『정선읍 지명유래』, 정선군 정선읍.
정선읍(2012ㄴ), 『정선읍 마을, 그리운 사람들(사진으로 보는 정선읍의 어제와 오늘)』, 정선군 정선읍.
정승철(2006), 음운 연구와 방언 조사 방법, 『방언학』 3, 한국방언학회, 75-95.
정승철(2013), 『한국의 방언과 방언학』, 태학사.
정우택(2004), 정선아라리의 조사 현황과 데이터 정리 및 활용 전망, 『한국민요학』 14, 한국민요학회, 257-284.
조규태 · 안동준 · 김연희(2008), 『국어교육 지역화의 실천 방안』, 한국문화사.
최명옥(1979), 동남방언의 세 음소, 『국어학』 7, 국어학회, 71-90.
최명옥(1980), 『경북 동해안 방언연구』, 영남대학교 민족문화연구소.
최명옥(2005), 지역어 연구를 위한 조사항목의 작성에 대하여, 『방언학』 2, 한국방언학회, 65-79.
최명옥(2007), 방언 자료의 수집과 정리, 『방언 이야기』, 태학사.49-63.
최소영(2011), 국어 문화에 대한 교육 내용으로서의 어휘사 교육 연구, 『국어교육연구』 28, 서울대학교 국어교육연구소, 113-144.
최영미(2010a), 정선방언 '가 · 다'류 동사의 성조형의 변화, 『한말연구』 27, 한말연구학회, 407-438.
최영미(2010b), 정선 방언 성조의 실험음성학적 연구, 『겨레어문학』 44, 겨레어문학회, 295-324.
최영미(2012), 정선방언 운율유형에 관한 연구, 『어문연구』 73, 어문연구학회, 127-160.
최영미(2013), 정선방언의 비음절화와 성조의 변동, 『한말연구』 33, 한말연구학회, 269-300.
최영미(2014), 모음 탈락과 성조 재배열 - 중세국어와 정선방언의 비교를 중심으로, 『겨레어문학』 52, 겨레어문학회, 331-367.

하영우 · 신지영(2012), 자유발화 자료에 나타난 {-어가지고}의 문법 범주와 의미 기능, 『한국어학』 55, 한국어학회, 397-430.

한국정신문화연구원(1980), 『한국방언조사질문지』, 한국정신문화연구원 어문연구실.

한국정신문화연구원(1980), 『한국방언자료집2 : 강원도 편』, 한국정신문화연구원 어문연구실.

한영균(1995), '외, 위'의 단모음화와 방언 분화-강원도 방언의 경우, 『국어사와 차자표기』, 태학사.

허재영(2013), '사전' 활용 교육의 역사와 문제점 - 국어과 교육과정 및 교과서에서 사전 활용 관련 교육의 개선을 목표로-, 『국어교육학연구』 53, 국어교육학회, 85-114.

홍윤표(1994), 『근대국어연구(1)』, 태학사.

홍윤표(2005), 방언 조사를 위한 그림 자료의 활용, 『방언학』 2, 한국방언학회, 215-246.

황화상(2014), 형태 단위와 그 범주 설정에 대하여, 『국어국문학』 169, 국어국문학회, 85-110.

Leech, G.N.(1981), *Semantics*(2nd), Harmondsworth, Middlesex: Penguin Books.

Nettle, D. & Suzanne Romaine(2000), *Vanishing Voices: the extinction of the world's languages*, New York: Oxford University Press, 『사라져 가는 목소리들』(김정화 옮김 · 이제이북스 · 2003).

Peter K. A. & Julia S.(eds.)(2011), *The Cambridge Handbook of Endangered Languages*, New York: Cambridge University Press.

사진으로 함께하는 정선 지역어 조사

Ⅱ 2013년 1월 25일 ~ 26일, 사전 답사

[사진 1] 90·91년 제보자를 다시 만났다.

[사진 2] 90·91년 제보자 가정의 일상과 만났다.

[사진 3] 사진 속 8명 외에 오재혁 교수, 신희성 연구원 포함 총 10명이 사전답사에 참여했다.

2013년 2월 27일, 답사 설명회

[사진 4] 답사 설명회 사회를 맡은 오재혁 교수가 설명회 개최를 알리고 있다.

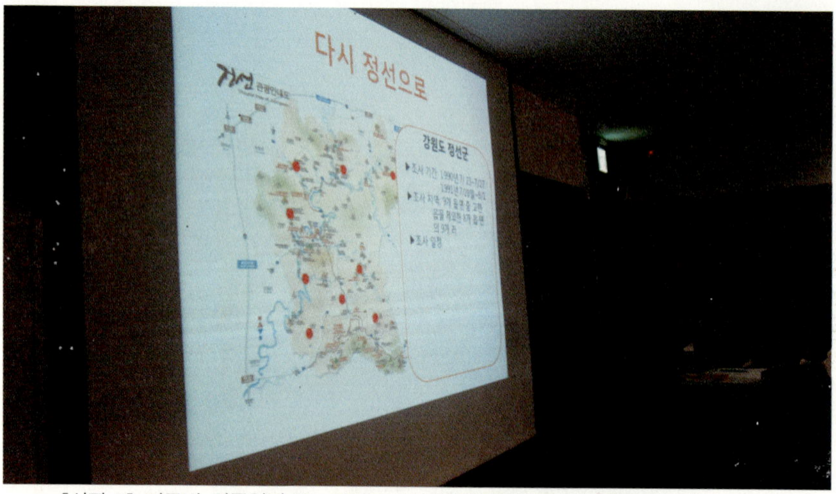

[사진 5] 이규범 연구원이 90 · 91년도 정선군 답사의 개괄에 대해 설명하고 있다.

동강, 저 정선 아라리

문인수

산을 여는 것은 어디나 초록강입니다.
강원도 정선의 산중을 참 여러 굽이
애돌아 흐르는 동강 물머리를 심호흡으로
깊이 끌어들여 지그시 오래 눈감아보시지요.
사람의 속이 저와 같이 첩첩하여서
그노래 또한 얼마나 여러 굽이 에돌아 흐르는지요.
강 따라 산 따라
사람살이가 거기 따로 있다 하지요.
정선 아라리,
이 애 터지게 느리고 구성진 가락을
동강 물길 위에 놓아 천천히 한번 물어보시지요.
주물로 부어낸 듯 실로 똑같습니다.
따로 무엇이 그 마음 열겠는지요.

[사진 6] 23일 아침, 마지막 가수리 조사만을 남겨 놓고 정선초등학교 가수 분교에서 단체 사진을 남겼다.

Ⅱ 1990·91년, 답사

[사진 7] 90·91년 답사 때는 버스를 이용해 조사 지역을 찾아 갔었다. [사진 8] 몸은 힘들어도 마음은 즐겁게

[사진 9] 정선 버스 터미널 2층에 있었던 서울장 여관은 답사의 베이스캠프였다.

Ⅱ 2013년 7월 21일 ~ 23일, 답사

[사진 10] 21일 오전 9시에 고려대학교 운초우선교육관 앞에서 집결하여 정선으로 출발했다.

[사진 11] 1조에서 직전리 제보자와 함께

[사진 12] 아동 제보자와 함께

[사진 13] 2조에서 낙천리 제보자와 함께

[사진 14] 3조에서 유평리 제보자와 함께

[사진 15] 4조에서 낙동리 제보자와 함께

[사진 16] 5조에서 숙암리 제보자와 함께

[사진 17] 함께 아침을 지어 먹으며 하루의 마음을 배 불렸다.

[사진 18] 열심히 질문하고 있는 조사자

[사진 19] 자유발화를 유도하고 있는 조사자

[사진 20] 삼베를 보여 주고 있는 유평리 제보자

[사진 21] 이야기에 열중하고 있는 가수리 제보자

[사진 22] 사진 자료를 살펴보고 있는 가수리 제보자

[사진 23] 음운 팀에서 모음에 대한 제보자의 발음과 입모양을 캠코더로 녹화하고 있다.

[사진 24] 숙소로 삼았던 유천2리 마을회관 앞에서 답사를 마무리하며 사진을 찍었다.

* 정선 지역어 답사 과정을 담은 동영상 '23년의 세월을 잇고'는 유튜브(YouTube)에서 '정선지역어'로 검색하여 시청하실 수 있습니다.

부록
1

정선 지역어 연구 목록

〈학위 논문〉
김봉국(2002), 강원도 남부지역 방언의 음운론, 서울대학교 대학원 박사학위논문.
손웅일(2006), 정선방언의 음운론적 연구, 강원대학교 대학원 석사학위논문.
이상녀(2005), 강원도 영동 방언의 음운에 대한 사회 언어학적 연구, 강원대학교 대학원 박사학위논문.
최영미(2009), 정선방언의 성조 체계와 그 역사적 변천에 대한 연구, 건국대학교 대학원 박사학위논문.
함영세(1986), 영동방언의 활용어미에 대한 연구, 경희대학교 대학원 석사학위논문.

〈국내 학술지〉
강원대학교 인문대학교 국어국문학과 학술조사반(1995), 정선군 학술답사 보고서, 『강원문화연구』 14, 강원대학교 강원문화연구소, 145-231.
고려대학교 국어교육과(1991), 제6 · 7회 학술조사 자료집(정선군), 『한국어문교육』 5, 고려대학교 사범대학 국어교육학과, 153-321.
김봉국(2002), 강원도 남부지역 방언 어간말자음군의 음운론, 『국어학』 39, 국어학회, 173-200.
박성종(1996), 정선군 정선읍 및 신동읍 방언 어휘, 『정선의 기층문화 -정선읍, 신동읍의 수몰예정지역을 중심으로-(한강 상류(정선읍 · 신동읍) 지역의 기층문화 -관동대 국어국문학과 학술답사보고서-)』, 정선군.
박성종(2002), 정선군 북면의 방언, 『정선군 민속 기층조사』, 정선문화원.
박숙희(2012), 강원 방원 외래어의 성조형, 『어문학』 118, 한국어문학회, 1-35.
연세대학교 문리대학 국어국문학과(1997), 민속방언학술답사 -제14차 강원도 정선군-, 원주: 연세대학교 문리대학 국어국문학과.
원훈의(1978), 강원도 방언 연구(1) -평창, 정선, 영월 등지를 중심으로-, 『관동향토문화연구』 2, 춘천교육대학교, 5-66.
원훈의(1979), 강원도 방언 연구(2) -평창, 정선, 영월 등지의 문법을 중심으로-, 『관동향토문화연구』 3, 춘천교육대학교, 5-40.
원훈의(1980), 강원도 방언 연구(3) -평창, 정선, 영월 등지의 어휘를 중심으로-, 『관동향토문화연구』 4, 춘천교육대학교, 5-38.
이병근·김봉국(2002), 강원도 정선 지역의 언어 연구, 『관악어문연구』 27, 서울대학교 국어국문학과, 31-78.
이상복(1985), 방언부문, 『강원문화연구』 5, 강원대학교 강원문화연구소, 169-202.
이상복(1986), 방언부문, 『강원문화연구』 6, 강원대학교 강원문화연구소, 95-112.
이익섭(1979), 강원도 영서지방의 언어분화, 『진단학보』 48, 진단학회, 91-128.
최영미(2010), 정선방언 "가·다"류 동사의 성조형의 변화, 『한말연구』 27, 한말연구학회,

407-438.
최영미(2010), 정선방언 성조의 실험음성학적 연구, 『겨레어문학』 44, 겨레어문학회, 295-324.
최영미(2012), 정선방언 운율유형에 관한 연구, 『어문연구』 73, 어문연구학회, 127-160.
최영미(2013), 정선방언의 비음절화와 성조의 변동, 『한말연구』 33, 한말연구학회, 269-300.
최영미(2014), 모음 탈락과 성조 재배열 -중세국어와 정선방언의 비교를 중심으로-, 『겨레어문학』 52, 겨레어문학회, 331-367.
한성대학교 한성어문학회(2000), 학술답사보고서 (제19집), 『한성어문학』 19, 한성대학교 한성어문학회, 249-283.
한영균(1995), '외, 위'의 단모음화와 방언분화 -강원도 방언의 경우-, 『국어사와 차자표기』, 태학사, 817-846.

〈단행본〉
강등학·이영식·박은영·유태웅(2013), 『증편 한국구비문학대계 2-11(강원도 정선군)』, 역락.
강원도사편찬위원회(1995), 『강원도사 3: 전통문화편』, 강원도.
국립국어원 편(2011), 『2011년도 강원 지역어 조사보고서(정선)』, 국립국어원.
김의숙·이창식(2001), 『(동강문화유산답사기)동강 민속을 찾아서』, 서울: 푸른사상.
남기탁·손주일·한길 외(2002), 『(강원전통문화총서 4)방언』, 국학자료원.
박성종(2008), 『강원도 영동지역의 방언』, 제이앤씨.
방언연구회(2001), 『방언학 사전』, 태학사.
이경진(2003), 『(삼척·동해·태백권 사투리) 강원도 영동남부지방 방언』, 예문사.
이상복·원훈의·전성탁 외(2006), 『방언 영서 2』, 우리마당 터.
정선군 여량면(2010), 『(사진으로 보는 여량면 100년) 아우라지의 추억』, 정선군 여량면.
정선군 자치행정과 편(2011), 『2011 정선군 통계연보(제50회)}』, 정선군.
정선군 정선읍(2012), 『(사진으로 보는 정선읍의 어제와 오늘) 정선읍 마을, 그리고 사람들』, 정선군 정선읍.
정선군 화암면(2009), 『(사진으로 보는 화암면 100년) 그림바위의 추억』, 정선군 화암면.
정선군·박성종·황루시(1996), 『정선의 기층문화: 정선읍, 신동읍의 수몰예정지역을 중심으로』, 정선군.
진용선(2009), 『정선 화암면 지명유래』, 정선군 화암면.
진용선(2010), 『정선 여량면 지명유래』, 정선군 여량면.
진용선(2012), 『정선읍 지명유래』, 정선군 정선읍.
최영미(2010), 『정선방언의 성조체계와 그 역사적 변천』, 역락.

부록
2

김유범(1991), 강원도 방언 고찰

江原道 方言 考察

(旌善지역의 言語體系 및 言語分化를 중심으로)

과 목 명 : 국어 방언론

담당교수 : 홍 종 선

제 출 일 : 1991년 10월 16일

고려대학교 사범대학

국어교육과 3학년, 8965034

성 명 : 김 유 범

Ⅰ. 머리말

강원도 방언은 지리적 조건으로 인해 北으로는 함경도 방언, 南으로는 경상도 방언, 西로는 중부 방언의 영향을 받으며 형성된 복합적이고 특수한 방언이라고 할 수 있다. 본고는 이 강원도 방언을 기존의 연구들을 통해 槪觀해보고 강원도 방언권 안에서도 특이한 양상을 보이는 평창, 정선, 영월 중 정선지역의 언어체계를 필자가 수집한 자료를 가지고 기술해 보고자 한다. 이것은 정선지역(旌善郡)만을 대상으로 한 단독적인 연구라는 점, 또한 旌善郡 내부에서 일어나고 있는 언어의 분화모습을 살펴본다는 점에서 그 의의를 찾아볼 수 있겠다.

Ⅱ. 강원도 방언 개관

강원도 지역의 언어에 관한 연구는 그동안 꾸준히 이루어져 왔다고 할 수 있다. 그러나 이들 연구들은 거의가 어느 특정한 한 지역만을 대상으로 하였거나, 몇 지역의 언어모습들을 비교·분석해 놓은 정도라고 할 수 있겠다.[1] 다시말해 강원도 전지역을 대상으로 한 총괄적이고 체계적인 연구가 없었다는 것이다. 그러던 중 1981년, 이 고장 출신의 서울대학교 李翊燮 교수가 이 지역에 대한 종합적 연구서인 「嶺東嶺西의 言語分化」를 펴내게 되었다. 이 책에서 李교수는 자신이 수집한 자료를 가지고 강원도 각 지역 언어의 특징을 기술하고 그것을 통해 강원도 내부에서의 방언권을 설정하였다. 필자는 본고에서 강원도 방언을 개관함에 있어 대부분을 이 「嶺東嶺西의 言語分化」에 실린 李교수의 연구성과를 인용하고자 한다.

1. 강원도 방언의 특징

강원도 방언을 槪觀하는데 있어서 이 지역의 교통·문화의 중심지인 江陵을 기술의 중심으로 삼고 襄陽과 三陟의 언어적 특징을 강릉의 그것과 비교하는 방향에서 진술하기로 한다.

1] 음운론적 특징

1) 音韻體系

(1) 子音體系

ㅂ	ㄷ	ㅈ	ㄱ	ㆆ
ㅍ	ㅌ	ㅊ	ㅋ	
ㅃ	ㄸ	ㅉ	ㄲ	
	ㅅ			ㅎ
	ㅆ			
ㅁ	ㄴ		ㅇ	
	ㄹ			

※ㆆ[ʔ] : 語幹末音에 나타난다. 예를 들어 '걸:는다', '걸:뜨라'에서 보이듯이 활용에 있어 특이한 양상을 띠는 동사에 있어 그 어간을 '걿'로 추종해 볼 수 있겠다.

---

1) 특정한 한 지역에 대한 연구로는 강릉, 삼척, 양양, 고성, 철원, 화천등이 대상이 되었고 몇 지역을 비교 연구해 놓은 것으로는 원훈의(춘천교대)의 평창·정선·영월에 대한 연구가 있다.

—1—

⑵ 母音體系

嶺東方言은 어느 방언보다도 많은 수의 母音을 가진 방언이다.

① 單母音 (10母音體系)

ㅣ (i)	ㅟ (y)	ㅡ (ɨ)	ㅜ (u)
ㅔ (e)	ㅚ (ø)	ㅓ (ə)	ㅗ (o)
ㅐ (ɛ)		ㅏ (a)	

② 二重母音

ㅑ (ja)　ㅕ (j　)　ㅛ (jo)　ㅠ (ju)　＝ (ji)[2)]

ㅒ (jɛ)　ㅖ (je)　ㆉ (jø)

ㅘ (wa)　ㅝ (wə)

ㅙ (wɛ)　ㅞ (we)

ㅢ (ij)

⑶ 韻素체계

강릉방언은 高調 (high tone)와 低調 (low tone)의 대립을 가지며, 동시에 長音과 短音의 대립을 갖는다.

예) 高調	低調	長音	短音
(옷) 고름	(腫氣의) 고름	눈 (雪)	눈 (目)
침 (針)	침 (唾)	준다 (縮)	준다 (授)

聲調와 音長이 결합하기도 한다.

예) 低調·短音 …… 손 (手), 코 (鼻)

低調·長音 …… 밤: (栗), 개: (犬)

高調·短音 …… ´개 (윷의), ´기 (旗)

高調·長音 …… ´솜: (綿), ´조: (紙)

*襄陽방언은 음장에서만 대립을 가져 그 남쪽의 江陵이나 三陟과 크게 구분된다는 점은 특기할 만하다.

2) 交替와 音韻現象

⑴ 語幹末 子音群 'ㄺ, ㄼ'이 뒤에 자음을 만나면 'ㄹ'이 남고 'ㄱ'과 'ㅂ'이 탈락한다.

예) 흙, 긁다, 밟다, 늙다

⑵ ㅣ역행동화 (Umlaut) 현상

예) 멕이다, 잽히다, 뇍이다

---

2) 訓民正音 (解例本) 合字解에 이에 대한 언급이 나타나 있다.

'ㆍ一起ㅣ聲 於國語無用 兒童之語 邊野之語 或有之 當合二字而用 如ᄀᆝᄀᆜ之類'

-2-

(3) 陰性母音쪽으로 기운 母音調和의 파괴

語幹末 음절모음이 陽性母音 ㅏ, ㅗ 이더라도 그 語幹이 子音으로 끝나면 대부분의 경우 陰性母音系의 어미를 취한다.

예) 잡어라, 좁어서, 좇었다

(4) 用言의 活用에서 語幹末音이 'ㅣ' 인 用言이 '-어' 로 시작되는 語尾를 만나 일으키는 母音縮約

① 'ㅣ' 앞에 ㅎ이외이 子音이 올 때

ㅣ+ㅏ→ㅐ　　예) 양말으 ´신케 (←신키어) 주문

② 'ㅣ' 앞에 子音이 없을 때나 'ㅎ' 이 있을 때

ㅣ+ㅓ→ㅕ　　예) 물으 여더 (←이어더) 붓:고 , 눈:이 싸여서 (←쌓이어서)

*강릉 방언에서는 'ㅣ' 앞에 齒擦音이 오는 경우 두 刑으로 나뉜다.

i) 아버지 오셨나 (←오시었나) ? ……… 'ㅣ+ㅓ→ㅕ→ㅓ'

ii) 눈이 부세서 (←부시어서)

(5) 語幹末音이 'ㅜ' 및 'ㅟ' 인 用言이 'ㅓ' 로 시작되는 語尾를 만나서 일으키는 音韻現象

① 'ㅜ' (또는 'ㅟ') 앞에 子音이 없을 때

ㅜ+ㅓ→ㅝ　　예) ´재워 (←재우어) 놓구 가깨

② 'ㅜ' (또는 'ㅟ') 앞에 脣音인 子音이 올 때

ㅜ+ㅓ→ㅓ　　예) 물으 퍼다가 (←푸어더거)

③ 'ㅜ' (또는 'ㅟ') 앞에 脣音이외의 子音이 올 때

ㅜ+ㅓ→ㅗ　　예) 좀 잡소 (←잡수어) 바:요

*삼척 방언은 ①②의 경우 모두 'ㅜ+ㅓ→ㅘ' 로 축약된다.

(6) 활용에서 'ㄹ' 이 탈락하는 환경이 영동방언 (특히, 삼척) 에서는 표준어에서보다 더 광범위하다.

예) 더 노잖구서 (←놀잖고서)

´아들 따르 느:낳고 사:다가 (←살다가)

´더워르 파면 (←팔면)

앤:경도 맹그고 할:또 맹그고 (←맹글고)

(7) 'ㄷ' 불규칙, '러' 불규칙 활용이 없다.

예) 걺다, 싫다, 푸르러 (活用 자체가 없다)

(8) '씻다' 가 'ㅅ' 불규칙 활용을 한다 (강릉, 양양)

예) 쌔:라　　쌔:야지　　씨:문

(9) 'ㅆ+나→ㄴ' 의 音韻現象

예) 밭 다 맸: (←맸나) ?　　어대 인: (←있나) ?

누거 핸: (←했는) 줄이나 알:구 그랬다던?

2) 형태 · 통사론적 특징

1) 格助詞와 特殊助詞

(1) 주격조사

① '이/가' 가 널리 쓰인다 (강릉은 '거' 형태도 사용된다)

예) 니 : 거 그랬나?

② 모음으로 끝나는 명사 다음에 '이' 가 분포된다 (수의적 분포)

예) 코의, 머의 (무엇이) , 여러의, 바다의

③ 주격조사중복현상 (삼척)

예) 그기거 세까래래요, 아 새끼들이가

(2) 속격조사

모두 '어' 가 쓰이는데 명사가 '앙' 으로 끝나면 '아' 로 동화된다.

예) 나머 집, 달거 둥지, 신랑아집, 누와 (삼척- '누 (누구) ' 의 속격형태)

(3) 대격조사

'으/르' (말음 'ㄹ' 를 탈락시킨 형태) 가 쓰인다 (양양- '을/를' 도 쓰인다)

예) 팔으 볶아서는, 감재르 깍아서, 그거를 사발로

(4) 장소와 시간의 처격조사

강릉→ '애' , 양양 · 삼척→ '에'

예) '집애, '밤 : 애, 누와 집에 갔나?, 그럴 쩍에

*처격조사에 '다/다가' 또는 '더/더거' 가 결합하는 경우도 있다.

예) 머리에다, 베틀더 얹어 놓구, 가마다가 끓이지요

*시간을 나타내는 조사 -습관적인 일과 관련하여 '로/으로' , '루/으루' 가 사용된다.

예) 새복으루 지내지요, 밤으로 일어서사

(5) 도구격 조사

'으로 (으루) ' 가 방향 · 단위를 나타내는 조사로 사용된다.

예) 사발루, 큰 늠어 잔으루

* '으/르 (을/를) , 루 (으루) 가지고' 가 관용화되어 사용된다.

(6) 열거 · 비교 · 동반 (공동) 의 조사

① 열거 : '고/이고' , '랑/이랑'

② 비교 : '가' , '과' , '대 : 문' ('대다' <비교하다>의 활용형)

③ 동반 (공동) : '하구'

(7) 호격조사

'아/야' , '요' 가 쓰인다.

예) 할아버지요! 조캐요!

(8) 특수조사

① '은/는' 뒤에 '은' 이 중첩되어 사용된다 (삼척)

-4-

예) 아들으는, 미역으는, 사람으는

② '매름 (처럼)' 이 강릉지방에서 사용된다.

예) 니 : 매름 ′그랠라구

③ '두', '마둥', '버텀 (버터)', '꺼짐', '찌리' 등이 사용되는데 이들은 형태상의 특징일 뿐이다.

2) 連結語尾

· (비가) 오면 ····· 오면, 오먼, 오문, 오믄, 오며는

· 놀면서 ····· 놀면서, 놀민서, 놀미서, 놀으먼서, 놀먼

· 듣지도 보지도 ····· 듣 (들) 지두 보지두, 듣 (들) 도 보도

· 보니까 ····· 보니까, 보이까, 보니, 보니까네

· (모기) 때문에 ····· 때문에, 때미레, 때머네, 땜에, 때민에, 때밀레

· 자게 ····· 자게, 자게르

3) 補助用言

· 싶다 : 싶어서 ····· 싶어, 싶아

· 보다 : 쌌나보다 ····· 쌌나부다, 쌍가부다, 눙가부다

· 버리다 : 태워버린다 ····· 태워버린다, 태와버린다

· 대다 : 웃어댄다 ····· 웃어댄다, 웃어싼다, 웃어 쌌는다

· 않다 : 깨끗하다 ····· 깨끗치 않다, 깨끗지 않다, 깨끗해 잖다, 안깨끗하다, 깨끗치 안하다

4) 副詞

· 천천히 ····· 천천이, 천처이, 서서이, 노량

· 널리 ····· 널리, 널깨, 너르게, 쫙, 확

· 잘/좋게 ····· 잘, 깨깣이

· 빨리/얼른/급히/속히 ····· 빨리, 속히, 날래, 앞세

· 느리게/늦게 ····· 느리게, 늦게, 뜨게, 더디

· 곧장/ (곧) 바로 ····· 곧장, 곧바다, 바루, 바로, 똑바루

· 갑자기 ····· 갑재기, 갑작시리, 갑작히, 졸지에, 뻴안간, 급작시리

· 하마터면·····하마듬, 함버트라면, 하말드라면, 함부트람, 까닥했드라면, 까댁했드라면

· 일부러 ····· 우정, 일부러, 일부루, 역부러

· 모두 ····· 모두, 전부, 몽땅, 다, 마커, 마카

· 왜 ····· 왜, 왜서, 왜사

· 예 ····· 예, 네, 야

5) 敬語法과 終結語尾

(1) 해라체 어미

'-아/-어'　　　　예) 와?, 앉어

－5－

① '아' 와 '어' 가 회상의 '더' 와 만나면 '-데' 가 된다.

예) 지금두 그랜 사람 더러 있데

② '아' 와 '어' 가 지정사 다음에서는 '-야' 가 된다 (양양- '여' 가 되는 수도 있다)

예) 딸이 병 : 이 들엇단 말이야

징역살이두 상 : 징역살이여 (양양)

③ '-지' 도 해라체 어미로 널리 쓰인다 (강릉-평서문 : '-지', 의문문 : '-재')

예) 그래니 좋지, 오늘 참 ´덥재?

④ 평서문 어미 '-다, -ㄴ다, -는다' 등에 짝이 되는 의문문 어미로 강릉 · 삼척에서는 '-나' 가 쓰이나 양양에서는 '-니' 가 일반적으로 쓰인다.

(단, 양양에서도 反問, 自問투에서는 '-나' 가 쓰인다)

예) 잠이 곧 나쁘나 (모자라나) ?

잡었니? 그기 소 : 문이 나서 장 : 개르 디릴 수 있나? (양양)

⑤ '나' 의 축약형으로 보이는 형태가 널리 쓰인다.

예) 하낙두 음 : (←없나) ? 챈 (ㄴ취핸←취했나) ?

⑥ '까/으까' 가 추측 또는 상대방의 동의를 묻는 어미로 쓰인다.

예) 지 : 거 혼저 해 내 : 까? 이거 내거 먹으까?

⑦ 헤어질 때의 인사에서 강릉 · 양양은 명령문 (예 : 잘가, 잘가거라) 이 쓰이는데 反해 삼척은 청유문 (예 : 잘가자) 이 쓰인다.

(2) 하게체 어미

① 평서문의 하게체 어미

'네' 가 널리 쓰이며 여기에 회상의 '-더' 가 결합하면 '-데' 가 된다. 명사뒤에서는 '-ㄹ쎄' 도 쓰인다. (강릉에서는 주로 여자들 사이에서 '-과' 가 쓰인다→놀람)

예) 매만 시 : 컨 맞아 밨 : 네

안 먹고 이래데

우떠 ´여 : 서 이러 ´만내는 과 (어떻게 여기서 이렇게 만나는가) ?

② 의문문의 하게체 어미

'-ㄴ가/는가' 가 널리 쓰인다.

*양양 : '-너' 도 쓰인다. 語幹末音이 子音이면 形容詞 語幹 다음에도 '-는가' 가 결합하며 과거시제의 '-았/었-' 에 결합되면 '-았/었-+-는가→-ㄴ가' 와 같은 축약이 일어난다.

예) 마이 잡었너?

작는가?

밭 다 맨 : 가 (←매었는가) ?

*삼척 : 회상의 '-더' 와 결합형인 '-당가' 가 쓰인다.

-6-

③ 명령문의 하게체 어미

'게' 보다 '-개' 가 쓰인다.

④ 청유문의 하게체 어미

'세' 보다 '-새' 가 쓰인다.

(3) 하오체 어미

영동방언에서 같은 형태, 같은 기능의 語尾에 의해 실현되나 그 안에서 중요한 분화도 일으킨다.

'-오(우)/소' 系 ····· 양양·삼척('-오/소'), 강릉('-우/소')

예) 훌륭하오, 장에 양간수라구 나잖우?, 물어야 하겠소

'-아요/어요' 系 ····· 外來的, 近來的, 格式的인 느낌이 든다.

예) 빨리 와요!, 입는 기 또 있어요

① 명사 뒤에선 '어요' 系만 쓰인다.

② '지' 다음의 '-요' 자리에 '-오(우)/소' 가 못 쓰인다. 예) 다르지요

③ 강릉에서 평서문에서는 '-어요' 만 쓰이고 의문문과 명령문에서는 '-우/(소)' 만 쓰인다. (※양양·삼척의 '-오/소' 는 평서문에도 쓰인다)

④ 삼척의 '있다오' 나 '가다오' 의 '-오' 도 양양이나 강릉의 '-오' 나 '-우' 로 代替되어 쓰기어렵다.

⑤ 청유법의 하오체 語尾로는 '-어요' 系만 쓰이고 '-오(우)/소' 系는 쓰이지 않는다.

(4) 합쇼체 어미

평서문 … '-ㅂ니다/습니다/-(이)올씨다'

의문문 … '-ㅂ니까/습니까'

명령문 … '-(시)ㅂ시오' 와 '-(시)어요'

*삼척에서는 의문문과 평서문에 '-오니껴' 가 빈번히 쓰인다.

3) 의미론적 특징

강원도 방언을 본격적으로 어휘나 문장의 의미분화를 중심으로 연구해 놓은 것은 아직 없다고 할 수 있다. 여기서는 비교적 지역마다 의미차를 다양하게 보이는 '아재'[3]라는 어휘를 가지고 강원도 내부에서 보이는 의미론적 특징을 기술해 보도록 하겠다.

---

3) 이익섭(1976), '「아재」考', 東亞文化 13, p. 46

: "「아재」의 意味 分化는 그것이 어떤 다른 言語 要素의 分化보다도 敏感한 것이었다고 할 수 있다. 卽 조그만 方言差라도 생기는 곳이면「아재」의 意味差도 으레 있었다고 할 수 있다. 이를 달리 말하면, 만일 어느 두 集團이 方言的으로 分化되는지 아닌지의 與否를 알기위해서는 일단「아재」가 그 두 集團에서 同一한 意味로 쓰이느냐 않느냐 부터 試驗하여 보라고 할 수 있었다는 말이 된다. 그리고 실제로 이 말은 적어도 嶺東地方에서는 적절하게 들어 맞는 말이었다."

-7-

<'아재'의 지역별 의미분화>

	양양	강릉	南삼척	울진
농촌	(未·旣婚) 고모 (未·旣婚) 이모 (未婚) 삼촌	(未·旣婚) 고모 (未·旣婚) 이모	(未·旣婚) 시동생	(未, 旣婚) 시동생 (旣婚) 삼촌 고모부
어촌	(未婚) 고모 (未婚) 삼촌	(未婚) 삼촌	(旣婚) 시동생 (未婚) 삼촌	(未, 旣婚) 시동생 (未婚) 삼촌

2. 강원도 방언권의 구획

강원도 지역은 지리적 경계선인 太白山脈을 중심으로 크게 嶺東方言圈과 嶺西方言圈으로 양분할 수 있는데 嶺西方言圈 안의 지역들은 言語的으로 同質적인 지역임에 반해, 嶺東方言圈은 다시 그 안에서 극심한 方言分化를 보이는 것으로 나타난다. 李 교수는 앞에서 살펴본 강원도 방언의 특성을 근거로 다음과 같이 강원도 방언권을 구획하였다.

江原道方言圈
- 嶺東方言圈
  - 北端嶺東方言圈 ····· 고성, 양양
  - 江陵方言圈
  - 三陟方言圈
  - 西南嶺東方言圈 ····· 평창, 정선, 영월
- 嶺西方言圈 ·····철원, 화천, 양구, 인제, 춘천, 홍천, 횡성, 원주

北端嶺東方言圈은 함경도 방언의 요소가 가장 많은 방언권이고 三陟方言圈은 경상도 방언의 요소가 가장 많은 방언권이다. 이 두 방언권의 중간에 위치한 江陵方言圈은 둘 모두의 특성을 지닌 중립적인 방언권이면서 동시에 나름대로의 특성도 많이 갖춘 독자성이 큰 방언권아라고 할 수 있겠다. 江陵方言圈은 이러한 성격 때문에 北端嶺東方言圈과 함께 '北部嶺東方言圈'으로 묶일 수도 있고 三陟·西南嶺東方言圈과 함께 '南部嶺東方言圈'으로도 묶일 수 있다. 西南嶺東方言圈은 지리적으로는 嶺西 지역이나 嶺東方言이 나타나는 특이한 지역으로 嶺東方言圈 중 嶺西方言의 요소를 가장 많이 지닌 방언권이다. 이 지역은 三陟方言圈의 영향도 나타나므로 三陟方言圈과 함께 '廣域三陟方言圈'으로 묶어 볼 수도 있다. 이렇게 분류된 강원도의 방언권을 지도 上에 표시해 보면 다음과 같이 나타낼 수 있다.

-8-

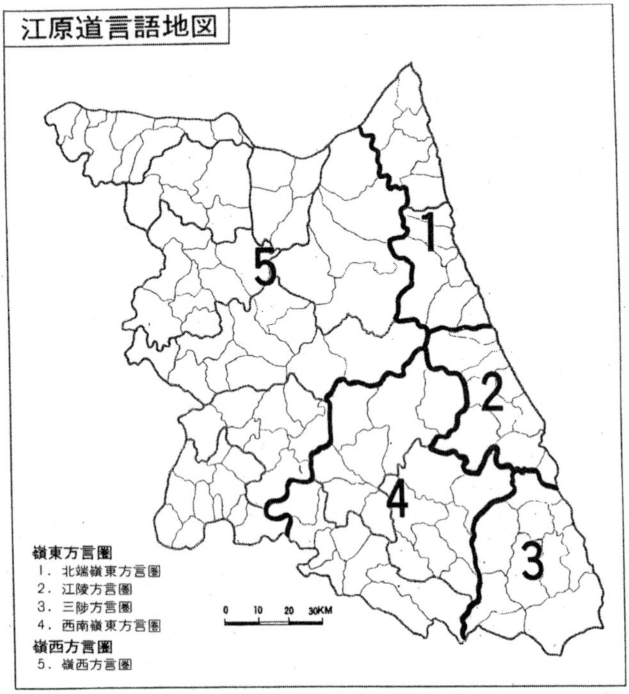

강원도의 방언 구획 (이익섭 1981에서)

Ⅲ. 정선군의 언어체계 고찰

앞에서 언급했듯이 '평창 · 정선 · 영월' 을 하나로 묶는 西南嶺東方言圈은 지리적으로 嶺西지역이나 언어적으로 嶺東方言이 나타나는 특이한 방언권이다. 이는 주로 史的 행정구역 上의 변화에서 그 원인을 찾아볼 수 있겠는데 旌善의 경우 일부가 江陵과 함께 같은 행정구역으로 편입[4)] 되었던 때가 있어, 그로인해 嶺東方言의 특징이 나타난다고 추정해볼 수 있겠다. 필자는 1990년과 1991년, 두 해에 걸친 旌善郡의 방언조사자료를 가지고 旌善郡의 言語體系를 고찰하고 그로부터 旌善郡 내부에서 일어나고 있는 言語分化의 양상을 살펴보고자 한다. 우선 정선군 내 8개 面과 邑 중 9개 里를 대상으로 수집한 자료의 분석을 통해서 정선군의 言語體系를 음운 , 형태 · 통사, 의미적 측면에서 고찰해보도록 한다.

---

4)「 旌善郡誌 」(1978), 旌善郡誌編纂委員會, p. 371
: " ·····이조 때 郡內, 東, 西, 南, 北의 5개 면을 관할하다가가„ 고종32년(1895) 지방 관제 개정에 의하여 江陵郡의 臨溪, 道巖 2개 면과 平昌郡의 東面을 편입하여 8개 면을 관할하다가 ····· "

−9−

1. 음운론적 고찰

1〕자음

정선군의 자음체계는 영동방언의 자음체계와 같다고 할 수 있다. 몇 개 동사들의 활용에서 보여지는 음운론적 특성을 근거로 음소 'ㆆ' 을 가설해 볼 수 있고 옛 자음 'ㅸ' 와 'ㅿ' 의 형태를 추정해 볼 수 있는 어휘들을 발견할 수 있다 . 여기에서는 음운현상을 중심으로 정선군의 자음을 살펴보도록 한다.

1) 'ㄱ→ㅈ' , 'ㄲ→ㅉ' , 'ㅋ→ㅊ' , 'ㅎ→ㅅ' 형태의 구개음화 현상이 나타난다.

예) 김매다→짐매다, 끼리→찌리, 키→치, 힘→심

2) 어두에서의 경음화 현상을 보이는 어휘가 많다.

예) 사위→싸우, 시원하다→씨원하다, 다듬이질→따듬이질, 가위→까새, 주름살→쭈그름살

3) 격음화 현상이 나타난다.

예) 떫다→턻다, 진갈비→진갈피, 달팽이→탈팽이

4) 자음동화 현상이 나타난다.

예) 목말→[몽말], 환갑→[황갑], 암꽁→[앙꽁]

5) 어간의 받침 또는 對格조사의 받침으로 사용된 'ㄹ' 이 탈락되는 경우가 있다.

예) 귀신 다라 붙는다, 노다 가세요, 차르 못타서, 물동우르 갖다 놓고

6) 'ㆆ' 이 탈락하는 경우가 나타난다.

예) 올케→올게

7) '걷다' , '묻다' , '듣다' 가 각각 '걸찌 (걷지)' , '물른 (묻는)' , '들찌르 (듣지를)' 로 활용하는 것으로 보아 이들의 어간을 '겅-' , '뭉-' , '듕-' 로 가정해 볼 수 있겠다. 즉, 'ㆆ' 를 정선지역의 자음체계 안에 포함시켜 볼 수 있을 것이다.

8) 'ㅸ' 의 형태를 再構해 볼 수 있는 어휘들이 발견된다.

예) 호박, 확 (호박>호ᄫᅡᆨ>확)

또바리, 또아리 (또바리>또ᄫᅡ리>또아리)

9) 'ㅿ' 의 형태를 再構해 볼 수 있는 어휘들이 발견된다.

예) 까슬치, 까울치, 깔 : 치 (까슬치>까ᅀᅳᆯ치>까울치>깔 : 치)

거시, 거위 (거시>거ᅀᅵ >거위)

가새 (가새>가ᅀᅢ >가위)

2〕모음

정선군의 모음체계 역시 영동방언의 모음체계와 동일하다고 할 수 있겠다. 特異한 두 개의 二重母音과 鼻母音化 현상이 정선지역 모음에 있어서 두드러진 특징이라고 할 수 있다.

1) 특이한 二重母音인 'ᆈ [jø]' 와 'ᆖ [jɨ]' 가 나타난다.

예) ᄋᆈ식, ᄋᆈᆯ: (쓸개), ᄋᆖ : 젱이 (어중이, 바보), ᄋᆖᆼ : 감 (영감)

-10-

2) 전설모음화 현상이 나타나는 어휘가 많다.

(1) 圓脣性 전설모음으로 바뀌는 경우

예) 마루→마뤼, 도→뙤

(2) 非圓脣性 전설모음으로 바뀌는 경우

예) 벼슬→베실, 전노리→젠노리, 까슬치→까실치, 사슴→사심, 턱→텍

3) 후설모음화 현상이 나타난다.

예) 손가락→손꾸락, 사위→사우, 공기→공구

4) 高모음화 현상이 나타난다.

예) 껍데기→껍디기

5) 低모음화 현상이 나타난다.

예) 뿌리기→뿌래기, 진갈피→진갈패, 다딤이질→다댐이질, 시원하다→세원하다

6) 二重母音이 單母音化 되는 현상이 나타난다.

(1) jə →e　　예) 왕겨→왕게, 며누리→메누리

(2) wə →o　　예) 꿩→꽁

(3) ɨ j→i　　예) 한의사→한이사, 의원→이원

7) 鼻母音化 현상이 두드러진다. 이것은 다음과 같이 두 가지 양상으로 나타난다.

(1) 'ㅇ' 이 약화되며 전후모음이 비모음화되는 경우

예) 호멩이 ; [homeŋi]→[homẽŋ̃ĩ]

골벵이 ; [kolbeŋi]→[kolbẽŋ̃ĩ]

고옝이 ; [kojɛŋi]→[kojɛ̃ŋ̃ĩ]

아지랭이 ; [ač̥irɛŋi]→[ač̥irɛ̃ŋ̃ĩ]

(2) 'ㄴ' 이 음가를 잃으며 전후모음이 비모음화되는 경우

예) 어머니→어머̃이̃, 할머니→할머̃이̃, 피곤하니→피곤하̃이̃, 나가 보니→나가 보̃이̃

8) 모음조화 현상이 나타난다.

예) 잔치→잔차, 봉당에 가서→봉당아 가서, 천장이 샌다→천장아 샌다

9) 모음의 이화현상이 나타나기도 한다.

예) 고모→고무

10) 'ㅣ' 모음 역행동화가 많은 어휘에서 나타난다.

예) 깜부기→깜뷔기, 장끼→쟁끼, 꼴뚜기→꼴뛰기, 메뚜기→메뛰기, 고이다→괴이다

11) 모음의 축약현상이 나타난다.

예) 오이→외

12) 모음 (半母音) 의 탈락현상이 나타난다.

(1) ja→a　　예) 달걀→달갈

(2) ɨy→ɨ　　예) 의사→으사, 의자→으자

-11-

3] 운소 (韻素)

정선지역 방언의 음운론적 특징 가운데 두드러진 하나는 음이 생략되거나 축약되었을 때 그것을 보상하려는 작용으로 음절이 길어지는 補償的 長音化 (compenatory lengthening) 가 일어나는 것이다.

예) 여기→여 : , 아래→알 : , 까울치→깔 : 치, 딸기→딸 : , 가져와→가 : 와, 베어내고→비 : 내고

2. 형태, 통사론적 고찰

1] 조사

다양한 형태의 격조사 및 보조사가 사용되는데, 특히 중복형태의 조사와 체언의 모음에 동화된 형태의 조사의 사용은 두드러진 특징이라고 할 수 있겠다.

1) 격조사

(1) 주격조사 ····· 중복조사 '이가' 가 널리 쓰인다.

예) 노을이가 질 때는, 색깔이가 곱다

(2) 대격조사 ····· '을/를' 뿐만 아니라 '으/르' 가 사용된다.

예) 그물으 가지고, 차르 못타서

※ '이를' 형태도 사용된다. 예) 얼굴이를 보지 못했고

(3) 속격조사 ····· '으/이/어/우/에/아' 등 매우 다양한 형태가 나타난다.

예) 달그 베실 (닭의 벼슬) 요지간에 말 (요즘의 말)

달기 알 (닭의 알) 동상아 댁 (동생의 부인)

나머 집 (남의 집)

(4) 도구격 조사 ····· '(으) 루' 가 쓰인다.

예) 투망으루, 그물루

(5) 호격조사 ····· 호칭을 나타내는 명사 뒤에 '요' 가 붙어 사용된다.

예) 할아버이요, 조캐요

2) 보조사

중복형태인 '으는' 이 사용된다.

예) 학교를 좀 다닌 사람으는 거울이라 하고, 시방으는 경운기로 하지마는

3) 체언이 끝음절에서 중 · 종성이 [aŋ] 일 경우, '아' 로 시작되는 조사가 붙는다.

(1) 처소격을 나타내는 경우

예) 장아 가 : , 여 : 방아다가

(2) 주제격/주격을 나타내는 경우

예) 나이 먹은 학상아는, 천장아 샌다

(3) 목적격을 나타내는 경우

예) 내 고상 : 아 많이 해

(4) 소유격을 나타내는 경우

예) 동상아 댁

2 〕어미 (연결어미)

1) '가정' 을 나타내는 어미로 ' (이) 문/ (이) 먼' 이 사용된다.

예) 달무리 지문, 젎은 산에 가문

2) '계속' 적인 동작을 나타내는 어미로 '-미' 가 사용된다.

예) 소리를 해가미, 다 얻어 멕여 개미 (먹여가며)

3) '원인' 을 나타내는 어미로 ' (으) 니/ (으̃) 이̃' 가 사용된다.

예) 산초를 캐먹으니, 내가 피곤하̃이̃

4) '인용' 을 나타내는 어미로 '- (이) 라고' 에서 '고' 가 떨어진 '- (이) 라' 형태가 사용된다.

예) 따바리라 하죠, 여물이라 안 그랬어요

3 〕동사

1) '들다, 걷다, 묻다' 등의 동사가 이 지역에서 특이한 활용형태를 보이는데 앞에서도 언급했듯이 이들의 어간을 각각 '듫', '걿', '뭃' 로 생각해 볼 수 있겠다.

예) 들다 ····· 예) 알아 들찌르, 들른 데서는

걷다 ····· 예) 걸찌 못할 때, 걸른다

묻다 ····· 예) 물른 말은

2) '심다', '씻다' 는 그 활용형태로부터 기본형을 '시ᇚ다' 와 '씨ᇧ다' 로 추측해 볼 수 있겠다.

예) 심다 ····· 예) 심구다 {시ᇚ+우+다}

심궈서 {시ᇚ+우+어서}

씻다 ····· 예) 씻거라 {씨ᇧ+어라}

씻거 가지고 {씨ᇧ+어+가지고}

※ '씻다' 는 '쎄라', '쎄 가지고' 등과 같이 위의 활용방식과는 다른 특이한 형태의 활용을 보이기도 한다.

3) '흐르다', '지르다' 는 이 지역에서 '흘르다', '질르다' 로 기본형이 추측된다.

예) 물이 흘르고 흘러, 소릴 질르고

4) 이 밖에 몇 개의 특이한 활용형태를 보이는 동사들이 있다.

(1) 달래다 ····· 예) 아 : 들 달구느라고, 달개야지

(2) 기르다 ····· 예) 야 (이 애) 를 길궈서

(3) 부러워하다 ····· 예) 불버하는 기지 뭐

4 〕부사

특이한 형태의 부사들이 여러 개 나타난다.

1) 마커 ····· '모두' 를 의미한다. 예) 마커 죽구 없어요

2) 하마 ····· '이미, 벌써' 를 의미한다.

-13-

3) 망궤 …… '전혀' 의 뜻과 같다고 하겠다. 예) 망궤 없어요

4) 시나매 …… '천천히' 의 뜻으로 사용된다.

5) 시방 …… '지금' 의 의미로 이 지역에서 사용빈도수가 매우 높은 부사이다.

6) 한가지로 …… '같이' 라는 부사대신 많이 사용된다.

5〕ㄱ 곡용어

다음의 어휘들은 이 지역에서의 쓰임으로 보아 ㄱ 곡용어로 추정된다.

1) 나무 …… 예) 그기 밤남기래요, 남글 깍아서

2) 지붕 …… 예) 지붕기 샌다, 지붕글 고친고

3) 입술 …… 예) 입술기라고 그래죠, 입술기 아프다

4) 가을/겨울 …… 예) 가을기 지나면 겨울기 온다

6〕형태가 축약되는 경우가 있는데 '게/것이' 가 '기' 의 형태로 사용되는 것이 이에 해당한다.

예) 우는 기 수탉이고요, 알 낳는 기 암탉이고요, 뚜드리는 기요

7〕경어법 (相對敬語法)

정선지역의 경어법 체계, 특히 상대경어법체계를 살펴보면 '해라체' 와 '하게체' 에는 별다른 특성이 보이지 않으나 '하오체' 와 '합쇼체' 에 있어서는 이 두가지가 비격식체인 '해요체' 와 서로 혼용되고 있다는 사실을 발견할 수 있다. 4가지 격식체 (해라체, 하게체, 하오체, 합쇼체) 를 기본틀로 하여 '밥 (을) 먹다' 를 가지고 각 경우를 살펴보면 다음과 같다.

1) 해라체

(1) 평서문 …… 밥 먹었다

(2) 의문문 …… 밥 먹었나?

(3) 명령문 …… 밥 먹어라

(4) 청유문 …… 밥 먹자

2) 하게체

(1) 평서문 …… 밥 먹었네

(2) 의문문 …… 밥 먹었는가?

(3) 명령문 …… 밥 먹게

(4) 청유문 …… 밥 먹세

3) 하오체

평서문에서는 '하오체' 가 아닌 '해요체' 가 사용되며, 의문문에서는 두 체 모두가 사용되고 명령문에서는 '해요체', 청유문에서는 형태상 '합쇼체' 어미에 해당하는 '-ㅂ시다' 가 사용된다.

(1) 평서문 …… 밥 먹었어요

(2) 의문문 …… 밥 먹었소 (잡섰소) ?, 밥 잡섰어요?

(3) 명령문 …… 밥 잡숴요

(4) 청유문 …… 밥 잡숩시다

4) 합쇼체

명령문과 청유문에 있어서 '합쇼체' 가 잘 나타나지 않고 (겨우 명령문에 매우 형식적으로 사용되기는 하지만), 이 경우 대개 '하오체' 에서처럼 명령문에는 '해요체', 청유문에는 '-ㅂ시다' 가 사용된다.

(1) 평서문 …… 밥 먹었읍니다

(2) 의문문 …… 진지 잡수셨습니까?

(3) 명령문 …… (진지 잡수십시오), 진지 잡수세요

(4) 청유문 …… 밥 드십시다／잡습시다

3. 의미론적 고찰

정선지역에서 사용되는 어휘의 의미범주와 지칭대상을 중심으로 이 지역의 의미론적 특성을 살펴보면 다음과 같다.

1〕표준어보다 개념이 확대되어 쓰이는 경우

1) '잿기'가 모든 농기구를 지칭하는 것으로 語義範疇가 확대되어 사용된다.

2) '처마'는 표준어에서 지붕의 끝부분만을 지칭하는데 이 지역에서는 처마 아래의 안쪽 땅까지도 '처마'라는 어휘로 나타낸다.

3) '크다'가 '굵다'의 의미까지 포함하여 사용된다.

4) '밤'은 표준어의 '도토리'와 '밤(栗)'을 모두 포함하여 지칭하는데 이 둘을 구분하기 위하여 이 지역에서는 각각 '꿀밤'과 '참밤'이라고 이야기한다.

5) '외'는 보통 '오이'를 나타내는데 이 지역에서는 참외까지도 함께 지칭하며 '참외'와 '오이'를 구분하기 위하여 '오이'를 따로 '물외'라는 말로 지칭한다.

2〕표준어에서 나타나는 여러 개념이 하나의 어휘로 통합되는 경우

1) 다슬기와 우렁이를 특별히 구분하지 않고 '골뱅이'라는 어휘로 둘 모두를 지칭한다.

2) '아재'라는 말은 앞에서 살펴보았듯이 매우 다양한 대상을 지칭하는데 정선지역에서는 '고모부', '미혼의 고모', '먼 친척'을 가리키는 말로 사용된다.

3〕표준어에 비해 개념이 세분화되어 사용되는 경우

1) 이 지역에서 '오징어'라 하면 젖은 것을 가리키며 마른 것은 이것과 구별하여 '이까'라고 한다.

2) 표준어에서 보통 '사마귀'라고 하면 곤충과 살갗에 돋는 군살 모두를 지칭하는데 이 지역에서는 후자만을 '사마구'라고 하고 곤충은 따로 '황개미'라고 부른다.

Ⅳ. 정선군 내부의 언어분화

이제까지 旌善郡의 言語體系를 특징적인 모습을 중심으로 살펴보았다. 이번에는 정선군 내부에서의 言語分化를 살펴보려 하는데 이 때의 분화는 주로 嶺東方言과 嶺西方言의 대립으로 인한 分化로 보여진다. 물론 경상도 방언의 영향[5]도 나타나지만 이것은 대부분 일정한 지역적 분포를 갖지 못하고 불규칙하게 全지역에 흩어져 나타난다고 할 수 있겠다.(단, '저글패, 저그저께'의 경우는 일정한 분포를 보인다)

필자의 분석으로는 확연한 분화의 모습이 음운현상이나 의미분화에서 보다는 사용어휘에서 주로 나타나는데 이것은 정선지역에서 나타나는 言語分化의 양상과 정도가 그다지 현저하지 않다는 것을 암시해준다. 비교적 뚜렷한 대립을 보이는 몇 개의 어휘[6]를 가지고 旌善郡의 言語分化 모습을 살펴보면 다음과 같다.

-15-

1. '씨 (쓰) 래기' 와 '건추' 의 대립

嶺西방언형인 '씨래기' 또는 '쓰래기' 와 嶺東방언인 '건추' 가 旌善지역 內에서 서로 대립을 보이는데 북평면, 정선읍, 신동읍, 남면, 사북읍에서는 '씨래기' 나 '쓰래기' 만이 나타나고 북면, 임계면, 동면에서는 이것과 함께 '건추' 도 나타난다.

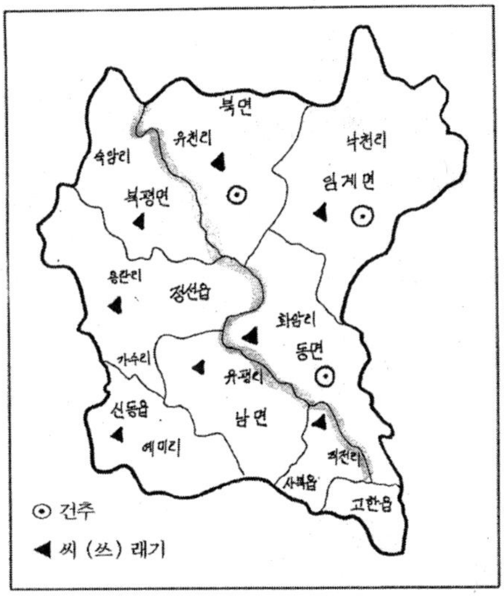

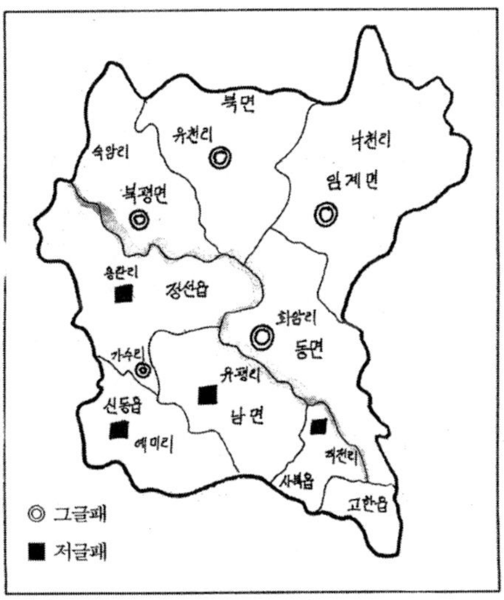

2. '저글패' 와 '그글패' 의 대립

정선지역 內에서 경상도 방언이 일정한 분포를 이루는 경우는 드물다고 할 수 있겠는데 '저글패' 는 특이하게도 일정한 분포를 이루면서 嶺東방언형인 '그글패' 와 대립을 이루고 있다. 정선읍 (가수리는 제외) , 신동읍, 남면, 사북읍에서는 '저글패' 가 나타나고 북평면, 북면, 임계면, 동면에서는 '그글패' 가 나타난다.

−16−

3. '우물 (움물)' 과 '웅굴 (움굴) ' 의 대립

嶺西방언형인 '우물' 또는 '움물' 과 嶺東방언형인 '웅굴' 또는 '움굴' 이 서로 대립을 보이는데 북평면, 정선읍, 신동읍, 남면에서는 '우물' 또는 '움물' 이 나타나고 북면, 임계면, 동면, 사북읍에서는 '웅굴' 또는 '움굴' 이 나타난다.

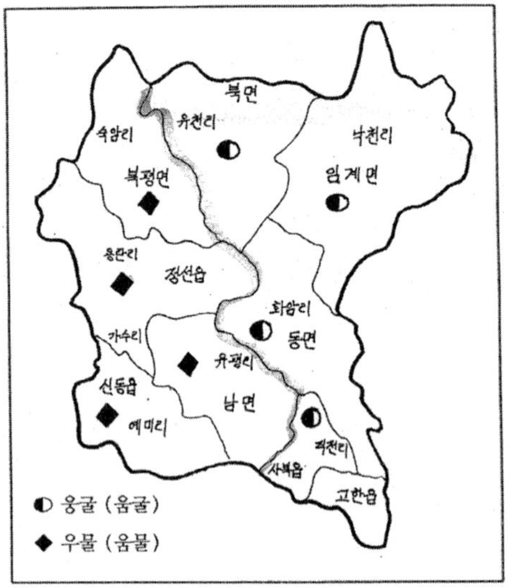

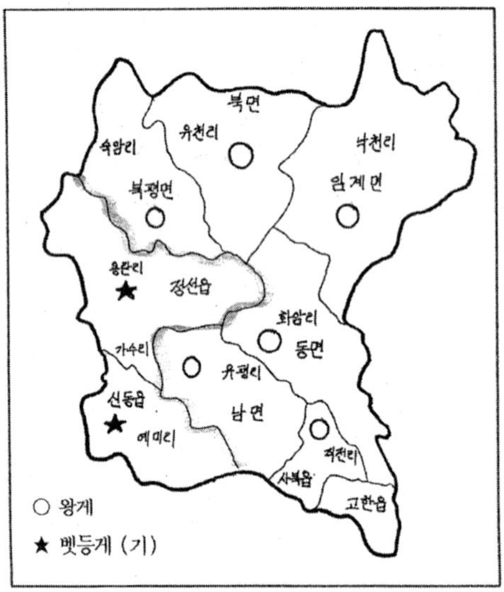

4. '뻣등게 (기) ' 와 '왕게' 의 대립

이 둘의 대립은 다른 어휘들의 대립과 달리 특이한 양상을 보여주고 있다. 대개 嶺西방언형이 주로 나타나는 정선읍과 신동읍에 '뻣등게' 또는 '뻣등기' 가 나타나고 나머지 지역에 嶺西방언형인 '왕게' 가 나타난다.

-17-

이상의 몇 개 어휘들의 대립을 통해 旌善郡의 言語分化 모습을 살펴볼 수 있겠는데 먼저 정선읍과 신동읍을 하나의 동질적인 언어권으로 묶어볼 수 있겠고 북평면, 남면, 사북읍을 또 하나의 동질적인 지역으로, 그리고 북면, 임계면, 동면을 또 다른 동질지역으로 묶어 볼 수 있겠다. 이들을 편의상 차례로 제1지역, 제2지역, 제3지역이라고 부른다고 할 때, 제1지역은 주로 嶺西方言의 특징이 많이 나타난다고 할 수 있겠는데 그 지역 제보자들의 언어인식도 그러했었다. [7] 제3지역은 嶺東方言의 전형적인 모습을 많이 지니고 있으며 제2지역은 제1지역과 제3지역의 특성이 번갈아 나타나는, 다시말해서 제1지역과 제3지역의 漸移地帶이자 公有地帶라고 할 수 있겠다. 이러한 구획은 단지 사용어휘에 국한되어 이루어진 것임을 상기하며 이를 지도上에 표시해보면 다음과 같다.

1… 제1지역 (정선읍, 신동읍)
2… 제2지역 (북평면, 남면, 사북읍)
3… 제3지역 (북면, 임계면, 동면)

---

5) 旌善지역에서 사용되는 어휘 중 '윤두, 패때기, 게급다, 꿀밤' 등은 경상도 방언의 영향이라고 할 수 있다.

6) 어떤 어휘가 嶺西方言인지 嶺東方言인지는 이익섭 (1981) 과「韓國方言辭典」을 참조하여 알 수 있었다.

7) 필자가 신동읍 예미리에 현지조사를 나갔을 때 제보자로부터 그 곳 말은 서울말과 별 차이가 없다고 하는 이야기를 들었다.

Ⅴ. 맺음말

旌善지역 언어의 특징을 간단히 요약하면 다음과 같다.

첫째, 많은 어휘에서 전설모음화와 'ㅣ' 모음역행동화, 구개음화현상이 일어나며 鼻子音 약화나 탈락으로 인한 先後母音의 鼻母音化, 그리고 보상적 장음화가 두드러진 특징으로 나타난다.

둘째, 중복조사, 그리고 체언의 모음과 동화를 이룬 형태의 조사가 사용되며 특이한 활용형태를 보이는 동사, ㄱ곡용어로 추정되는 어휘가 여러 개 나타난다.

셋째, 여러 어휘가 그 의미범주를 넓히기도 하고 세분하기도 하며 사용된다.

이런 여러 특성들을 살펴볼 때, 旌善지역方言은 기본적으로 嶺東方言의 체제를 갖추고 있고 거기에 嶺西方言과 慶尙道 方言의 요소가 가미된 복합적인 모습을 보이는 方言이라고 말할 수 있겠다. 또한 旌善郡 內의 모든 지역이 同質的이지 않고 극심하진 않으나 약간의 분화를 보이고 있는 것으로 나타난다. 필자의 견해로는 앞으로 이 지역이 어휘나 발음등에 있어 점차 嶺西方言에 상당히 同化되리라 생각된다. 그것은 교통·통신·매스컴의 발달이 不知不識間에 자연스러운 동화를 이끌것이기 때문이다.

끝으로 이 작은 고찰이 江原道의 전체적인 言語體系를 記述하는데 있어 조금이나마 도움이 될 수 있었으면 하며 많은 국어학도들이 국어방언연구에 좀더 깊은 관심과 노력을 기울여 주기 바란다.

-19-

參 考 文 獻

김형규 (1974), 「韓國方言硏究」, 서울대출판부.

남기심 · 이정민 · 이홍배 (1981), 「언어학개론」, 탑출판사.

원훈의 (1978), '강원도 방언연구 (1) -평창, 정선, 영월등지를 중심으로-'「관동향토문화연구」 2, 춘천교대.

_____ (1979), '강원도 방언연구 (2) -평창, 정선, 영월등지의 文法을 중심으로-', 「관동향토문화연구」 3, 춘천교대.

_____ (1980), '강원도 방언연구 (3) -평창, 정선, 영월등지의 어휘를 중심으로-',「춘천교대논문집」 22, 춘천교대.

유창돈 (1964), 「李朝語辭典」, 연세대학교출판부.

이기문 · 김진우 · 이상억 (1984), 「國語音韻論」, 학연사.

이익섭 (1976), '「아재」考',「東亞文化」 13.

_____ (1979), '강원도 영서지방의 언어분화',「진단학보」 48, 진단학회.

_____ (1981), 「嶺東 嶺西의 言語分化」, 서울대학교출판부.

_____ (1986), 「國語學槪說」, 학연사.

임홍빈 · 이익섭 (1983), 「國語文法論」, 학연사.

최학근 (1990), 「增補 韓國方言辭典」, 명문당.

함영세 (1986), '영동방언의 활용어미에 대한 연구', 경희대학교 교육대학원 석사학위논문.

方言學硏究論文集 江原道篇 (4-1), 홍문각, 1986.

旌善郡誌, 정선군지편찬위원회, 1978.

韓國方言資料集 (江原道篇), 한국정신문화연구원.

*고려대학교 국어교육과 제6 · 7회 학술답사자료 (방언), 1990 · 91.

부록
3

정선 지역어 조사 질문지

1905

2013년
고려대학교
국어교육과
방언 답사

강원도 정선

날짜	지 역	제 보 자		비고
		1		
		2		
		3		
		1		
		2		
		3		
		1		
		2		
		3		

소속	
이름	

목 차

91년 당시 정선 방언 조사 질문지

<일러두기>

◆ 2013년 고려대학교 국어교육과 방언 답사(강원도 정선) 자료집은 총 두 권으로 구성되어 있다. (1권<지역어 조사 질문지>, 2권<참고자료집>)

◆ **질문지 구성**

⑤— (161) 가르마(②) [사진 107]—③ ① ④—(90-91 가리마)	가 낙 숙 예 용 유—⑨ 직 평 화 기 □	가 낙 숙 예 용 유 직 평 화 기 □	가 낙 숙 예 용 유 직 평 화 기 □
●(머리 사진 제시 또는 질문자의 몸 가리키기) "이것을 무엇이라고 합니까?"—⑥ ▶(목적격조사) "머리를 단정하게 하기 위해서 이것을 탄다고 할 때, 무엇을 탄다고 합니까?"—⑦	1.—⑩ ⑪—	1.	1.
	2.	2.	2.
=가름배[karimbe] ⑧ 낙 유 화 기 숙 용 평 예 직	3.	3.	3.

① 괄호 안의 숫자는 질문 순서를 의미한다.
② 조사 대상 어휘이며, 표준어로 제시한다.
③ 제시할 사진 자료의 순서를 의미한다.
④ 이전('90-'91) 조사의 질문지 또는 결과 보고서에 기록된 표제어로, 지난 자료와 현재 자료의 비교를 용이하게 하기 위하여 기록했다.
⑤ 질문 방식에 대한 정보를 표시한다.
(-시각 자료, -동작, -설명)
⑥ ●은 어휘 정보를 이끌어내기 위한 질문이다.
⑦ ▶은 문법 정보를 이끌어내기 위한 질문이다.
⑧ 이전('90-'91) 조사 결과로, 현 조사에 참고 자료로 삼는다.
⑨ 조사 지역 등을 표시한다.
가-가수리, 낙-낙천리, 숙-숙암리, 예-예미리, 용-용탄리, 유-유천리, 직-직전리, 평-유평리, 화-화암리, 기-기타 지역, □-특별 조사

⑩ 조사된 방언형을 적는다. 한 지역 당 세 칸을 제공하고 있으며, 제보자 별로 색깔을 달리 하는 방법 등을 사용하여 보다 명확히 구별한다.

⑪ 녹음 파일을 들을 필요가 있을 경우 에 표시한다.

◆ **질문 준비 요령**

① 각 조에서는 **대표 질문자 1명**, **보조 질문자 1명**, **대표 기록자 1명**, **녹취자(녹음기 담당) 1명**을 선정한다.

② 기본적으로 제보자가 발화하는 내용에 대해서는 모든 조원이 성실하게 기록하는 것을 원칙으로 하되, 대표 기록자는 특히 기록에 주의하도록 한다.

③ 대표 질문자가 주도적으로 대답을 유도하되 보조 질문자는 **진행 중인 질문과 다음 질문 사이에 시간적 간격이 생기지 않도록** 협력한다. 가령 대표 질문자 A가 1번 질문을 하는 동안, 보조 질문자 B는 2번 질문에 대한 준비를 하도록 한다.

④ 이때 사진을 제시하여 단어를 유도하는 질문이 연달아 나타나는 구간에서는 대표 질문자가 빠르게 진행하도록 하고, 설명이 수반되는 질문이 연달아 나타나는 구간에서는 대표 질문자와 보조 질문자가 번갈아 가면서 질문을 하도록 하는 것이 좋다.

⑤ 원활한 진행을 위해 대표 질문자와 보조 질문자는 **실제 조사 이전에 서로 상의하여 어떤 질문을 누가 담당할 것인지** 정하도록 한다.

◆ **질문 요령**

① 정중하게 인사를 드린 후, 방문 목적을 정확히 설명 드리도록 한다.

② **제보자 기초 정보** 카드를 펼치고 <제보자 기초 조사 관련 일러두기>를 참고하여 일부 정보를 작성하도록 한다.

③ 어휘 조사 도입부에 자연스러운 분위기를 연출하기 위해 **가벼운 주제를 통해 자유 발화를 유도**하도록 한다. <Tip> 참고.

④ 본격적인 어휘 조사가 시작되면 질문자, 기록자, 녹취자는 각각 분담한 역할을 성실하게 수행하도록 한다. 대표 질문자는 질문 흐름이 너무 느리거나 빠르지 않도록 속도를 조절한다. (특히 어휘 조사 도중 자유 발화가 나타난 경우, 그것을 제지하지는 않되 너무 길어지는 경우에는 자연스럽게 끊어 내도록 해야 한다.)

⑤ 원하는 어휘 또는 어형을 유도하기 어려운 경우 제보자에게 무리해서 대답을 들으려 하지 말고 다음 질문으로 넘어가도록 한다. 부족한 부분은 조사 말미에 다시 한 번 질문하도록 한다. (제보자를 너무 피곤하게 만들지 않도록 해야 함.)

⑥ 어휘 조사가 마무리되면 다시 <제보자 기초 조사 관련 일러두기>를 참고하여 **제보자에 대한 나머지 정보를 작성**하도록 한다.

⑦ 어휘 조사 도입부 혹은 어휘 조사 과정에서 자유 발화가 충분히 녹취되지 못하였다고 판단되는 경우에는 조사 말미에 화제 거리를 제시하여 자유 발화를 유도하도록 한다. <Tip> 참고.

– ii –

<Tip> 자유 발화 유도 질문

① 자유 발화 유도(어휘 조사 전): 자연스러운 분위기를 연출하기 위해 가벼운 대화거리를 제시함.
예. 할머니, 시집은 언제 오신 거에요? 시집 오셔서는 어떠셨어요?
할아버지, 여름에 너무 더워서 힘드시죠? 요즘 같은 때는 어떤 일을 하세요?
* 뒤에 본격적인 어휘 조사를 고려하여 너무 시간을 끌지 않도록 한다.

② 자유 발화 유도(어휘 조사 후): 단, 어휘 조사 과정에서 자유 발화가 충분히 녹취되면 생략함.
예. 할아버지, 저희가 여기 온 김에 꼭 가 봐야 할 곳은 어디가 있을까요?/ 할머니, 정선에 맛있는 음식은 뭐가 있어요?

ㄱ. 조사 마을의 환경과 배경에 대한 질문
"이 마을 이름이나 마을 주우의 산, 강, 저수지, 들판, 골짜기 이름과 그 유래에 관련된 이야기가 있으면 해 주십시오."(이름 유래 외에 산, 바위, 나무, 호수 등에 얽힌 옛날이야기도 수집)

ㄴ. 제보자의 출생과 성장
"태어나서 지금까지 살아오신 내력을 이야기해 주십시오."
(참고)태생지, 나이, 띠, 성장지, 학력, 직업, 형제, 부모님의 고향, 부모님이 하신 일

ㄷ. 결혼하기까지의 과정
"배우자를 어떻게 만나서 결혼하셨는지 결혼 과정에 대하여 이야기해 주십시오."
(참고)중매, 연애, 약혼, 사주, 혼수, 궁합, 상방, 신행

ㄹ. 전통 혼례식
"전통 혼례식을 할 때는 무엇을 어떻게 준비하고 어떤 절차로 하는지 혼례 풍습에 대해 아시는 대로 이야기해 주십시오."
(참고) 새색시, 청홍 치마저고리, 족두리, 청실홍실, 큰상, 신행, 폐백, 첫날밤

ㅁ. 결혼 생활에 대한 이야기
"첫아이를 가져서부터 낳을 때까지 있었던 일 중에서 특히 기억에 남는 일이 있으면 이야기해 주십시오."
(참고)임신부, 입덧, 산파, 삼 가르기

ㅂ. 시집살이에 대한 경험담
"시집와서 시집살이 했던 경험담을 이야기해 주십시오."(예전과 요즘을 비교한 설명 유도)

ㅅ. 환갑잔치
"환갑잔치 때는 어떤 절차로 무엇을 어떻게 준비합니까?"

ㅇ. 제사에 대한 이야기
"제사 지내는 절차나 방법이 예전과 달라졌다면 어떻게 달라졌는지 자세히 이야기해 주십시오."

ㅈ. 전통 놀이
"남자들이 어릴 때 주로 어떤 놀이를 하고 놀았습니까? 그런 놀이는 어떻게 하는 것인지 자세히 이야기해 주십시오."
"여자들은 어릴 때 주로 어떤 놀이를 했습니까? 그 놀이 방법에 대하여 이야기해 주십시오."

ㅊ. 전설과 설화
"예전에 손자나 손녀들에게 해 주셨던 옛날이야기가 있으면 들려주십시오."

- iii -

(001) **쟁기** [사진 1]	개 넉 숙 예 용 유 직 평 화 기 □	개 넉 숙 예 용 유 직 평 화 기 □	개 넉 숙 예 용 유 직 평 화 기 □
●(쟁기꾼이 쟁기를 부리는 사진 제시) "이것을 무엇이라고 합니까?"	1.	1. 1보구레	1. 1보구레
	2.	2. 1보구레	2.
☞보구레[pogure] 개 넉 숙 예 용 유 직 평 화	3. 1보구레	3.	3.

(002) **쟁기꾼** [사진 1] (90-91 쟁깃군)	개 넉 숙 예 용 유 직 평 화 기 □	개 넉 숙 예 용 유 직 평 화 기 □	개 넉 숙 예 용 유 직 평 화 기 □
●(쟁기꾼이 쟁기를 부리는 사진 제시) "이 사람을 무엇이라고 부릅니까?"	1.	1. 1발갈애제비	1. 1발갈애비
	2.	2. 1농사꾼	2.
☞발갈애비[pak'arɛbi] 개 넉 숙 예 용 직 평 ☞발갈아재비[pak'araçɛbi] 유 ☞보구레쟁이[pogureçɛŋi] 화	3. 1발갈애비	3.	3.

- 1 -

(021) **새끼 꼬다** [사진 14]	가 남 숙 예 용 유 직(✓) 평 화 기 □	가 남(✓) 숙 예 용 유 직 평 화 기 □	가 남 숙 예 용 유(✓) 직 평 화 기 □
●(새끼 꼬는 사진 제시) "이 사람은 지금 지푸라기로 무엇을 하고 있습니까?" ●(새끼 꼬는 사진 제시 및 새끼 꼬는 흉내를 내며) "이 사람이 지푸라기로 이렇게 하고 있죠? 이것을 뭐 한다고 하지요?"	1. 1 새끼 꼬다	1. 1 새끼 꼬다	1. 1 새끼 꼬다
	2. 1 새끼 꼬다	2. 1 새끼 꼬다	2.
☞새끼 꼬다[sɛk'ik'oda] 가 남 숙 예 용 유 직 평 화 ☞새끼 꽈다[sɛk'ik'wada] 화	3.	3.	3.

(022) **호미씻이** (90-91 호무씻이)	가 남 숙 예 용 유 직(✓) 평 화 기 □	가 남(✓) 숙 예 용 유 직 평 화 기 □	가 남 숙 예 용 유(✓) 직 평 화 기 □
●"김매기를 마친 뒤에 7월쯤 하루 날을 잡아서 일꾼들이 풍악을 울리고 술을 마시며 노는 행사를 무엇이라고 합니까?"	1.	1. 3 질먹다	1. 1 호무씨세
	2.	2. 1 질먹다	2.
☞호무씨세[homus'ise] 가 남 숙 예 용 유 직 ☞호미놀이[hominori] 평	3.	3.	3.

- 11 -

(101) **거울** [사진 70]	개 넘 죽 예 옹 유 직 평 화 기 □	개 넘 죽 예 옹 유 직 평 화 기 □	개 넘 죽 예 옹 유 직 평 화 기 □
●(거울 사진 제시) "이것을 무엇이라고 합니까?"	1. 1거울 1색경	1. 1거울 1맨경	1. 1거울 3색경
	2. 1맨경 1면경	2. 1거울 3색경	2.
☞거울[kəul] 화 ☞맨경[mɛŋgyəŋ] 개 ☞면경[myeŋgyəŋ] 직 ☞색경[sɛkk'yəŋ] 개 넘 죽 예 옹 유 평	3. 1거울 1맨경	3.	3.

(102) **서랍** [사진 71]	개 넘 죽 예 옹 유 직 평 화 기 □	개 넘 죽 예 옹 유 직 평 화 기 □	개 넘 죽 예 옹 유 직 평 화 기 □
●(서랍 사진 제시) "이것을 무엇이라고 합니까?" ●"책상이나 장롱 같은 데에 끼웠다 뺐다 할 수 있는 건데, 이것을 무엇이라고 합니까?"	1. 1서랍 1빼닫이	1. 1빼닫이	1. 1서랍 3빼닫이
	2.	2. 1서랍 3빼닫이	2.
	3.	3.	3.

(121) **밑** [사진 82]	가 남 숙 예 용 유 직 평 화 기 □	가 남 숙 예 용 유 직 평 화 기 □	가 남 숙 예 용 유 직 평 화 기 □
●(여러 물건이 놓은 사진 제시) "A는 B의 어느 쪽에 있습니까?"	1. 1밑	1. 1앞	1. 1밑
	2.	2. 1밑	2.
	3.	3.	3.

(122) **닭** [사진 83]	가 남 숙 예 용 유 직 평 화 기 □	가 남 숙 예 용 유 직 평 화 기 □	가 남 숙 예 용 유 직 평 화 기 □
●(수탉과 암탉이 있는 사진 제시) "이것을 무엇이라고 합니까?" ▶(주격조사) "아침에 무엇이 꼬끼오하고 웁니까?"	1. 1닭	1. 1닭	1. 1닭
	2.	2. 1닭	2.
☞닭[tak] 가 남 숙 예 용 직 평 ☞닭[tal] 유 화	3.	3.	3.

- 61 -

(201) **춥다**	가 넉 숙 예 용 유 직 평 화 기 □	가 넉 숙 예 용 유 직 평 화 기 □	가 넉 숙 예 용 유 직 평 화 기 □
●"겨울에는 날씨가 매우 어떻다고 합니까?" ▶(과거시제) "지난 겨울의 날씨는 어땠습니까?." ☞춥다[cʰupt'a] 가 넉 숙 예 용 유 직 평 화	1. 1춥다	1. 1춥다	1. 1춥다
	2.	2. 1춥다	2.
	3.	3.	3.

(202) **추위**	가 넉 숙 예 용 유 직 평 화 기 □	가 넉 숙 예 용 유 직 평 화 기 □	가 넉 숙 예 용 유 직 평 화 기 □
●"봄이 되면 날씨가 따뜻해지면서 이것이 풀렸다고(물러갔다고) 하는데, 이것을 무엇이라고 합니까?" ●"겨울에는 날씨가 너무 추우니까 '이것'을 느낀다고 하는데, 이것을 무엇이라고 합니까?" ●"'더위'의 반대말은 무엇입니까?"	1. 1춰'위' 1추위'	1. 1추	1. 1추위
	2.	2. 1추	2.
	3.	3.	3.

- 101 -

(221) **치르다**	가 남 숙 예 용 유 직 평 화 기 □	가 남 숙 예 용 유 직 평 화 기 □	가 남 숙 예 용 유 직 평 화 기 □
●"'잔치하다'를 다르게 말해서 잔치를 무엇한다고 합니까?" ▶('-어, -어라, -(으)ㄴ' 등 모음 어미 활용형)"죄를 지으면 감옥에 가서 죄값을 어떻게 해야 한다고 합니까?"	1. 1치르다	1.	1. 1치르다
	2.	2. 1치르다	2.
	3.	3.	3.

(222-1) **시원하다**	가 남 숙 예 용 유 직 평 화 기 □	가 남 숙 예 용 유 직 평 화 기 □	가 남 숙 예 용 유 직 평 화 기 □
●"아주 더운 여름에 나무 그늘에 앉아 있을 때, '아- 참, 어떻다-'라고 말합니까?" ●"답답한 마음이 풀렸을 때, '참, 어떻다~'라고 말합니까?" ●"가려운 곳을 긁어 주었을 때, '참, 어떻다~'라고 말합니까?" ▶('-어, -어라, -(으)ㄴ' 등 모음 어미 활용형) (부채질을 해주면서) "할아버지/할머니 더우셨죠? 지금은 어떠십니까?"	1. 1시원하다	1.	1.
	2.	2.	2.
☞세원하다[sewənhada] 가 직 ☞시원하다[ʃiwənhada] 남 예 용 평 화 ☞씨원하다[s'iwənhada] 숙 유	3.	3.	3.

(222-2) **시원하다**	가 남 죽 예 용 유 직 평 화 기 □	가 남 죽 예 용 유 직 평 화 기 □	가 남 죽 예 용 유 직 평 화 기 □
▶(서술법)_______에게 시원하다고 말할 때 어떻게 말합니까? ㄱ. 어린 아이에게 ㄴ. 장모가 사위에게 ㄷ. 손아래 동서가 손위 동서에게 ㄹ. 사위가 장인에게 ㅁ. 사위가 장모에게	1.ㄱ. 시원하다 ㄴ. ㄷ. ㄹ. ㅁ.	1.ㄱ. ㄴ. ㄷ. ㄹ. ㅁ.	1.ㄱ. ㄴ. ㄷ. ㄹ. ㅁ.
	2.ㄱ. ㄴ. ㄷ. ㄹ. ㅁ.	2.ㄱ. ㄴ. ㄷ. ㄹ. ㅁ.	2.ㄱ. ㄴ. ㄷ. ㄹ. ㅁ.
	3.ㄱ. ㄴ. ㄷ. ㄹ. ㅁ.	3.ㄱ. ㄴ. ㄷ. ㄹ. ㅁ.	3.ㄱ. ㄴ. ㄷ. ㄹ. ㅁ.

- 112 -

(223) 앉다	개 남 숙 / 예 용 유 / 직 평 화 기 ☐ (직 checked)	개 남 숙 / 예 용 유 / 직 평 화 기 ☐ (남 checked)	개 남 숙 / 예 용 유 / 직 평 화 기 ☐ (유 checked)
▶(명령법)______에게 앉을 것을 권할 때 어떻게 말합니까? ㄱ. 어린 아이에게 ㄴ. 장모가 사위에게 ㄷ. 어른이 자기형님에게 ㄹ. 사위가 장인에게 ㅁ. 사위가 장모에게	1.ㄱ. 앉아라 ㄴ. 앉게 ㄷ. 앉으세요 ㄹ. 앉으세요 ㅁ. 앉으세요	1.ㄱ. ㄴ. ㄷ. ㄹ. ㅁ.	1.ㄱ. ㄴ. ㄷ. ㄹ. ㅁ.
	2.ㄱ. ㄴ. ㄷ. ㄹ. ㅁ.	2.ㄱ. ㄴ. ㄷ. ㄹ. ㅁ.	2.ㄱ. ㄴ. ㄷ. ㄹ. ㅁ.
	3.ㄱ. ㄴ. ㄷ. ㄹ. ㅁ.	3.ㄱ. ㄴ. ㄷ. ㄹ. ㅁ.	3.ㄱ. ㄴ. ㄷ. ㄹ. ㅁ.

- 113 -

<제보자 기초 조사 관련 일러두기>

조사 전	**제보자 정보 조사 A**
	① **성함** ② **연세** ③ **출생 및 거주 정보** (예. 여기에서 태어나셔서 쭉 사신 거세요?/ 다른 지역에서 오래 계신 적이 있으세요?/ 할아버지 젊으셨을 때 군대는 어디로 가셨어요? 등)
조사 중	**제보자 정보 조사 B**
	① **가족 관계** (어휘 질문 도중 가족과 관련된 단어들이 나올 때, 가족 관계 및 가족에 대한 정보를 질문하도록 한다. 자녀들에 대한 질문도 이때 함께 하면 좋을 것 같다.) * 이 내용은 일단 녹취를 목적으로 하고 추후 자료 정리 과정에서 기록으로 옮기도록 한다.
조사 후	**제보자 정보 조사 C**
	① **학력**: 민감한 질문이 될 수도 있으므로 유의하도록 한다. (예. 할아버지/할머니, 대답을 너무 잘 해주셔서 깜짝 놀랐어요! 젊으셨을 때 공부를 어디까지 하셨던 거세요?) ② **직업** (예. 지금 하고 계시는 일은 뭐세요?/ 초반의 대화에서 정보를 얻지 못했을 경우) ③ **주소/연락처** (예. 저희가 나중에 이 자료를 정리해서, 할아버지/할머님께 보여 드릴 수도 있어서 그러는데, 할아버지/할머니 집 주소나 전화번호를 알려주실 수 있으세요?) ④ (상황에 따라) **제보자의 취미, 여가 활동**

- 117 -

[제보자 기초 조사 항목]

조사자: 조사지역:

1. 제보자 및 지역 정보			
이름:	성별: □남, □여	연령:	학력:
주소:		연락처:	
면・읍사무소 연락처:		이장님: (이름) (연락처)	
2. 출생 정보			
할아버지:	할머니:	외할아버지:	외할머니:
아버지:	어머니:	제보자:	기타:
3. 제보자 가족 관계			
4. 제보자 현재 종사 직업			
5. 제보자 과거 종사 직업 (직업의 종류 및 직장이 있던 지역)			
6. 기타 사항 메모 (제보자 건강 상태 등)			

- 118 -

[메모]

조사 전	▪ 성함 ▪ 연세 ▪ 출생 및 거주 정보
조사 중	▪ 가족 관계
조사 후	▪ 학력 ▪ 직업 ▪ 주소/연락처 ▪ (상황에 따라) 제보자의 취미, 여가 활동

- 119 -

부록
4

정선 지역어 어휘 정리표

일러두기

1. 본 어휘 정리표는 1990-91년 정선 지역어 조사 결과(위 칸)와 2013년 정선 지역어 조사 결과(아래 칸)를 어휘별로 정리한 것이다.

2. 1990-91년 정선 지역어 조사 결과는 『한국어문교육』 5에 수록된 고려대(1991)를 옮긴 것이다.

3. 2013년 정선 지역어 조사 결과는 해당하는 질문 유형의 번호를 적어 방언 획득 단계를 기록하였다.
   1: 질문지대로(사진이나 설명) 질문
   2: "다른 표현은 없나요?"와 같이 질문
   3: "예전 어르신들은 어떻게 말했나요?"와 같이 질문
   4: "ㅇㅇ(방언형 제시)이란 말은 안 쓰시나요?"와 같이 질문
   5: 어떠한 질문 유형으로도 방언형을 획득하지 못한 경우

4. 질문을 하지 않은 경우 음영으로 표시하였다.

5. 하나의 조사 대상 어휘에 대해 두 개 이상의 방언형이 조사된 경우 모두 기록하되, 질문 유형순 - 음절수순 - 자모순으로 배열하였다.

예)

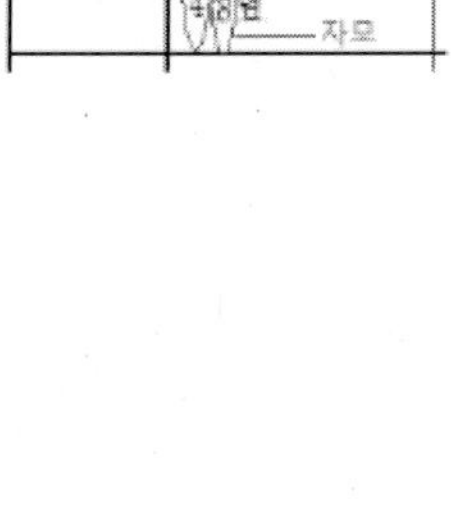

6. 제보자가 'ㅐ'와 'ㅔ'를 변별하여 발음할 경우 어깻점(')을 넣어 각각 'ㅐ''([æ])와 'ㅔ''([e])로 구분하였다.

예)〈ㅔ'〉의 변별: 보구레'

〈ㅐ'〉의 변별: 밭갈애'비

7. 2013년 정선 지역어 조사 결과에서 'ㅐ'와 'ㅔ'가 중화된 경우([ɛ]), 1990-91년의 형태 정보를 바탕으로 기본형을 제시하였다.

예) '다슬기'의 1990-91년 방언형은 '골베̃'이̃', 2013년 방언형은 '골벵이, 골베̃이̃'

'달팽이'의 1990-91년 방언형은 '들패̃'이̃, 뜰페̃'이̃, 털페̃'이̃', 2013년 방언형은 '달팽이, 달패̃이̃, 들팽이, 탈팽이, 틀팽이'

8. 'ㅚ'와 'ㅟ'의 경우 제보자가 단모음으로 이를 발음할 경우 어깻점(')을 넣어 각각 'ㅚ'[ø]'와 'ㅟ'[y]'로 기록하였다.

9. /ŋ/에 의해 비모음화가 일어날 경우 'ㅇ'을 종성에 적지 않고 앞뒤 모음에 '~'를 씌워 표시하였다.

10. 합성어에서 발생하는 사잇소리에 의한 경음화 현상은 표기에 반영하지 않았다. 다만 그 밖의 경음화 현상은 표기에 반영하였다.

예) 사잇소리에 의한 경음화 현상: 장닭[장땱]

그 밖의 경음화 현상: 수땱(수ㅎ>숫+닭), 암땱(암ㅎ>앖+닭)

11. '64-2먹다, 222-2시원하다, 223앉다, 224가다'는 상대높임 표현을 알아보고 위한 어휘 항목으로 청자에 따른 방언형을 기록하였다.

예) '어린아이-시원하다'는 청자가 어린아이일 경우 '시원하다'라고 말한다는 의미임.

[어휘 색인]

〈ㄴ〉

〈ㄷ〉

〈ㅁ〉

표준어형		직전리	낙천리	유천리	유평리	화암리
001	쟁기	보구레'	보구레'	보구레'	보구레'	보구레'
		1보구레	1보구레	1보구레	1보구레	1보구레
002	쟁깃군	밭갈애'비	밭갈애'비	밭갈애'비	밭갈아재'비	보구레'재'이
		1밭갈애비	1농사꾼 1밭갈애제비	1밭갈애비	1밭갈애비 1밭갈아재비	5X
003	갈다					
		1갈다	1갈다	1갈다	1갈다	1갈다
004	극젱이					
		5X	1흙젱이 1가달보구레	1흙젱이 1가달보구레	5X	5X

예미리	용탄리	숙암리	가수리	낙동리	사북리
보구레'	보구레'	보구레'	보구레'		
1보구레	1보구레	1보구레	1보구레'	1보구레	1보섭 1보구레
밭갈애'비	밭갈애'비	밭갈아재'비	밭갈애'비		
1보구레잡이 2밭갈이 4밭갈애비	1밭갈애비	1밭갈애비	1밭갈애비	1밭갈애비	5X
1데비다 1디비다	1갈다	1갈다	1갈다	1갈다	
1보구레[1]	1보구레[2]	1보구레	5X	1보구레	

표준어형		직전리	낙천리	유천리	유평리	화암리
005	괭이	괘̃'이̃	과̃이̃ 괘'이	과̃이̃ 괘̃'이̃	괘'이	괘'이 과̃이̃
		1괘̃이̃	1광이	1광이	1괘̃이̃	1괘이 1과̃이̃
006	호미	호무	호메̃'이̃	호무 호미 호메̃'이̃	호미	호미
		1호미	1호미	1호미	1호미	1호메̃이̃
007	곡괭이					
		1꼭괘̃이̃	1목과̃이̃ 1목광이	1목괭이	1목괘̃이̃	1목괘̃이̃
008	고무래					
		5X	1곰배 4깍쟁이	1깍재̃이̃	1깍지 1깍재̃이̃	1깔키 1깔꾸리

예미리	용탄리	숙암리	가수리	낙동리	사북리
괘̃'이̃	괘̃'이̃	괘̃'이̃	괘̃'이̃		
1괭이 1곡괭이[3] 1밭쟁기	5X	1광이	괘̃이̃	1괭이	
호무 호미 호메'이	호메̃'이̃	호미	호메̃'이̃		
1호미 4호무 4호메이	1호메̃이̃	1호미 2호메̃이̃	1호미 1호메̃이̃	1호미	1호미 1호메이
1목갱이	1목괘̃이̃	1목괭이 1꼭괭이	1목괘̃이̃	1목괭이	
	1밀개	1끌개 1호미	1고무래 1귀'밀개 1기무래	1갈개	

표준어형		직전리	낙천리	유천리	유평리	화암리
009	도리깨	도루깨'	도리깨'	도루깨'	도리깨'	도루깨'
		1도르깨	1도루깨 1도리깨'	1찌깨	1도루깨 1도리깨	1도리깨
010	개상	탯'상			탯'판	
		5X	1탯상	5X	5X	5X
011	키	치			치	치
		1치	1치 1키	1치	1치 1키	1치
012	까불다	까불다	까불다	까불다	까불다	까불다
		1까불다	1까불다 1까브르다 1치질한다	1까불다 1치질하다	1까불다	1까불다

예미리	용탄리	숙암리	가수리	낙동리	사북리
도루깨'	도르깨'	도리깨'	도리깨'		
1도르깨 1도리깨	5X	1도루깨	1도르깨	1도르깨	
탯'상	탯'상	탯'상	탯'상		
	5X		4탯상		
치	치	치	치		
1치	1치	1치 1키	1치	1치	1치 1키
까불다	까불다	까불다	까불다		
1까불다 1치질하다	1까불다	1까불다	1까불다	1까불다	

표준어형		직전리	낙천리	유천리	유평리	화암리
013	확	호박	호박 방호박	방확 방호박	방호박	호박 방확
		1호박	1호박	1호박	1호박 1방호박	5X
014	왕겨	왕게	왕게'	왕게'	왕겨	왕게'
		1왕게	1왕기 1왕게	1왕제	1겨 1게 1제	1게'
015	보리	보리	보리	보리	보리	보리
		1보리	1보리	1보리	1보리	1버리 1보리
016	짓다					
		1짓다	1짓다	1짓다	1짓다	1짓다

예미리	용탄리	숙암리	가수리	낙동리	사북리
방확 방호박	방호박	방확	호박 방호박		
	1확 : 1호박	1호박	5X	1호박 1방호박	
벳'등게'	벳'등게'	왕게'	벳'등기		
1왕겨 2왕제 2벳등기	1왕게 1왕제	1게 1제	1벳등기 1왕등기	1제 1베제 1왕제	1승태기 1겨
보리	보리	보리	보리		
1보리	1보리	1보리	1보리	1보리	
1짓다	1짓다	1짓다	1짓다		

표준어형		직전리	낙천리	유천리	유평리	화암리
017	까끄라기	까실치	까울치	까우치	까실치	까시치
		1까실치	1가슬치 1까우치	1까우치	1깔치 1까슬치	5X
018	깜부기	깜뷔'기	깜부기	깜부기	깜부기	깜부기
		1깜보기 1깜뵈기	1깜부기	1깜부기	1깜부기	1깜부기 1깜배기
019	되다					
		5X	5X	4되다	1되다	1되다
020	탯자리개		탯'줄	탯'줄	바트래'기	
		1바초로기	1태빠 1탯상밧줄	5X	5X	5X

예미리	용탄리	숙암리	가수리	낙동리	사북리
깔 : 치	깔 : 치	까울치	까슬치		
1까슬치 1까실치	1깔치	1까을치	1까치 1까실치	1까슬치	1보리까시
깜부기	깜뷔'기	깜보기	깜부기		
1깜부기	5X	1깜부기	1깜부기	1깜부기	1쭉대기 1쭉지 1쭉재이
1되다	1되다	1되다	1되'다	1되다	
졸개'		태'끈	탯'줄		
	5X	5X	1태끈		

표준어형		직전리	낙천리	유천리	유평리	화암리
021	새끼꼬다	새'끼꼬다	새'끼꼬다	새'끼꼬다	새'끼꼬다	새'끼꼬다 새'끼꽈다
		1새끼꼬다	1새끼꼬다	1새끼꼬다	1새끼꼬다	1새끼꼬다
022	호미씻이	호무씨세'	호무씨세'	호무씨세'	호미놀이	
		5X	3질먹는다	1호무씨세	1호무놀이 1호무씨세	1천렵
023	곁두리	참 전노리	전노리	전노리	전노리 참	전노리 참
		1새참	1참 1전노리	1젠노리 1새참	1새참	1참 1새참
024	두레	품앗이			품앗이	
		1품앗이	1품앗이 2울력	2어우름 4품앗이	1품앗이	1품앗이

예미리	용탄리	숙암리	가수리	낙동리	사북리
새'끼꼬다	새'끼꼬다	새'끼꼬다	새'끼꼬다		
	1새끼꼬다	1새끼꼬다	1새끼꼬다	1새끼꼬다	
호무씨세'	호무씨세'	호무씨세'	호무씨세'		
1호미씻기 1호무쑤세이	1호무씨세	1호무씨세 1호미씨세	4호무씨세 4호미씨세	1호무씨세 1호미씨세	1거드미
젠'노리	젠'노리	젠'노리	젠'노리		
1새참 3전노리	1전노리 1젠노리	1아침사이 4참 4전노리	1참 1전두리	1전노리 1젠노리	1참 1새참
품앗이	품앗이				
1품앗이	1품앗이	1품앗이	1어울 1품앗이	1품앗이	1품앗이

번호	표준어형	구분	직전리	낙천리	유천리	유평리	화암리
025	(김)매다		(짐)매'다	(김)매'다	(김)매'다	(김)매'다	(김)매'다
			1(밭)매다 2(김)매다 2(진)매다	1(김)매다	1(짐)매다	1(김 :)매다	1(김)매다 1(짐)매다
026	매다[繫]						
			1매다	1매다	1매다	1매다	1매다
027	수숫잎		슈끼잎	쉬'끼잎	수수이파리	수수잎	수수잎
			1수꾸 1수수	1수수잎 1수수이파리	1수속잎	1수숫잎사귀 1수숫잎	1수수잎
028	시래기		쓰래'기	건추 씨래'기	건추 씨래'기	건추 씨래'기	쓰래'기
			1씨래기	1건추 1쓰래기	1건추 1쓰래기	1씨래기 1씨르기	1시래기 1씨래기

예미리	용탄리	숙암리	가수리	낙동리	사북리
(짐)매'다	(짐)매'다	(김)매'다	(김)매'다		
1(피)고르다	1(짐)매다	1(김)매다	1(김)매다	1(피)고르다 1(피)골라내다 2(짐)매다	1(김)매다 1(밭)매다
1매다	1매다	1매다	1(홀)매다	1매다	
수꾸잎사구	수꾸이파리	수수잎	수수잎		
1수수잎 1수꾸이파리 1수수이파리	1수꾸 1쉬'끼 1수수잎	1수숫잎	1수꾸 1수꾸잎사구	1수수잎	
무꾸씨래'기	씨래'기	쓰래'기	씨래'기		
1시래기 1쓰래기	1건추 1씨래기	1씨래기	1쓰래기	1시래기	

표준어형		직전리	낙천리	유천리	유평리	화암리
029	상추	부루	불기	부루	부루	부루 불기
		1부루 1불기 1상추	1부루[4] 1상추	1상추 2불기	1상추 3부루 3불기	1부루 1상추
030	파랗다					
		1파랗다	1푸르다 1퍼렇다	1퍼렇다	1파랗다	1파랗다
031	오이(외)	외'	외'	외' 오이	오이	외' 오이
		1외' 1오이	1외' 1오이	1오이[5]	1오이	1물외' 1오이
032	싣다					
		1실다	1싣다	1싣다	1실다	1실다

예미리	용탄리	숙암리	가수리	낙동리	사북리
부루	부루	부루	불기		
1상추 3부루	1부루 1불기 1상추	1부루 1불구 1불기 1상추	1부루 1상추	1부루 1상추	1상추 3부루 3부리
1파랗다	1퍼렇다	1파랗다	1파랗다		
외'	외'	외'	외'		
1물외' 1오이 1물오이	1외'[6)] 1오이	1오이	1외' 1오이	1오이 3외 3물외	1외 1오이
1실다	1실다	1실다	1싣다	1실다	

표준어형		직전리	낙천리	유천리	유평리	화암리
033	무	무 :			무 :	
		1무 1무꾸 1무시 1무꾸시	1무	1무	1무	1무
034	질경이	빱'짱구	빱'장구 질경이	빰'장우 질겡'이	질게̃'이̃	빱'짱우 질게̃'이̃
		1질겡이	1질경 1빰짜̃우̃ 1빰짜우	1빱짱우	1질겨̃이̃	1빱장우 1질게̃이̃
035	고들빼기	꼬들빼'기	꼬들빼'기	꼬들빼'기	꼬들빼'기	꼬들빼'기
		1꼬들빼기[7] 1산꼬들빼기[8]	1꼬들빼기 1고들빼기	1쌈바구 1꼬들빼기	1꼬들빼기	1꼬들빼기
036	도깨비바늘	귀'사리	귀'사리		귀'사리	귀'사리
		1귀사리	1귀사리[9]	1귀사리	1귀사리	1귀사리

예미리	용탄리	숙암리	가수리	낙동리	사북리
무:	무꾸	무꾸			
1무꾸	1무 1무꾸	1무:	1무 1무꾸	1무: 3무꾸	
질게̃'이̃	빱'짱구 질게̃'이̃	빱'짱구	질게̃'이̃		
1질겡이 1질게̃이̃	1빼짱구 1빼짱우 1질게̃이̃	1빱짱우 1질겡이	1질게̃이̃	1질게̃이̃	1빼짱구
꼬들빼'기	꼬들빼'기		꼬들빼'기		
1고들빼기	1꼬들빼기	1꼬들빼기	1꼬들빼기	1꼬돌빼기	
귀'사리	귀'사리 도끄마리		귀'사리		
1귀사리	1귀사리	1귀사리	1귀'사리	1귀사리	

표준어형		직전리	낙천리	유천리	유평리	화암리
037	솔가리	(솔)갈비	갈비	갈비	(솔)갈비	갈비
		1솔갈비	1갈비 1(소)갈비	1소까바리 4갈비	1솔갈비 1소꾸바리	1갈비 1솔갈비
038	뿌리	뿌리	뿌리	뿌리기	뿌리	뿌리
		1뿌리	1뿌리	1뿌리	1뿌리	1뿌리
039	이끼(끼다)	청때'	청때' 바우옷	물청때'	청때' (끼다)	(물)청때' (끼다)
		1물청때[10] 1바우옷[11]	1청때	1바우옷	1물청때[12] 1바우옷[13]	1바우옷
040	자두	꽤'	꽤'	꽤'	꽤'	
		1자두 1퉁깨[14] 1퉁꽤	1꽤[15] 1자두[16]	1자두 4꽤	1자두	1자두

예미리	용탄리	숙암리	가수리	낙동리	사북리
(솔)갈비	갈비	(솔)갈비	갈비		
1갈비	1갈비	1갈비	1갈비	1갈비 1솔갈비	
뿌리(기)	뿌리기	뿌래'기	뿌리기		
1뿌리 4뿌래기	1뿌리	1뿌리	1뿌리	1뿌리 3뿌래기 3뿌리기	
물청때'	물청때'	물청때'	청때'		
1이끼 2돌풀[17] 4물청때 4바우옷	1바우옷	1이끼 1바우옷 1바우이끼	1청때 1바우옷	1바우옷[18] 1바우나리 4물청때	1돌옷 1청태[19] 1돌이끼 1돌찌기
꼬야	꽤'	꽤'	꽤'		
1자두 2꼬야	1꽤[20] 1꼬야 1자두	1꽤[21] 1자두	1꽤 1자두 1퉁꽤	1꽤[22] 1자두	

번호	표준어형	직전리	낙천리	유천리	유평리	화암리
041	익다					
		1익다	1익다	1익다		1익다
042	떫다	틃다			떫다	
		1떫다	1떫다 1뜳다	1듧다	1떫다	1뜳다 1떫다
043	참외					
		1참외'[23]	1참외 1참오이	1참외	1참외'[24] 1오이	1참외'
044	껍질	껍질	껍띠기	꺼푸리	껍데'기	껍띠기
		1껍질 1껍데기	1껍질	1껍줄	1껍질	1껍띠기

예미리	용탄리	숙암리	가수리	낙동리	사북리
1익다	1익다	1익다	1익다	1익다	
틂다	턺다	턺다			
1떫다 1턻다 1틂다	1떫다 1턻다	1턻다	1턻다	1턻다	
1참외' 1참오이	1참외'	1참오이 4참외'	1참외'	1참외	
껍질	꺼푸리	껍질	꺼푸리		
1껍질	1꺼푸리	1껍질	1껍질 1껍데기	1껍질 1껍데기	1껍질 1껍데기

표준어형		직전리	낙천리	유천리	유평리	화암리
045	콩나물					
		1질금 1콩나물	1질금 1콩나물	1콩나물 3질검	1콩나물 3질거매	1콩나물
046	딸기	딸기	딸:	딸:	딸기	
		1딸 : 1딸기	1딸 : 기	1딸기	1딸기 3딸 :	1딸 : 기
047	딸(女)					
		1딸	1딸	1딸	1딸	1딸
048	도토리	꿀밤	꿀밤	꿀밤	꿀밤	밤
		1밤 1꿀밤 1도토리	1꿀밤[25] 1도토리	1도토리 3밤	1도토리 3꿀밤	1도토리

예미리	용탄리	숙암리	가수리	낙동리	사북리
1콩나물	1콩나물 1콩질금	1콩나물	1질금 1콩나물	1콩나물	
딸 : 딸구	딸기	딸기	딸 :		
1딸기	1딸 : 1딸기	1딸	1딸 :	1딸기[26] 3딸 : [27]	1딸기 1딸 : 기
1딸	1딸	1딸	1딸	1딸	
꿀밤	꿀밤	꿀밤	꿀밤		
1꿀밤 1도토리	1꿀밤 1도투리	1도토리 4꿀밤	1꿀밤 1도토리	1꿀밤[28] 1도토리밤	

표준어형		직전리	낙천리	유천리	유평리	화암리
049	떡갈나무	참남기		참남기	참나무	밤남기
		1참나무	1참나무	1참나무	1참나무 3꿀밤나무	1참나무
050	밤[栗]					
		1밤 : 1참밤	1밤 1참밤	1참밤	1밤 1참밤	1밤 :
051	보늬	속꺼푸리	보무데'기	보무리	속껍데'기	보무데'기
		1속껍지 1속껍질 1속껍데기	1보무데기 1보무리	1속껍질 1속껍데기	1속껍질 1속꺼푸리	5X
052	밤[夜]					
		1밤	1밤	1밤	1밤 :	1밤

예미리	용탄리	숙암리	가수리	낙동리	사북리
참나무	물갈남기	꿀밤나무	물갈나무		
1참나무 1떡갈나무 1보출나무	1물갈낭기	1참나무	1동갈나무 1떡갈나무 1물갈나무	1참나무 1도토리나무	
1밤 1참밤	1참밤	1참밤	1참밤	1밤 : 1참밤	
보무리	버무리	보무리	속꺼푸리		
	1버무리	1봄호물	1속껍데기		5X
1밤	1밤	1밤	1밤	1밤	

표준어형		직전리	낙천리	유천리	유평리	화암리
053	달무리(지다)	달머리 (서다)	달머리	달머리	달머리	달머리
		1달머리 (에우다)	1달머리[29]	4달머리	1달무리 (서다)	1달무래
054	놀(이 지다)	노을 (이 서다)	노을	노을	놀 : (이 서다)	노을
		1놀 (이 서다)	1놀 : 1노리	4놀	5X	1놀 : (이 지다) 1놀 : (이 서다)
055	새벽	새'복	새'벽	새'복	새'벽	새'벽
		1새벅 1새벽	1새복 1새벽	1새벽	1새벽	1새복
056	배					
		1배 1참배	1배	1배	1배 3참배	1배

예미리	용탄리	숙암리	가수리	낙동리	사북리
달무리 (온다)	달머리 (에우다)		달머리		
1달무리 (지다)	1달머리 (에우다)	1햇머리 1햇물	5X	4달머리 (에우다)	
놀 : (이 스다)	노을	노을 (이 스다)	놀		
1노을 (서다) 1놀 : (이 서다)	1놀 (이 서다)	5X	4노을 (서다)	1놀 : (이 서다)	
새'북	새'벽	새'벽	새'벽		
1새벽 1새북	1새벽	1새벽	1새벽	1새벽	
1배	1배 1참배	1배	1배	1배	

표준어형		직전리	낙천리	유천리	유평리	화암리
057	담배					
		1담배	1담배	1담배	1담배	1담배 1빨뿌리
058	김치	짐치	짐치	김치 짠지	짐치	김치
		1김치 1짠지 1배차김치 1배추김치	1김치	1김치	1김치 1짠지 1배차김치	1김치 1짐치 1짠지
059	누룽지	누룽'기	누룽'기	누룽기 소끌기 소디끼	누룽지	누룽지
		1누룽기 1누룽지 2누룽게̃이̃	1누룽지	1누릉지	1누룽지 3누룽기	1누링기 1누룅기
060	튀밥	백'상 튀'박	박산	강밥 박산	박산	박산 쌀박
		1박상 1쌀튀밥	1박산 1박상	4쌀박산	1튀박 1박상	1강제이 1쌀박 1쌀박상

예미리	용탄리	숙암리	가수리	낙동리	사북리
1담배	1골 : 련 1담 : 배	1담배 1말초	1담배	1담배	
짐치	짐치	김치	김치 짠지		
1김치 1짠지30)	1배차짠지	1배추짠지	1배추짠지	1김치31) 1배차짠지	
누렁지	누렁기	누룽지	누룽지		
1누렁지 1누룽지	1누룽기 1누룽지 1누뤙기	1누룽지	1누룽지	1누룽지	
박상 투박	튀'박 박상	박상	박산		
1쌀박상	1박상 1입싼	1튀박	1쌀박산	1박산	

표준어형		직전리	낙천리	유천리	유평리	화암리
061	회					
		1회'	1회'	1회'	1회'	1회'
062	물회					
		1물회	1물회'	1회무침	1물회'	5X
063	요식	외'식	외'식	예식	요식	요식
		1요식	5X	4요식	1요식	1외'식
064-1	먹다	먹다	먹다	먹다	먹다	먹다
		1먹다	1먹다	1먹다	1먹다	1먹다

예미리	용탄리	숙암리	가수리	낙동리	사북리
1회	1회'	1회'	1회	1회	
1물회	5X	5X	1회	1물회	
요식	요식				
1요식[32)]	1요식[33)]	1요식	4요식	1요식[34)]	
먹다	먹다	먹다	먹다		
1먹다	1먹다	1먹다	1먹다	1먹다	

표준어형		직전리	낙천리	유천리	유평리	화암리
065	주걱	박죽	박죽	박죽 주박 주벅	주벅	박죽 주벅
		1박죽 1주걱	1박죽 2주벅	1박죽	1주걱 3박죽	1박죽 1주걱
066	푸다					
		1푸다	1푸다 1뒤치다	1푸다	1푸다	1푸다
067	맷돌					
		1맷돌	1맷돌	1맷돌	1맷돌	1맷돌
068	가볍다	가붑다	게'겁다	거붑다	가붑다	게'급다
		1가볍다 1가붑다	1가볍다	1거붑다	1가볍다	1게붑다

예미리	용탄리	숙암리	가수리	낙동리	사북리
박죽	박죽	박죽	박죽		
1박죽 1주걱	1박죽[35] 1주걱		1박죽	1박죽	
	1푸다	1푸다	1푸다	1퍼다 1푸다	
1맷돌	1맷돌	1맷돌	1맷돌	1맷돌	
가볍다	가볍다	거볍다	거볍다		
1가볍다	1가볍다	1가볍다 1가볍다	1가볍다	1가볍다	

표준어형		직전리	낙천리	유천리	유평리	화암리
069	우물	물웅굴	뜨레' 웅굴	움물 웅굴	움물	뜨레' 움굴
		1움물	1움물 1드레박통	1드르박물	1우물	1뜨레물
070	두레박	뜨레'박			뜨레'박	뜨레'박
		1뜨레박	1드레박 1뜨르박	1드르박	1뜨레박 1뜨루박	1뜨레박
071	따르다					
		1때루다	1따르다	1딸쿠다 1따루다	5X	5X
072	바가지	바가지	바가지	바가지	바가지	바가지
		1바가지	1고지박 1바가지	1바가지	1바가지 1고지바가지	1바가지

예미리	용탄리	숙암리	가수리	낙동리	사북리
웅굴 뜨레'박물			움물		
1우물 1뜨레물	1웅굴 1뜨레박물	1드릿물	1우물	1우물 1움물	
뜨레'박	움물	드렛'물	드리박		
1뜨레박 1바가지	1드레박 1뜨레박	1드리박	1두롱박 1드르박	1뜨레박 1트레박	
1따르다	5X	1따루다	1붓다	1따르다	
고지박 바가지	바가지	바각지	바갱'이		
1바가지	1바가지	1고지박	1바가지	1바가지 1고지바가지	

표준어형		직전리	낙천리	유천리	유평리	화암리
073	이남박	쌀르박	쌀남박	쌀르박	쌀리박	
		1쌀르박 1쌀름박	1쌀러박 4쌀러박	1쌀바가지	1쌀리박 1쌀르박	1구박 1쌀되박
074	똬리	따바리	또바리	또바리	따바리	또바리 따바리
		1또바리	1또배 1따바리 1또바리	1또바리	1따바리 1또바리	1또바리 1또아리
075	시루	시루	시루	실기	시루	시루
		1시루	1시루	1시루 1실기	1시루	1시루
076	살강	실광	실광	실광	실광	실광
		1실광	1선반 3실광	1선반 1실광	1등상 1선반 1실광	1등상 1찬장

예미리	용탄리	숙암리	가수리	낙동리	사북리
쌀름박	쌀르박	쌀리박	쌀르박		
1쌀림박	1쌀루박	1쌀름박	4쌀레박	1쌀르박	
따바리	따바리	또바리	또바리		
1또바리	1따바리 1또바리	1또아리	1또바리	1또바리	1따바리 1따배̃이̃
시루	시루	시루	시루 실기		
1시루	1실개 1실기	1시루 2실기	1시루	1시루	
선반	실광	실광	실광		
1선반	1실광 1실과̃이̃	1선반 4실광 4찬장	1등상	1선반	

표준어형		직전리	낙천리	유천리	유평리	화암리
077	시렁	실광	실광	실광	실광	실광
		1실광	1선반 3실광	1다이	1실광	1선반
078	선반	선반	선반	선반	실광	선반
		1선반	1상 3실광	1다이	1실광	1선반
079	수챗구멍	수챗'구영	수챗'구녕	수챗'구영	숫챗'구영	수챗'구녕
		1수채 1수챗구멍	1수챗구영 4수채구멍	1퇴숫구멍	5X	1시궁창
080	(앞)마당	마당			마당	
		1(앞)마당	1(앞)마당	1마당	1마당	1마당

예미리	용탄리	숙암리	가수리	낙동리	사북리
실광	실광	실광	등상		
1실광	1등상	4실광	1등상 1실광	1실광	
	실광	실광	등상		
4실광	5X	5X	1상 2등상	1선반	
수챗'구영		숫챗'구영	수챗'구녕		
4수챗구멍 4수챗구영	5X	5X	4수챗구멍	1수챗구녕	
마당	마당	마당			
1마당 1앞뜰	1오랍뜰 1오랍뜰이	1마당	1마당	1마당	

표준어형		직전리	낙천리	유천리	유평리	화암리
081	뒤곁	됀'	된'	됀' 두란	뒤'우라	뒤'앤'
		3돼안 3뒷마당	1뒤란 1된'	1된'	1뒤안 3됀	1뒤란 1뒤안
082	마루	마리	마루	마루	마루	마루
		5X	1마루	1마루	1마루	1마루 1마리
083	토방	처마	처마	처망	처마	처마
		1처마 1흙마루	1처마	1흙처마이'	1처마	1처마 1처망
084	지붕	지붕(ㄱ)36)	지붕	지붕	지붕	지붕
		1지붕	1지붕	1지붕	1지붕	1지붕

예미리	용탄리	숙암리	가수리	낙동리	사북리
뒤'란 뒤'앤'	뒌'	뒤'란	뒌' 뒤'안		
1뒤뜰 1뒷다랑 1뒷마당 4뒤안	1뒌 1뒤란	1뒤뜰	1된'	1뒌	1뒤안 1뒌
마루	마루	마룽	마뤄'		
1마루	1마루	1들마루	1마루	1마루	1마루
처마	뜨럭	뜨럭 처망	처마		
1처막	1봉당	1처마(ㄱ)37)	4처마	1처막	1처막
지붕	지붕(ㄱ)	지붕(ㄱ)	지붕		
1지붕	1지붕(ㄱ)	1지붕	1지붕	1지붕(ㄱ)	

표준어형		직전리	낙천리	유천리	유평리	화암리
085	이엉	영개' 이영	이영	영개'	영 :	영 :
		1이엉	1이영	1영 :	1이엉	1이엉 1영개
086	엮다	뻿'다	엮다	뻿'다 엮다	엮다	엮다
		1엮다	1엮다	1엮다	1엮다	1엮다
087	이다	잇다	잇다	잇다	잇다	잇다
		1잇다	1잇다 1엮다	1잇다		1잇다
088	낙숫물	지싯물	지싯물	지실물	지싯물	지시랑물
		1낙숫물 1지싯물	1낙시물 1지슬물	5X	1지싯물 3지실물	1지실물 1지스랑물

예미리	용탄리	숙암리	가수리	낙동리	사북리
영개'	영개'	영 :	영개'		
4영개	1영개	1영개	1이엉	4영개	
엮다	엮다	빗'다	빗'다 엮다		
1엮다	1빗다 1엮다	1엮다	1엮다	1엮다	
잇다	잇다	잇다	잇다		
	1잇다	1잇다	1잇다		
지시랑물	지실물	지실물	지싯물		
1지슬물 1지실물	1지숫물 1지싯물	1지실물	1지실물	1지실물	

표준어형		직전리	낙천리	유천리	유평리	화암리
089	(물이) 괴다	개'비다	고이다	개'비다	고이다	고이다 괴'이다
		1고이다	1고이다	1고이다	1괴다	5X
090	돌쩌귀	돌짜구	돌쩌구	돌쪽	돌짜구	돌쪽 돌짜구
		5X	1장석 4돌쩌구	3돌쪽	1돌짜구 1돌쩌구	1돌쩌구
091	대님	바지때'이	단님	단님 대'님	대'님	댄'님
		1대님	1댄님	1댄님	1다님	1댄님
092	가위	까새'	가새'	가새'	가새'	가새'
		1가위 1깎개	1가새38) 1가위	1가위 1까새	1가위'	1까새

예미리	용탄리	숙암리	가수리	낙동리	사북리
고이다	개'비다	개'비다	고이다		
1고이다	1괴' : 다 1개비 : 다	1고이다	1개벼이다	4고이다	
돌쪼구	돌쪽	돌쩌구	돌짜구		
1돌짜구	1돌쩌구	1돌짜구	1돌짜구	1돌쇄 4돌짜구	
댄'님	단님	댄'님	댄'님		
1댄님	1다님	1댄님	1댄님	1댄님	
가새'	가새'	까새'	까새'		
1까새	1까새 1까시 1까우	1가위 2가새	1가새 1가위	1가새	

표준어형		직전리	낙천리	유천리	유평리	화암리
093	자르다					
		5X	1끊는다	1짜르다 1찢는다	1짜르다	1자르다
094	인두	윤두	인두	인두	인두	인두
		1윤두 1인두	1인두	1인두	1인두	1윤두
095	다리미	대'래'미			대'래'미	
		1다리미 1대리비	1다리미 1대래비	1대래비	1다래미	1대리미
096	다듬이질	다댐'이질	따딤이질	다딤이	다듬이	다딤이질
		1다듬질	1다듬이 1빨래방맹이질 4다댐이질	1따댐이	1따듬이	1따듬이 1따댐이

예미리	용탄리	숙암리	가수리	낙동리	사북리
1썰다 1쏠다 1짜르다	1쏠다 1찝다	5X	1끊다	1쏠다	
인두	인두	인두	인두		
1인두	1인두	1인두	1인두	1인두	
대'리미	대'래'비	대'래'비			
1다리미	1다리미 1대리비	1다라미	1대래비	1대리미	
다딤이질	다딤이	따딤이	다듬이		
1다대미 1다듬질	1따듬이	1다듬이 1다딤이	1따딤이	1다디미	

표준어형		직전리	낙천리	유천리	유평리	화암리
097	베					
		1베	1베 1삼베	1베	1베	1뵈'
098	삼베					
		1삼베	1삼 1객삼 1삼베	1삼베	1삼베	1삼베'
099	깁다	짓다	짓다	짓다	짓다	짓다
		1기다 1짓다	1바느질하다 4짓다	1짓다	5X	1짓다
100	자리틀	날개'틀	날개'틀	날개'틀	날개'틀	날개'틀 날개'또메'
		4날개틀	1베틀 4날개틀	1날개빨 1날개틀	1날틀	5X

예미리	용탄리	숙암리	가수리	낙동리	사북리
1삼베	1베	5X	1베	1베	
5X	1베	1삼베 1삼비	4삼베	1삼베	
짓다	짓다	짓다	짓다		
1짓다 1꼬매다	1짓다	1깁다	1짓다	1짓다	
날개'틀 자리틀	날개'틀	자래'틀	날개'틀		
1자리틀	1날개빨	5X	1날개틀	1날개틀	

표준어형		직전리	낙천리	유천리	유평리	화암리
101	거울	멘'경	색'경	색'경	색'경	거울
		1거울 1맨경 1면경 1색경	1거울 1맨경 3색경	1거울 3색경	1거울 3색경	1거울 3색경
102	서랍					
		1서랍 1빼닫이	1빼닫이 1서랍	1서랍 3빼닫이	1서랍 3빼닫이	1빼닫이
103	나막신					
		1나박신	1나막신 1코고무신	1기다신	5X	1나막신
104	삼발이					
		1삼발이 1아래쇠' 1아르쇠' 1아리쇠'	1알쌔 1삼발이	1아리소	1아르쇠	1삼발이

예미리	용탄리	숙암리	가수리	낙동리	사북리
색'경	색'경	색'경	맨'경 색'경		
1맨경 1민경 1색경	1새깨̃이̃	1거울 1색경	1거울 3색경	1거울 2화장대 4면경 4색경	
1서랍	1빼랍	1서랍	1서랍	1뻐랍 1뻐닫이	
1나막신	5X	5X	1겨단신발	1나막신	
1아르새 1아리새 1삼발이	1군봉쇠 1아르쐬	1삼발이	1알 : 쇠	1아리쇠	

	표준어형	직전리	낙천리	유천리	유평리	화암리
105	**산마루**	산꼭대'기	산봉우리	산봉우리	산꼭대'기	산봉우리
		1산등말래̃이̃	1산등 2등말랑 4산들 4산말랑이	1산정상	1꼭대기	5X
106	**메아리**	산울림	산울림	산울림	산울림	산울림
		1메아리	1마체'소리 (나다)	1마체소리 (나다)	1메아리	5X
107	**이르다**					
		5X	5X	5X		5X
108	**회오리바람**	돌개'바람	돌개'바람	돌개'바람	돌개'바람	돌개'바람
		1돌개바람	1돌개바람	1돌개바람	1도리바람 1돌개바람	1돌개바람 1회'오리바람

예미리	용탄리	숙암리	가수리	낙동리	사북리
산봉우리	산봉우리	산마루	산말랑이		
1산언덕 1산봉우리	1산봉우리	1상봉	1산봉오리	1산꼭대기	
1메아리 1산울림	5X	1야회'		1산울림	
	5X	5X	5X	1이르다	
	돌개'바람	돌개'바람	돌개'바람		
1돌개바람 1돌갯바람 1회오리바람	1회'올래바람	1돌개바람	1돌개바람	1돌개바람	1돌개바람 1회'오리바람

표준어형		직전리	낙천리	유천리	유평리	화암리
109	아지랑이	아지라̃이̃	아지랭'이	아지랑이	아지라̃이̃	아지라̃이̃
		4아지랑이	1아지랑이39)	1아지랭이	1아지랑이	1아지래̃이̃
110	진눈깨비	진갈피	진갈피	진갈패' 진갈피	진눈깨'비	진갈비
		1진갈피	1눈비 1진갈피 4눈깨비	1진갈매	1진갈삐	1진갈비
111	홍수				큰물	
		4홍수	1큰물 4홍수	4홍수	1수해	1홍수
112	글피	글패'	글패'	글패'	글패'	글패'
		1글패	1글패	1글패	1글피	1글패

예미리	용탄리	숙암리	가수리	낙동리	사북리
아지래̃'이̃	아지래̃'이̃	아지래̃'이̃	아르래̃'이̃		
1아지랑이	1아지래̃이̃	5X	1아르라̃이̃	1아지래̃이̃	
진갈비 진갈패'	진갈매'	진갈매'	진갈매'		
1진갈눈[40] 1진갈비[41]	1진갈매	1진누깨비	1갈강비	1진갈매	1진갈눈 1진눈깨비
	홍수	홍수			
1홍수 2계락	4홍수	5X	5X	1물난리 4큰물	
글패'	글패'	글패'	글피		
1글패 1글피	1글패	1글패	1글패	1글패 1글피	

표준어형		직전리	낙천리	유천리	유평리	화암리
113	그글피	저글패'	그글패'	그글패'	저글패'	그글패'
		5X	1그글패 1저글패	5X	1저글피	1저글패
114	어제	어제'	어제'	어제'	어제'	어제'
		1어제	1어제	1어제	1어제	1어제
115	그저께	그저께'	그저께'	그저께'	그제'	그저께'
		5X	1그저께	1그저께	1그저께	1그저께
116	그끄저께	저그저께'	그끄저께'	그끄저께'	저그제'	그끄저께'
		5X	1저그저께 4저글패	1그끄저께	1저그저께	1그끄저께 1저그저께

예미리	용탄리	숙암리	가수리	낙동리	사북리
저글패'	저글패'	그글패'	그글패'		
1저글패	1저글패	5X	1그글패	1그글패 1그글피	
어제'	어제'	어제'	어제'		
1어제	1어제	1어제	5X	1어제	
그저께'	그저께'	그저께'	그저께'		
1그저께 1그제	1그즈께	1그저께	1그저께	1그제	
저그저께'		그그저께'	그그저께'		
1그그저께 1저그저께	1그그즈께	1저그저께	1그끄저께	1그그제 1그그저께	

표준어형		직전리	낙천리	유천리	유평리	화암리
117	뒤					
		1뒤'[42]	1뒤	1뒤	1뒤'	1뒤'
118	앞뒤					
		5X	1앞뒤	1앞뒤	5X	5X
119	위					
		1우	1우	1위	위'	위'
120	아래					
		5X	1밑 4아래	1밑 1아래	1아래	1아래

예미리	용탄리	숙암리	가수리	낙동리	사북리
1뒤	1뒤	1뒤	1두	1뒤쪽	
1앞뒤	1앞뒤	1앞뒤	5X	1앞뒤'	
1위	1우 1위	1우	1우	1우	
1아래	1알 : 1아리	1알 : 1아래	1알	1아래	

표준어형		직전리	낙천리	유천리	유평리	화암리
121	**밀**					
		1밀	1앞 1밀	1밀	1밀	1밀
122	**닭**	닭	닭	닭	닭	닭
		1닭	1닭	1닭	1닭	1닭
123	**수탉**	숫닭	장닭	숫닭	숫닭	장닭
		1수땕 1장닭	1수땕 1장땕	1수땕	1수땕	1수땕
124	**암탉**					
		1암닭	1암땕	1암땕	1암닭	1암닭

예미리	용탄리	숙암리	가수리	낙동리	사북리
1밑	5X	1밑	1밑	1밑	
닭	닭	닭	닭		
1닭	1닭	1닭	1숫닭	1닭	
숫닭	장닭	숫닭	장닭		
1수땕 1수탉	1수땕 1장땕	1수땕	1수땕	1수땕 1장땕	
1암탉	1암땕	1암땕	1암닭	1암땕	

표준어형		직전리	낙천리	유천리	유평리	화암리
125	벼슬	베실	베'실	베'실	벼슬	베'슬
		1베슬 1벼실	1비슬 1비실	1베실	1벼슬	1베실
126	달걀	게'란	게'란	게'란 달걀	달걀	게'란 달걀
		1닭알	1계란 1달걀	1계란 2달걀	1겨란 1달걀	1게란 1달갈
127	꿩	꿩	꽁	꿩	꽁	꽁
		5X	1꽁	1꿩	1꽁	1꽁
128	까투리	까투리	까투리	까투리	까투리	까투리 암꽁
		1암꽁 1까투리	1까투리	1까투리	1까투리	1까투리

예미리	용탄리	숙암리	가수리	낙동리	사북리
베'실	베'실	베'실	베'실		
1베슬 1벼슬	1베슬 1베실	1베실	1벼슬	1베슬	
달갈	달갈 달걀	달갈	달갈		
1계란 1달걀	1알 1계란	1알	1겨란	1계란 1수란 2알	
꽁	꿩	꽁	꽁		
1꽁	1꿔̃이̃[43]	1꿩	1꽁	1꽁 1꿔이	1꽁
까투리	까투리	까투리	까투리		
1까투리	1까투리	1까투리	1까투리	1까투리	1까투리

표준어형		직전리	낙천리	유천리	유평리	화암리
129	장끼	장끼	쟁'끼	쟁'끼	장꽁	장꽁
		1장꽁 1장끼	1장끼	1장끼	1장꽁	1장꽁
130	까치	까치	까치	까채̃'이̃	까치	까치
		1까치	1까치	1까치	1까치	1까치
131	수소					
		1하소	1하소	1하소	1수소	1숫소 1화소
132	암소					
		1암소	1암소	1암소	1암소	1암소

예미리	용탄리	숙암리	가수리	낙동리	사북리
쟁'끼	쟁'끼	쟁'끼	장꽁 쟁'끼		
1장끼	1쟁끼	1장꽁	1장꽁	1장끼 4장꽁	1장끼
까치	까체̃'이̃		까치		
1까치	1까치 1까체̃이̃	1까치	1까치 1까시치	1까치	
1황소	1하소	1항소	1숫소	1황소	
1암소	1암소	1암소	1암소	1암소	

표준어형		직전리	낙천리	유천리	유평리	화암리
133	쇠죽	여물			소물	
		1여물	1여물	1여물	1여물	1여물
134	돼지	돼'지	돼'지	돼'지	돼'지	돼'지
		1돼지	1돼지	1돼지	1돼지	1돼지
135	게으르다					
		5X	1게르다	1게르다 1약발타다	5X	1겔러빠지다 1겔러터지다
136	고양이	고얘̃'이̃	고얘̃'이̃	고내̃'이̃	고양이	고얘̃'이̃
		1고냥이	1고냥이	1고냥이	1고내이 1고양이 1고얘̃이̃	1고내̃이̃

예미리	용탄리	숙암리	가수리	낙동리	사북리
소죽	여물	여물			
1소죽	1쇠물 1여물	1깍지 1여물	1여물	1소죽 1여물	
돼'지	돼'지	돼'지	돼'지		
1돼지	1돼지	1돼지	1돼지	1돼지	
	1게으름재̃이̃	1게 : 릉배̃이̃		1게으르다	
고내̃'이̃	고내̃'이̃	고내̃'이̃	고내̃'이̃		
1고냥이 1괴양이	1고 : 내̃이̃	1고냥이	1고냥이	1괘 1고양이 4고냉이	1괴' 1고양이

표준어형		직전리	낙천리	유천리	유평리	화암리
137	말[馬]	1말	1말	1말	1말	1말
138	말[斗]	1말	1말 1말 :	1말	1말	1말
139	말[語]	1말	1말	4말	1말	1말
140	쥐	1쥐'	1쥐 1쥐'	1쥐	1쥐'	1쥐

예미리	용탄리	숙암리	가수리	낙동리	사북리
1말	1말	1말	1말	1말	
1말	1말 :	1말	1말	1말	
1말 :	1말	1말 :	5X	1말 :	
1쥐'	1쥐'	1쥐'	1쥐'	1쥐	

표준어형		직전리	낙천리	유천리	유평리	화암리
141	잡다	1잡다	1잡다	1잡다	1잡다	1잡다
142	다람쥐	1다람쥐'	1다람주 1다람쥐	1다람쥐	1다람쥐'44)	1다람쥐'
143	개	1개	1개	1개	1개	1개
144	조개	1조개	1조개 1조기	1조개	1조개	1조가비 1조갑지

예미리	용탄리	숙암리	가수리	낙동리	사북리
1잡다 1붙잡다	1잡다	1잡다	1잡다	1잡다	
1다람쥐'	1다램이	1다람쥐'	1다람쥐	1다람쥐	
1개	1개	1개	1개	1개	
1조개	1조개	1조개	1조개	1조개	

표준어형		직전리	낙천리	유천리	유평리	화암리
145	아가미		서거리 아가미	서거리	아가미	
		1아가미	1아가미 4아그미	1서거래	1아가미	1아개미
146	지느러미	날개'	등살	나래'미 날개'비	지느러미	날개'
		5X	1나름지 1느름지 1지르러미	1나람치	1지느러미	1날개
147	다슬기	골베'이	골베'이	골베'이	골베'이	골베'이
		1골베̃이̃ 1다슬기	1골벵이	1골베̃이̃	1골베̃이̃	1골베̃이̃
148	오징어	오징어			오징어	
		1오징어	1에 1이까 1오징어	1오지̃어̃	1오징어	1오징어

예미리	용탄리	숙암리	가수리	낙동리	사북리
아그미	아가미	아그미	서거리 서거비		
1아가미	5X	5X	1날를뻬	1빠가미 1아가미	
지누래'미	지르래'미	나래'	날개'		
1지느러미	1지느래미 1지르래미	1지느래미	5X	1지느러미	
골베̃'이̃	골베̃'이̃	골베̃'이̃	골베̃'이̃		
1골베̃이̃ 1골벵이	1골베̃이̃	1골벵이	1골베̃이̃	1골베̃이̃ 1골벵이	
오징어	오징어	오징어			
1오징어	1오증어 1오징어	1오징어	1오징어	1오징어	

표준어형		직전리	낙천리	유천리	유평리	화암리
149	꼴뚜기	꼴뛰'기			꼴뛰'기	
		1꼴뚜기	1꼴뚜기	1꼴떼기	1꼴떼기 1꼴뛰기	1꼴뛰기
150	게					
		1게'	1게 1게'	1게	1게	1게'
151	대게					
		5X	1게	1왕게	1대게	1대게 1대케
152	버마재비	황개'미	황개'미	황개'미	사마구	사마구
		1사마구 1사마귀'	1사마귀	1사마귀	1사마귀	1사마구

예미리	용탄리	숙암리	가수리	낙동리	사북리
꼴뛰'기	꼴뛰'기				
1꼴뛰기	5X	1꼴뛰'기	4꼴띠기	1꼴뚜기	
1게	1게 :	1게	1게 : 45)	1게	
1대게	1대규	1대규	1게 :	1대 : 게	
황개'미	황개'미	사마구	사마구		
1사마귀 1사매귀 4사마구 4황개미46)	1사마구 1황개미	1사마귀	1사마구 1황개미47)	1사마귀 4황개미48)	

표준어형		직전리	낙천리	유천리	유평리	화암리
153	반딧불	개'똥벌기	개'똥벌	개'똥불	개'똥벌레'	개'똥벌기
		1반딧불 1개똥벌레	1개똥벌레	1개똥벌레	1개똥벌기	1개똥불
154	잠자리	소금제̃'이̃			소금제̃'이̃	
		1소금장이 1소금제̃이̃	1잠자리 1소금젱이 3소금제̃이̃	1소금젱이	1잠자리 1소금제̃이̃	1잠자리
155	달팽이	들패̃'이̃	뜰패̃'이̃	털패̃'이̃		뜰패̃'이̃
		1들팽이 1달팽이	1달팽이 1탈팽이	1틀팽이	1달패̃이̃	1달패̃이̃
156	벼룩	베'리기	베'레'기	베'릐기	벼룩	베'리기
		1(개)베르기 1베'레'기 1벼루기	4베레기 4베루기	1베루기	1베레기 1베루기 1벼루기	1베룩 1베루기

예미리	용탄리	숙암리	가수리	낙동리	사북리
개'똥벌기	개'똥벌기	개'똥벌기	개'똥벌		
1반딧불 1호달꽁 1개똥벌개 1개똥벌레 1호다리꽁	1개동벌 1개똥불	1깨똥벌레	1개똥벌기	1반딧불	
소금제̃'이̃	소금제̃'이̃	소금제̃'이̃			
1잠자리 4소금제̃이̃	1잠자리 1소금제̃이̃	1잠자리	1잠자리 3소금제̃이̃	1소금제̃이̃	
탈패̃'이̃	틀패̃'이̃	달패̃'이̃	틀페̃'이̃		
1달팽이 1달패̃이̃	1굼배̃이̃ 1틀패̃이̃	1틀팽이	1달피̃이̃	1달팽이	1달패̃이̃ 1달팽이
베'루기	베'르기	베'레'기	베'레'기 베'르기		
1벼루기	1베릐기	4베레기	1베레기	1벼룩 2베루기	

표준어형		직전리	낙천리	유천리	유평리	화암리
157	회충	거시	거위	거시	거시	거시
		1거시 1회충	1거이	1거시	1거시	1거시
158	입술	입술(ㄱ)[49]	입술(ㄱ)	입술(ㄱ)	입술	입술(ㄱ)
		1입술	1입술	1입술	1입술	1입술
159	턱	택'	택'	택'	턱	턱
		1택 1턱	1택 1턱	1택	1턱	1택 1턱
160	주름살	쭈그름살	주름살	쭈그럭살	쭈름살	쭈그름살
		1쭈름살	1주름살 1쭈름살	1주름살	1주름	1주름살

예미리	용탄리	숙암리	가수리	낙동리	사북리
거시	거시	거시	거시		
1거시	1거시	1거시	1거시	1거시 1회충	
입술	입술(ㄱ)	입술(ㄱ)	입술(ㄱ)		
1입술	1입술(ㄱ)	1입술	1입술(ㄱ)	1입술	
택'	택'	택'	택'		
1턱 1택수가리	1택	1턱	1택 :	1턱	1턱
쭈그름살	주름살	쭈그렁살	주름살		
1주름살 4쭈그름살	1주림	1주름살	1쭈름살	1주름살	

표준어형		직전리	낙천리	유천리	유평리	화암리
161	가르마	가름배'	가름배'	가름배'	가름배'	가름배'
		1가름배	1가름배	1가름배	1가름배	1가름배
162	귓불	귓'밥	귓'밥		귓'밥	귓'밥
		1귓밥	1귓밥	1귓밥	1귓밥	1귓밥
163	귀이개	귀파개'				
		1귀파개	1귀베개 1귀비개	1귀비개	1귀비개 1귀파개	1귀비개 1귀후비개
164	귀지	귀채̃'이̃			귀'청	
		1귀채̃이̃	1귀채̃이̃ 1귀챙이	1귀쳉'	1구채̃이̃ 1귀채̃이̃	1귀채̃이̃

예미리	용탄리	숙암리	가수리	낙동리	사북리
가름배'	가름배'	가름배'	가름배'		
1가름배	1가름배	1가름배	1가름배	1가름배	1가름마 1가름배
귓'밥	귀'불알	귀'불알	귓'밥		
1귓밥	1귀불알	1귓'바위'	1귓밥	1귓밥	
귀'개'		귀'비개'			
1귀비개	1귀개 1귀빌개	1귀비개	1귀파개	1귀지개	
귀'채̃'이̃	귀'채̃'이̃	귀'채̃'이̃			
1귀채이	1귀챙이	1귓밥	1귀채̃이̃	1귀챙이	

표준어형		직전리	낙천리	유천리	유평리	화암리
165	딸꾹질	패'떼'기	깔띄기	패'떼'기	껄뜨기	
		1껄뜨기	1껄떼기	1딸구지 1패떼기	1껄떠구 1껄띄미	1깔떼기 1깔띄기
166	졸음	자부름	자부름	자부름	졸림	조부림
		1졸음 1조부램	1잠 4졸음 4자부름	1조부름	1졸음	1졸음
167	갓난아기	햇'언나	햇'언나	햇'은나	햇'아기	햇'은나
		1갓난쟁이 4햇애기 4갓난애기	1햇언나 1언나	1갓난아기	1갓난애기	1햇언나50)
168	기저귀	지저구	지저귀	기저구	지저구	지저구
		1기저구	1기저귀 1지저구	1기저구	1기저구	1기저구

예미리	용탄리	숙암리	가수리	낙동리	사북리
껄뜨기	깔띄기	깔떼'기 컬뜨메'	껄뜨기 패'떼'기		
1껄뜨기	1깔따구 1패떼기	1깔띄기	1깔떼기 1패 : 떼기	1패떼기	1껄뜨기 1딸꾹질
조부림	조부림		자부름		
1졸음 3조부름	5X	5X	1자부는것	1졸음	1졸음
햇'언나	햇'애'기	언내'	햇'아 햇'언나		
1갓난애 1갓난이 1갓난아기 4햇언나	1햇애기	1깟난애기	1언나 1깟난언나 2햇언나	1갓난애기 4햇애기	1간언나 1햇언나 1갓난아기
지저구	지저구	지저구	지저구		
1기저귀 4기저구	1지저구	1기저구	1지저구	1지저구	

	표준어형	직전리	낙천리	유천리	유평리	화암리
169	포대기	퍼데'기 1포데기 1푸데기	포데'기 1퍼데기	포데'기 1퍼데기	포데'기 1퍼데기	호데'기 1포데기
170	죄암죄암	쬄'쬄' 1잼잼	죔'죔' 1죔죔	쬄'쬄' 1잼잼	쬄'쬄' 1젬젬 1죔죔	죔'죔' 1죔죔
171	곤지곤지	장기장기 1장게'장게'	장게'장게' 1장게장게	장게'장게' 1쨍기쨍기	장게'장게' 1곤지곤지	장게'장게' 1곤지곤지
172	웃다	1웃다	1웃다	1웃다	1웃다	1웃다

예미리	용탄리	숙암리	가수리	낙동리	사북리
퍼데'기	퍼데'기	퍼데'기			
1포데기	1퍼데기	1퍼데기	1포데기	1포데기	
좀'좀'	좸'좸'	좸'좸'	좀'좀'		
1잼잼	1좀좀	1좀좀	1좀좀	1좀좀	
장기장기	꼰지꼰지	장게'장게'	장게'장게'		
1곤지곤지	1곤지곤지 1장기장기	1곤지곤지	1장개장개	1곤지곤지	
1웃다	1웃다	1웃다	1웃다	1웃다	

표준어형		직전리	낙천리	유천리	유평리	화암리
173	도리도리	도리도리	도리도리	도리도리	도리도리	도리도리
		1도리도리	1도리도리	1도리도리	1도리도리	1도리도리
174	부라부라	둥게'둥게'	둥게'둥게'	둥게'둥게'	풀미풀미	둥게'둥게'
		1풀미풀미	4둥게둥게	5X	1둥게두ᄋ이	1둥기둥기
175	목말(태우다)	목말 (태우다)	목말 (태우다)	목말 (태우다)	목말 (태우다)	목말 (태우다)
		1목말 (태우다)	1목말 (태끼다)	4목말 (태우다)	1목말 (태우다)	1목말 (태우다)
176	공기	공구	공구	공기	공기	공구
		1공기	1공기	4공기	1공기	1공기

예미리	용탄리	숙암리	가수리	낙동리	사북리
도리도리	도리도리	도리도리	도리도리		
1도리도리	1도리도리	1도리도리	1도리도리	1도리도리	
둥게'둥게'	둥게'둥게'	둥게'둥게'	세'상달강		
	1조리질	5X	1자장자장		
목말 (태우다)	목말 (태우다)	목말 (태끼다)	목말 (태우다)		
	1목말 (타키다)	1목말 (태쿠다)	1무등 2목말 (타낀다)	1목말 (태우다)	
공기	공구	공기	공기		
1공기	1공기	1공기	1공 : 기	1공기	

표준어형		직전리	낙천리	유천리	유평리	화암리
177	샘	시가리		시가리	샘'	시가리
		5X	1뿔 4샘	2샘	1샘 :	5X
178	제기	제'기	제'기	제'기	제'기	제'기
		1제기	1제기	1제기	1제기	1제기
179	그네	춘천	춘천	춘천	그네'(뛰다)	춘천(뛰다)
		1그네	1그네 3춘천	1그네	1그네	1그네
180	윷(놀다)	윷	윷	윷	윷	윷
		1윷(치다)	1윷	1윷	1윷(치다)	1윷(치다)

예미리	용탄리	숙암리	가수리	낙동리	사북리
			시가리		
1샘	5X	5X	4샘 4시가리	1샘 4시가리	
제'기	제'기	제'비	제'기		
1제기	1제기	1제기	1제기	1제기	
그누(뛰다)	춘천줄(뛰다)	그눌(뛰다)	그눌(뛰다)		
1그네 1그눌	1그네 1춘천	1그네	1그네 3춘천 4그눌	1그네	
윷	윷(치다)	윷(치다)	윷		
1윷 1윷놀이	1윷(치다)	1윷(치다)	1윷놀이	1윷놀이	

표준어형		직전리	낙천리	유천리	유평리	화암리
181	도개결윷모	또개'걸윷모	뙤'개'걸윷모	되'개'걸윷모	또개'걸윷모	뙤'개'걸윷모
		1도개걸윷모 1뙤'개걸윷모	1뙤개걸윷모	1뙤개걸윷모	1또개걸윷모 1뙤개걸윷모	1되개걸윷모 1뙤개걸윷모
182	결혼	잔차	잔차	잔차	잔차	잔차
		1잔치	1결혼	1결혼	1결혼	1겔혼 1결혼
183	며느리	메'누리	메'누리	메'누리	메'누리	메'누리
		1며느리	1메누리 1며느리	1메누리	1메누리 1며느리	1메누리
184	사위	싸우	사우	싸우	사위'	사우
		1사위'	1사위	1사위	1사위 3사우	1사우

예미리	용탄리	숙암리	가수리	낙동리	사북리
뙤'개'걸윷모	뙤'개'걸윷모	뙤'개'걸윷모	뙤'개'걸윷모		
1뙤개걸윷모	1뙤'개걸윷모	1퇴'개걸윷모	1뙤'개걸윷모	1도개걸윷모 3뙤개걸윷모	
잔차	잔차	잔차	혼반		
1결혼 1잔차	1결혼	1결혼 1잔차 1잔치	1게른	1혼반 1혼례식 1결혼잔차	1결혼
메'누리	메'누리	메'누리	메'누리		
1며누리	1메누리	1메누리	1메 : 누리	1며느리	1며느리
사우	사우	사위'	사우		
1사우 1사위	1사우	1사우 1사위	1사우	1사위	

표준어형		직전리	낙천리	유천리	유평리	화암리
185	올케	올케' 오라부댁'	올케' 오라버댁'	올게'	올케'	올게'
		1올케'	1올게 1올케	1올케	1올케	1올게
186	시누이	시누	시누	시누	시누이	시누
		5X	1시누 1시동생	1시누	1시누이	1시누
187	언니	성			성	
		1언니	1언니 4성	1언니	1언니	
188	조카	조캐'	조카	조카	조카	조카
		1조카	1조카	1조카	1조카	1조카

예미리	용탄리	숙암리	가수리	낙동리	사북리
올게'	올게'	올게'	올게'		
1올게 1올케	1올게	1올케 1오라버댁	1올케	1올케 3올게	
시누	시누	시누	시누		
1시누	1시누:	1시누이	1시누	1시누이	
성	성	성			
1성 1언니 1형님 4성님	1서̃이̃[51] 1언니	1언니 3형	1언니 3성	1언니 3서̃이̃ 3형님	
조카	조카	조카	조캐'		
1조카	1조카	1조카 1조캐	1조카	1조카	

표준어형		직전리	낙천리	유천리	유평리	화암리
189	아재	아제'씨			아저씨	
		1아저씨[52] 1큰아버지 1작은아버지	4아재	1아저씨	5X	5X
190	삼촌	삼촌			삼촌	
		1삼촌	1삼촌 1삼춘	1삼춘	1삼춘	1삼촌
191	이모	이모	이모	이무	이모	이모
		1이모	1이모	1이모	1이모	1이모
192	고모	고무	고무	고무	고무	고무
		1고모	1고모	1고모	1고무	1고무

예미리	용탄리	숙암리	가수리	낙동리	사북리
아저씨		아제'씨			
1아저씨	1아저씨	1아저씨	1아저씨	1아저씨[53]	
삼춘	삼춘	삼춘			
1삼춘	1삼춘	1삼춘	4삼춘	1삼춘	
이모	이모	이모	이모		
1이모	1이모	1이모	1이모	1이모	
고무	고무	고무	고무		
1고모	1고무	1고모 1고무	1고모	1고모	

표준어형		직전리	낙천리	유천리	유평리	화암리
193	숙모					
		1숙모	1작은어머니	1작은어머니	1숙모 1작은어머니	1숙모 1작은엄마
194	외숙모					
		1외숙모	1외숙모[54]	1외숙모[55]	1외숙모	1외숙모
195	환갑	한갑	한갑	환갑	환갑	한갑
		1한갑	1환갑	1환갑	1한갑	1환갑
196	잔치	메'기			잔치	
		1잔치	1잔치	1잔치	1잔치	1잔치

예미리	용탄리	숙암리	가수리	낙동리	사북리
1큰엄마 1작은엄마	1작은어머이	1작은엄마 1작은어머이	4숙모	1숙모 1작은엄마	
1외'숙모	1외'숙모	1외'숙모	1외숙모	1외'숙모	
한갑	환갑	한갑	한갑		
1한갑 1환갑	1한갑	1한갑	1한갑	1환갑 1회갑	
1잔치	1잔차	1잔치 4메기	1잔차 1잔치	1잔차 1잔치	

표준어형		직전리	낙천리	유천리	유평리	화암리
197	돌[年]					
		1돌	1첫돌	1첫돌	1돌	1돌
198	돌[石]					
		1돌 1돌메̃이̃	1돌	1돌	1돌	1돌메̃이̃
199	쇠					
		1쇠'	1쇠 1쇠꼽 1철때	1쇠'	1쇠	1쇠
200	열쇠					
		1열쇠'	1열쇠	1열쇠	1쇳대	1쇳대

예미리	용탄리	숙암리	가수리	낙동리	사북리
1돌	1첫돌	1돌	1돌	1첫돌	
1돌	1돌 : 1돌메̃이̃	1돌	1돌메̃이̃[56]	1돌	
1쇠	1쇠 1쇠꼽	1쇠꼽 1쇠꽂	1쇠 1쇠꼽	1쇠 1쇠꼽	
1열쇠	1열쇠	1열쇠	1쇳대 1열쇠	1열쇠'	

표준어형		직전리	낙천리	유천리	유평리	화암리
201	춥다	춥다			춥다	춥다
		1춥다	1춥다	1춥다	1춥다 1추우다	1춥다
202	추위					
		1추위' 1취'위'	1추	1추위	1추위'	1추우 1추위
203	말리다	말류다	말리다	말류다	말리다	말리다
		1말리다	1말루다 2말리다	1말리다	1말리다	1말리다
204	맵다	맵'다	맵'다	맵'다	맵'다	맵'다
		1맵다	1맵다	1맵다	1맵다	1맵다

예미리	용탄리	숙암리	가수리	낙동리	사북리
춥다	춥다	춥다	춥다		
1춥다	1춥다	1춥다	1춥다	1춥다	
1추위'	1추우	1추위		1추위	
말류다	말류다	말리다	말류다		
1말리다 4말루다	1말류다	1말류다	1말리다	1말리다	
맵'다	맵'다	맵'다	맵'다		
1맵다	1맵다	1맵다	1맵다	1맵다	

표준어형		직전리	낙천리	유천리	유평리	화암리
205	긁다	긁다	긁다	긁다	긁다	긁다
		1긁다	1긁다	1긁다	1긁다	1긁다
206	데우다	뜨수다	드수다	데'우다 뜨시다	데'우다	디우다
		1데'우다	1데우다 1뜨수다	1뜨시다	1데우다	1데우다 1뜨수다
207	담다					
		1담다	1담다	2담다	1담다	1담다
208	쓰다					
		1쓰다	1쓰다	1쓰다	1쓰다	1쓰다

예미리	용탄리	숙암리	가수리	낙동리	사북리
긁다	긁다	끍다	끍다		
1긁다	1끍다	1끍다	1끍다	1긁다	
데'우다 뜨수다	뜨수다	뜨시다	데'우다 뜨시다		
1데우다	1뜨세다 1뜨수다	1데우다	1뜨수다	1데우다 4뜨수다	
1담다	1담다	1담다	1담다	1담다	
1쓰다	1씨 : 다	1쓰다	1쓰다	1쓰다	

표준어형		직전리	낙천리	유천리	유평리	화암리
209	젊다	젊다	젊다	젊다	젊다	젊다
		5X	1젊다	5X	1젊다	1젊다
210	굵다	크다	굵다	크다	크다	크다
		1굵다	1굵다 1크다	1크다	5X	1꿁다
211	가늘다					
		1가늘다	1짤다 1가늘다	1작다	5X	1가늘다
212	없다	읎다	없다	읎다	없다	없다
		1없다	1없다	1없다	1없 : 다	

예미리	용탄리	숙암리	가수리	낙동리	사북리
젊다	젊다	젊다			
1젊다	1젊다	1젊 : 다	5X	1젊다	
크다	크다	크다	굵다		
1굵다	1굵다 1크다	1크다 4굵다	1크다 4굵다	1굵다	
1가늘다	5X	1작다	1가늘다	1가늘다	
읎다	읎다	없다	없다		
1없다	1읎다 1읎다 1읎다	1읎다 1없다	1없다 1읎다	1없다	

표준어형		직전리	낙천리	유천리	유평리	화암리
213	낮다	낮다	낮다	낮다	낮다	낮다
		1낮다	1낮다 1작다	1낮다	1낮다	
214	밝다	밝다	밝다	밝다	밝다	밝다
		1밝다	1밝다	1밝다	1밝다	
215	어렵다					
		1어렵다	1힘들다 2어렵다	1어렵다	어렵다	
216	더럽다					
		1더럽다	1더럽다 1드럽다	1더럽다	1더럽다	

예미리	용탄리	숙암리	가수리	낙동리	사북리
낮다	낮다	낮다	낮다		
1낮다	1낮다	1낮다	1낮다	1낮다	
밝다	밝다	밝다	밝다		
1밝다	1밝다	1밝다	1밝다	1밝다	
1어렵다	5X	1어렵다	1어렵다	1어렵다	
1더럽다	5X	1더럽다	1드릅다	1더럽다	

표준어형		직전리	낙천리	유천리	유평리	화암리
217	가깝다					
		1가깝다	1꺏다 1가깝다	1가찹다	1가찹다	
218	걷다					
		1걷다	1걷다	1걷다	1걷다	
219	낫다					
		1낫다	1낫다	1낫다	1낫다	
220	지우다					
		1지우다	1지우다	1긁다 1지우다	1지우다	

예미리	용탄리	숙암리	가수리	낙동리	사북리
1가깝다	1가깝다 1가찹다	1가찹다	1가깝다	1가깝다	
1걷다	1걷다	1걷다	1걷다	1걷다	
1낫다	1낫다	1낫다	1낫다	1낫다	
1지우다	1지우다	1지우다	1지우다	1지우다	

표준어형		직전리	낙천리	유천리	유평리	화암리
221	치르다					
		1치르다	1치르다	1치르다	2치르다	
222 -1	시원하다	세'원하다			시원하다	시원하다
		1시원하다	5X	5X	1시원하다	
222 -2	시원하다2					
		어린아이 -시원하다	5X	5X	5X	5X
223	앉다	-				
		친구, 어린아이 -앉아라 결혼한 사람 -앉게 어른 -앉으세요	5X	5X	5X	5X

예미리	용탄리	숙암리	가수리	낙동리	사북리
1치르다	5X	1치루다	5X	1치르다	
시원하다	시원하다	씨원하다	세'원하다		
1시원하다	1씨원하다	1시원하다	1시원하다	1시원하다	
5X	5X	5X		5X	5X
5X	5X	5X		5X	5X

표준어형		직전리	낙천리	유천리	유평리	화암리
224	가다					
		친구 -가자/가나? 사위 -가세/가는가? 어른 -갑시다/가세요?	5X	5X	5X	5X
064-2	먹다2					
		친구, 어린아이 -잘먹는다 사위 -잘먹네 어른 -잘잡수시네/자신다	5X	5X	5X	5X

예미리	용탄리	숙암리	가수리	낙동리	사북리
5X	5X	5X		5X	5X
5X	5X	5X		5X	5X

1) 보구레: '보구레'라 답하면서 '아래 지방에 쓰이는 농기구'라고 설명함.
2) 보구레: '경상도 보구레'라고 대답함.
3) 곡괭이: 사진 자료집의 맨 왼쪽을 가리켜 '곡괭이'라고 대답함.

4) 부루: 일부 제보자는 "예전 어르신들은 어떻게 말했나요?"(3번 유형)라는 질문에 '부루'를 대답함.
5) 오이: 일부 제보자는 "예전 어르신들은 어떻게 말했나요?"(3번 유형)라는 질문에 '오이'를 대답함.
6) 외': 일부 제보자는 "○○라는 말은 안 쓰시나요?"(4번 유형)라는 질문에 '외''를 대답함.
7) 꼬들빼기: 집에서 재배한 고들빼기를 가리킨다고 말함.
8) 산꼬들빼기: 산에서 자생한 고들빼기를 가리킨다고 말함.
9) 귀사리: 일부 제보자는 "○○라는 말은 안 쓰시나요?"(4번 유형)라는 질문에 '귀사리'를 대답함.
10) 물청때: 물속에 있는 이끼를 가리킨다고 함.
11) 바우옷: 물 밖에 있는 이끼를 가리킨다고 함.
12) 물청때: 물속에 있는 이끼를 가리킨다고 함.
13) 바우옷: 물 밖에 있는 이끼를 가리킨다고 함.
14) 퉁깨: '퉁깨, 퉁꽤'는 빨간 자두를 가리킨다고 함.
15) 꽤: 일부 제보자는 "예전 어르신들은 어떻게 말했나요?"(3번 유형)라는 질문에 '꽤'를 대답함.
16) 자두: 일부 제보자는 "○○라는 말은 안 쓰시나요?"(4번 유형)라는 질문에 '자두'를 대답함.
17) 돌풀: '돌풀'은 돌에 낀 이끼를, '물청때'는 물속에 있는 이끼를, '바우옷'은 바위에 낀 이끼를 가리킨다고 함.
18) 바우옷: '바우옷'은 바위에 낀 이끼를, '바우나리'는 절벽에 낀 이끼를, '물청때'는 수면에 떠 있는 이끼를 가리킨다고 함.
19) 청태: 물 밖에 있는 이끼를 지칭하는 다른 어형과 달리 물속에 있는 이끼를 가리킨다고 함.
20) 꽤: '꽤, 꼬야'는 작은 자두를 가리킨다고 함.
21) 꽤: 재래종 자두를 가리키는데, 개량종의 경우 '자두'라고 말함.
22) 꽤: 자두와 닮았으나 자두보다 작은 야생 과일을 가리키는 데, 일부 제보자는 "예전 어르신들은 어떻게 말했나요?"(3번 유형)라는 질문에 '꽤'를 대답함.
23) 참외': 일부 제보자의 경우 이중모음 '외'가 포함된 '참외'로 발화함.
24) 참외': 일부 제보자의 경우 이중모음 '외'가 포함된 '참외'로 발화함.
25) 꿀밤: 일부 제보자는 "예전 어르신들은 어떻게 말했나요?"(3번 유형)라는 질문에 '꿀밤'을 대답함.
26) 딸기: 집에서 재배한 것을 가리킨다고 대답함.

27) 딸ː: 자연에서 자생한 것을 가리키는데, 일부 제보자는 보상적 장음화 없이 '딸'로 발화함.
28) 꿀밤: 일부 제보자는 "예전 어르신들은 어떻게 말했나요?"(3번 유형)라는 질문에 '꿀밤'을 대답함.
29) 달머리: 일부 제보자는 "○○라는 말은 안 쓰시나요?"(4번 유형)라는 질문에 '달머리'를 대답함.
30) 짠지: 봄배추로 만든 김치를 가리킨다고 함.
31) 김치: 배추로 만들지 않고 고춧가루로 버무리지 않은 것을 지칭한다고 함.
32) 요식: 타지에 나가 함께 밥을 먹지 못하는 식구를 위해 떠놓은 밥이라고 대답함.
33) 요식: 일부 제보자는 장음화하여 '요ː식'으로 발화함.
34) 요식: 타지에 나가 함께 밥을 먹지 못하는 식구를 위해 떠놓은 밥이라고 대답함.
35) 박죽: 일부 제보자는 "다른 표현은 없나요?"(2번 유형)라는 질문에 '박죽'을 대답함.
36) 지붕(ㄱ): 모음으로 시작하는 조사와 관련할 때 'ㄱ'이 덧남.
37) 처마(ㄱ): 모음으로 시작하는 조사와 관련할 때 'ㄱ'이 덧남.
38) 가새: 일부 제보자는 "예전 어르신들은 어떻게 말했나요?"(3번 유형)라는 질문에 '가새'를 대답함.
39) 아지랑이: 일부 제보자는 "○○라는 말은 안 쓰시나요?"(4번 유형)라는 질문에 '아지랑이'를 대답함.
40) 진갈: 눈이 비보다 더 많이 섞인 진눈깨비를 말한다고 함.
41) 진갈비: 비가 눈보다 더 많이 섞인 진눈깨비를 말한다고 함.
42) 뒤': 일부 제보자의 경우 이중모음 '뒤'로 발화함.
43) 꿔̃이̃: 주격조사 '이'와 곡용 시
44) 다람쥐': 일부 제보자는 '다람쥐'로 발음함.
45) 게ː: 일부 제보자의 경우 장음 없이 '게'로 발화함.
46) 황개미: 죽기 전 노랗게 변한 사마귀라고 언급함.
47) 황개미: 죽기 전 노랗게 변한 사마귀라고 언급함.
48) 황개미: 죽기 전 노랗게 변한 사마귀라고 언급함.
49) 입술(ㄱ): 모음으로 시작하는 조사와 관련할 때 'ㄱ'이 덧남.
50) 햇언나: 태어나서 한 해가 되지 않은 아이를 가리킨다고 함.
51) 서̃이̃: 주격조사 '이'와 곡용 시
52) 아저씨: 자신과 10촌 이상이 되는 사람을 가리킨다고 말함.
53) 아저씨: 자신과 5촌 이상이 되는 사람 혹은 친인척이 아닌 동네의 아저씨뻘 되는 어른을 가리키는 말이라고 함. 자신보다 나이는 어리나 촌수로는 높은 친인척은 '아재'라고 말함.
54) 외숙모: 5촌 이상의 먼 친척에게 사용하는 호칭이라고 말함.
55) 외숙모: 5촌 이상의 먼 친척에게 사용하는 호칭이라고 말함.
56) 돌메̃이̃: '돌메̃이̃'보다 크면 '바구'라고 대답함.

우리말 보존을 위한 지역어 조사 연구

정선 지역어

초판 1쇄 인쇄 • 2016년 5월 23일
초판 1쇄 발행 • 2016년 5월 30일

저　자 • 김유범, 오재혁, 안찬원, 이규범, 김미미,
정지현, 오민석, 신희성, 고경재
발행인 • 박성복
발행처 • 도서출판 **월인**
서울특별시 강북구 노해로25길 61(수유2동 252-9)
등　록 • 제6－0364호
등록일 • 1998년 5월 4일
전　화 • (02) 912-5000
팩　스 • (02) 900-5036
www.worin.net

ISBN 978-89-8477-620-3　93710

☞ 값은 뒤표지에 있습니다.